文化智库研究系列之国际文化发展问题研究
中俄合作课题"后苏联时期俄罗斯文化政策的国际视角"阶段性成果

全球化视野下的
中俄文化政策
研究

A Study on the
Cultural Policy of
China and Russia
from the Perspective
of Globalization

中国社会科学院中国文化研究中心
中俄合作课题"后苏联时期俄罗斯
文化政策的国际视角"课题组/主编

祖春明/执行主编

经济管理出版社
ECONOMY & MANAGEMENT PUBLISHING HOUSE

图书在版编目（CIP）数据

全球化视野下的中俄文化政策研究/祖春明执行主编. —北京：经济管理出版社，2018.5
ISBN 978-7-5096-5637-2

Ⅰ.①全…　Ⅱ.①祖…　Ⅲ.①文化事业—方针政策—研究—中国 ②文化事业—方针政策—研究—俄罗斯　Ⅳ.①G120 ②G151.20

中国版本图书馆 CIP 数据核字（2018）第 015921 号

组稿编辑：宋　娜
责任编辑：张巧梅　侯娅楠
责任印制：黄章平
责任校对：张晓燕

出版发行：经济管理出版社
　　　　　（北京市海淀区北蜂窝 8 号中雅大厦 A 座 11 层　100038）
网　　址：www. E-mp. com. cn
电　　话：（010）51915602
印　　刷：北京晨旭印刷厂
经　　销：新华书店
开　　本：720mm×1000mm/16
印　　张：14.5
字　　数：260 千字
版　　次：2018 年 5 月第 1 版　2018 年 5 月第 1 次印刷
书　　号：ISBN 978-7-5096-5637-2
定　　价：98.00 元

编委会名单

（按姓氏笔画排列）

马寅卯　丘马科夫（俄）安启念　刘　锟

孔诺夫（俄驻华参赞）李　河　赵培杰　贾旭东

序　言

　　对于中俄两国来说，2017 年是意义非凡的一年。100 年前发生的十月革命，不仅深刻改变了俄罗斯的现代化进程，而且对整个人类历史发展进程都产生了重要影响。回首百年来世界各国的现代化历程我们发现，尽管中俄两国走过了不尽相同的历史道路，但却面临着几乎同样的文化追问。

　　今天，全球化与反全球化、普遍主义与多元主义之间的对立愈演愈烈。如何在继续推进经济全球化的基础上，既能探索出一条适合本国历史文化传统和具有鲜明时代特征的文化发展之路，而又不至于陷入盲目的文化虚无主义和文化民族主义的陷阱之中，这正是百年现代化进程留给我们的文化追问。

　　如何回应这一追问，在一定程度上决定着中俄乃至绝大多数后发型现代性国家的未来发展之路。也就是说，一个国家、一个民族秉持什么样的文化发展理念，就会选择什么样的历史发展道路。中国与俄罗斯是世界上两个具有重要影响力的大国，都有着悠久的历史文化传统，也都面临着相同或类似的问题和挑战。为此，中国社会科学院中国文化研究中心于近期组织了"中俄视野下的全球化与本土化"国际研讨会，邀请中俄学者就全球化背景下的文化发展理念和道路问题进行研讨。其中，如何回应百年追问成为与会中俄两国学者共同关注的焦点问题。

　　本论文集收录的内容部分是本次研讨会的会议论文，包括在思想层面探索文化发展问题的，比如，俄方专家丘马科夫教授关于俄罗斯理念与俄罗斯文化发展的论述等；还有在具体层面探索文化发展问题的，比如，张晓明研究员关于中国文化产业的发展问题以及俄方专家斯德钦斯基关于俄联邦的语言政策问题等。

　　除此之外，本论文集还收录了中国文化研究中心数年来在文化政策研究领域所取得的研究成果，包括介绍和分析发达国家文化政策和我国文化政策的研究报告。论文集的附录中译介了当代俄罗斯文化政策最为重要的基础性文献，包括文化立法原则、国家文化政策战略和文化发展规划等。

中心数年来的研究表明，文化政策研究特别是对某些重要国家文化政策的考察和研究，可以为我们一窥该国所选择的历史路径提供某种可能，并据此对我国的战略选择做出相应的调整，以此在国际上争取最大的民族利益。俄罗斯是"一带一路"沿线的重要国家，其对独联体各国的文化影响力依然强大，且根据我们研究的成果来看，当代俄罗斯文化政策的重点领域之一是强化俄罗斯文化在世界上特别是独联体各国的影响力。近年来，人们也逐渐意识到，"一带一路"的落地实施在很大程度上取决于能否实现"民心相通"。在这种背景之下，我们所出版的这本论文集的目的之一也是呼吁更多的学者可以关注俄罗斯文化及其政策。

总之，中俄两国共同面临着百年现代性中的文化追问，都在努力探索回应这一追问的恰当方式。路漫漫其修远兮，我们需要时间，也需要更多的专家学者参与到讨论中来，更需要可以相互交流和沟通的平台。我们相信，这正是编辑本论文集的真正意义所在。

赵培杰

中国社会科学院中国文化研究中心执行主任、副研究员

2017 年 11 月 24 日

目 录

发达国家当代文化政策一瞥[①]

李　河等

当前的文化体制改革不仅是我国经济体制改革在文化领域中的全面推进，也是为积极应对发达国家文化产业发展和扩张态势，从而逐步缩小和改善在文化生产和传播领域中现存的"西强我弱"格局。无论从经验借鉴上还是从对策需要上看，我们都需要关注国外的尤其是发达国家的文化政策。

所谓"文化政策"一般是指"指导某一社会共同体处理文化事务的价值和原则"。[②]它既可以是国家的官方政策，也可以是某一教育部门和企业等社会实体所奉行的部门准则，还可以是在人们处理文化事务的日常行为中体现出来的"事实上的政策"。本文关注的主要是诉诸正式文本的国家文化政策。

体现着国家意志的文化政策并非当代才有。《法国文化政策》开篇指出，其渊源可以上溯到 200 多年前王室对文化活动的庇护政策。那些历史较长的国家如英国、俄罗斯和瑞典也都是如此。甚至像美国这样年轻的国家，其文化管理的基本准则也可以追溯到 18 世纪末出现的宪法第一修正案。然而，本文主要关注的是发达国家在 20 世纪 80~90 年代以后相继出台的当代文化政策，它们是这些国家为因应新的时代变局而对其文化发展战略进行自觉调整的产物。

一、以"创造性"的姿态面向未来——发达国家文化政策的主旋律

20 世纪 80~90 年代有两类值得关注的重要现象。首先从国际背景看，1982年联合国教科文组织（UNESCO）在墨西哥城召开"世界文化政策大会"。会议明确把人文—文化发展纳入全球经济、政治和社会的一体化进程，并把推动文化发展当作各国政府面临 21 世纪所应当做出的承诺。15 年后的 1997 年，教科文

[①] 原载《文化蓝皮书：中国文化产业发展报告 2004》，社会科学文献出版社 2004 年版。

[②] 引自互联网 Webster World of Cultural Policy。另据《英国文化》（文化艺术出版社 2003 年版）一书，"文化政策是指操作（文化事务）的原则，管理及与预算有关的实践和步骤"。参见该书第 27 页。

组织又出台《联合国世界文化发展10年（1988~1997）》，明确提出，要提高对全球人类共同体的人文—文化关怀，进一步促进经济—政治—文化的融合。1998年3月，联合国文化与发展委员会在斯德哥尔摩举行主题为"促进发展的文化政策"（Cultural Police for Development）的政府间会议，并同时出版两年一度的《世界文化发展报告》。斯德哥尔摩会议的行动方案（Action Plan）敦促世界各国"设计和出台文化政策或更新已有的文化政策，将它们当作可持续性发展中的一项重要内容"。①

在这个大背景下，英国率先将面向新时代的文化战略调整提到议事日程上来。早在1990年，英国文化委员会就接受政府委托，会同英国电影协会和手工艺委员等从事英国文化发展战略的起草工作。经过两年的调研、研讨和论证，在1992年形成"国家文化艺术发展战略"讨论稿。1993年以"创造性的未来"为题正式公布，"这是英国有史以来首次以官方文件的方式颁布的国家文化政策"。这里的"创造性"（Creativity，或译为"创意性"）一词是"文化生产"的代名词，因为它是文化生产的精义所在。在英国之后，以"创造性"为主题来制定文化政策的做法便沿着两条线索在发达国家展开了。

同时，"创造性"成为英联邦发达国家确定自己文化政策的基本母题。1994年，澳大利亚也"在历史上第一次推出"自己的文化政策，其标题是《创造性的国家：澳大利亚联邦文化政策》。同年，加拿大政府和它的几个省也以"创造性"为题推出了自己的文化政策文件。

然而，"创造性"主题在发达国家的全面展开是在1998年。这一年，欧盟理事会文化指导委员会（The Steering Committee for Culture of the Council of Europe）确定，将建设"创造性的欧洲"（Creative Europe）当作自己的战略目标。为此，它在欧洲文化政策比较研究中心（ERICarts）的学术支持下推出了欧盟文化政策的框架模式。该框架包括八大部分，并在每一主题下包括确定数量的子题。这八大部分是：①历史回顾：文化政策和手段；②立法、决策和行政机制；③制定文化政策的一般目标和原则；④文化政策发展方面的问题争论；⑤文化领域的主要法律条款；⑥文化资助；⑦文化体制和新的合作关系；⑧对创造性和参与性的扶持。

依照这一框架，欧洲各国在1998年后相继推出自己的官方的、半官方的文化政策。它们通常由各国负责文化、艺术或遗产的政府部门委托，由自治性的

---

① Culture & Unesco: Cultural Policy Recources. www/unesco.org/culture/policy.

文化委员会中的专家集团来起草。所颁布的文件每隔一段时期还会进行修改和更新。目前，出台文化政策的欧洲国家已达 27 个，其中不仅包括英法德这样的发达国家，还包括俄罗斯、波罗的海三国和匈牙利等东欧地区的国家；此外，希腊、爱尔兰、马其顿、塞尔维亚、黑山、斯洛伐克和乌克兰也将在近期颁布自己的文化政策。有趣的是，连加拿大这个传统上属于英联邦、地理上属于北美的国家也接受了欧盟的这种文件框架，从而加入到"创造性的欧洲"的行列。

加拿大的选择有鲜明的象征意义。虽然它无疑属于"发达国家"，但在文化生产领域中与美国完全不是一个数量级。2003 年版的《加拿大文化政策》在谈到自己国情时不仅提到"地广人稀"，而且还提到"与美利坚合众国——当今世界最庞大的文化超级大国——毗邻"。[①]美国的存在对加拿大维护自己的文化特性和文化多样性是一个巨大的压力。加拿大之所以认同欧洲国家，不仅出于其历史上的渊源，而且因为欧洲与它有着同样的压抑感。事实上，欧洲国家文化政策的一个潜在动机就是为了应对美国在文化生产和输出方面的强大压力。所有这些都表明，发达国家在文化发展实力和战略利益上并非铁板一块，如果说美国在文化发展方面是"超级大国"，那么欧洲、加拿大和澳大利亚、日本与韩国等则构成了所谓的"第二集团"。[②]

美国在文化生产方面确实无可匹敌，即使在文化政策制定方面也显得与众不同——它至今也没有一个正式的官方文化政策文件！这体现着它的独特国情。实际上，人们公认美国是第一个进行文化立法的国家。1791 年的美国宪法第一修正案指出："国会不得制定法律剥夺人民的言论和出版自由。"显然，这是一个最大限度约束政府权利和最大限度开拓文化生活空间的原则，它使行政和立法机构在文化政策干预方面变得十分谨慎。美国学者认为联邦机构"一向因循"（Always，Already）的文化政策就是"无为而治"（Non-activity，Non-regulation）。这个传统与欧洲国家形成鲜明对照。法国、德国等国一向具有国家扶持文化发展的传统。但美国一些学者强调，这种传统过于强调文化的"先锋或精英"（avant-garde）特性，对它在社会中的自然形成以及在市场中的壮大并不有利。[③]

---

① 参见 *Cultural Policy of Canada*，第一部分，"历史回顾"。

② 日本和韩国是东亚发达国家，对我国的文化产品出口十分强劲。但本书不拟对它们的文化政策进行讨论。

③ 参见 Princeton University，The Center for Cultural Policy Study 的网页。另可参见端木义方：《美国传媒文化》，北京大学出版社 2001 年版，第 56 页。

虽然没有官方的正式文件，但我们还是可以看到美国"全国州立法会议"2002 年公布的"文化政策工作组报告"：《文化投资：州的政策创新》（*Investing in Culture—Innovation of States' Policy*）。所谓"州立法会议"是由十余名民主党和共和党成员组成的常设咨询机构，旨在为美国各州决策者们所关心的议题提供研究和讨论机会。2002 年，该立法会议委托一个工作组起草上述文化政策报告，工作组成员包括 6 个州的众议员以及文化管理方面的专家。因此，这个报告不是欧盟各国文化政策那样的官方指导性文件。

值得注意的是，该报告的主旨与欧盟文件无二，依然是鼓吹要大力培养人们的创造性能力，以及扶持创造型产业。为此，它郑重推荐美国最发达的新英格兰地区发展创造型产业的做法："2000 年，新英格兰委员会发表了有关创造型经济的初步报告，考察了艺术和文化在新英格兰地区经济生活中所处的地位。该报告试图将创造型经济视为一个整体，并着重关注其中的三个关键部分：①创造型产业群，是指那些直接或间接生产文化产品的企业和个人；②创造型劳动者，是指那些接受过专业文化与艺术技能培训的思想家和实业家；③创造型社区，是指那些创造型的工人、企业和文化单位集中的地区。"[①]

当"创造性"被提升到人类生产和生活的中心位置时，文化自然就显示出空前未有的重要意义。2000 年，英国负责文化、传媒和体育事务的国务秘书 C. 史密斯指出："21 世纪最成功的经济和社会将是创造型的。创造力可以改变面貌——它可以使企业达到竞争的极限，使社会找到解决难题的全新途径从而改善生活质量。"[②]

二、"文化—产业"还是"文化产业"?

标题中的两个语词具有完全对立的含义。"文化—产业"意味着将文化与产业两分对立起来。谈到文化（=艺术），必定是一个远离市场的主题；谈到市场，必定是一个反文化的话题。显然，这是传统的文化观，这种文化观视野中的文化和艺术也具有生产、传播和接受功能，但那主要是在市场之外，借助超经济的政治和文化权力而进行的。而"文化产业"却是全然相反的一个词，它使文化生产和消费与市场链接起来，又对市场提出了趣味性、精致性的文化要求。一个是割裂，另一个是链接。源于不同传统的国家往往对文化与市场的关

---

① 参见 *Investing in Culture: Innovation of States' Policy*，II.
② 参见 Forward of *Creative Industries Mapping Documents*（2000），by Chris Smith.

系持有不同的态度。

按照《资本主义反对资本主义》一书作者的看法，发达国家一般来说具有同质的经济、政治和社会制度框架。但这依然不妨碍它们会分为所谓"莱茵河模式资本主义"和"美国模式资本主义"。应该说，这一点在它们对"文化"与"市场"关系的理解上表现得非常明显。《芬兰文化政策》第五部分对此概括说："美国偏重于经济的可开发方面，而欧洲国家则较偏重保护艺术及表演的创造力。"

前已述及，美国坚持一种"无为而治"的文化政策。在行政体制上，它也不像其他国家的政府那样，通常设有"文化部"（法国）、"文化、新闻和体育部"（英国）、"遗产部"（加拿大）或"艺术与通讯部"（澳大利亚）。美国没有文化部！这几乎是一个不同的人可以给出全然不同解释的象征性现实。一些人的说法是，这意味着美国没有文化。而另一些人则认为，这恰恰意味着美国人最先领悟要使一个文化资源小国变成文化产业大国，就得使文化服务于其全球战略的真谛。[①] 在这里，如果一般地说，实践是检验真理的标准，那么在文化产业领域中，市场份额就是检验其文化政策（无论它是书面的还是事实性的）的唯一标准。

《投资文化：州的政策创新》明确指出"文化通过发展创造型产业并创造竞争优势来帮助州实现经济发展目标。……文化自身就是一个巨大产业，而且是国家最健康的产业之一。商业化的创造性产业包括出版、音像、音乐唱片以及娱乐行业中的艺术家与创造型工人的产品，这是国家最主要的出口项目"。正是基于这种意识，20 世纪 90 年代以来文化生产成为美国最富于活力并带来巨大经济收益的产业。据统计，2001 年美国各类图书（不包括教材）年生产 50000 种，销售额 253.8 亿美元；期刊 11000 多种，90 年代中期年销售额突破 300 亿美元；大型报业集团 130 余家，英文报纸 1480 余种，90 年代中期广告年销售额近 400 亿美元；广播电台 12000 座（其中商业调频台 5000 个），90 年代中期广告年收入 120 亿美元；电视台近 14000 家，其中 1300 余家商业电视台（900 家属于三大电视网），12500 家有线电视台，1996 年电视广告年收入首次超过报纸，达到 425 亿美元；2000 年的电影票房收入为 77 亿美元；在互联网交易方面，2002 年美国占全球 3330 亿美元网上交易总额的 64%；在音像制品方面，美国音乐制品占全球音乐市场份额的 1/3 强，海外年销售额达到 600 亿美元；在电子游戏方面，美国 2002 年的游戏出产量占全球的 40%。需要指出的是，这些统计尚不包括作为

---

① 参见《自己坐进自己怀里！——看信息产业与文化产业的汇流》，载《21 世纪经济论坛》2001 年 2 月 19 日和 2 月 26 日。

美国第三大零售业的旅游业，以及教育和会展产业。①

与美国采取完全不同文化姿态的发达国家是法国。它在文化发展方面不太信赖市场的作用，而更相信国家扶持和庇护的神通。这一方面出于法国对其历史传统的骄傲，另一方面也出于其对自己在文化竞争中处于守势这一现实的无奈。这种无奈感在1994年法国的《杜邦法》中得到明确体现，该法要求在新闻传媒和互联网上捍卫法语的地位，而它所针对的显然就是以美国为代表的英语文化侵蚀。正因为这样，《法国文化政策》几乎没有谈到"文化产业"。相反，它更多的是提到法国政府从王室时代就十分关注文化发展，强调文化与法国"国家形象"密切相关，②并确定在国内加强政府对文化发展的扶持力度，在国外则由法国外交部和其他涉外机构推进文化交流，加强法国文化的对外影响。

与法国相比，《德国文化政策》不太避讳"文化产业"这一用语，但它提到，对于这个概念，即对于是否应当以产业的或市场的方式来发展文化，德国国内至今还有争论。③熟悉德国思想史的人都知道，这类争论应当是20世纪30~40年代的德国法兰克福文化批判理论的余波。在霍克海默和阿多尔诺等的思想中，"文化批判"实际上就是"文化产业批判"。因为"文化产业"是一个定义中的矛盾。文化追求独特性，产业追求均质性和平庸性，文化追求的是卓越，产业追求的是大众趣味。文化天生反市场，市场必定是非文化。文化与市场的链接意味着文化趣味、人的合目的性生存状态的沦落。

法兰克福对"文化产业"的批判，的确使人们看到自己负有看护文化趣味的义务。但随着时代发展，人们也意识到那种批判也包含着对大众文化消费权利的漠视，一种前市场时代流传下来的贵族精英主义的"文化—产业"观念，它对市场往往采取的是一种魔化态度。当然，当代德国人已不再信守法兰克福学派的这种文化信念。因此，《德国文化政策》在强调国家对外扶持作用时，也强调应当充分发挥私人部门和企业对文化发展的推动作用。可以说，德国处于从"文化—产业"到"文化产业"的中间道路。

有趣的是，英国虽然是一个素来以尊重传统为传统的君主制国家，但在对文化发展的态度上却采取了一种全新的态度。它不仅在1993年将"创造性"概念引入文化政策文件，而且在1998年出台的《英国创意产业路径文件》中更明确地

---

① 以上资料分别引自《美国传媒文化》Jairo 等的文章；Latin America's New Cultural Industries Still Play Old Games；《投资文化：州的政策创新》。

② *Cultural Policy of France*（2002），Ⅰ.

③ *Cultural Policy of Germany*（2002），Ⅲ.

提出了"创意产业"（Creative Industries）这个概念："所谓'创意产业'是指那些从个体的创造性、个体技艺和才能中获取发展动力的企业，以及那些通过对知识产权的开发可创造潜在财富和就业机会的活动。它通常包括广告、建筑、艺术和古玩市场、工艺品、时尚设计、电影和音像、互动性休闲软件、音乐、表演艺术、出版业、软件和计算机服务、电视和电台等。此外，还包括旅游、博物馆和美术馆、遗产和体育等。"① 在这里，我们关注的不是英国对所谓"创意产业"有什么独特的界定，因为它与人们对"文化产业"的一般界定没有什么区别。我们更关注的是，这个关于"创意产业"的文件实际上是 1993 年英国文化政策的实施文件，它要求政府"为支持创意产业而在从业人员的技艺培训、企业财政扶持、知识产权保护、文化产品出口方面"做出积极努力。

与英国类似，芬兰、荷兰、澳大利亚和加拿大等国的文化政策对文化与产业的链接均采取相当积极的态度。如《创造性的国家：澳大利亚联邦文化政策》指出："这个文化政策还是一个经济政策。文化创造财富。……此外，文化增加价值。它对我们的创新、市场营销和广告做出了巨大贡献。文化是我国工业的品牌。它本身就是一个重要的出口产品，是其他出口产品的重要附加物。它对我们的经济腾飞是不可或缺的。"② 芬兰在出台自己文化政策的同时，还由芬兰文化产业委员会在 1999 年出台了一个关于文化产业问题的"最终报告"。该文件明确提出，所谓"内容产业"即"文化内容产业"，其基本特征是将文化艺术方面的生产与市场链接起来，为的是顺应"文化市场化"和"市场文化化"的发展趋势。为此，人们需要同时转变对"文化"和"市场"的传统看法，用我们的说法是，应当摒弃"文化—产业"观念，而代之以"文化产业"。③

在以上巡礼中，我们分别看到"文化产业"（Cultural Industries）、"创意产业"（Creative Industries）和"内容产业"（Content Industries）等不同表述，它们同指而异名，其用法视语境不同而定。如"文化产业"一词中的"文化"刻画的是文化的"非物质"（Immaterial）属性，以同传统的物质生产作出区别；而创意产业的说法多少消解了一些"文化"与"产业"对立的意味，从产业研发（即R&D）的角度来强调文化的重要意义；而"内容产业"更是为应对信息技术革命而提出概念。值得指出的是，芬兰对这个概念情有独钟，因为它是世界上信息产

---

① *Creative Industries Mapping Documents*，"Background".
② 参见 Forward，*Creative Nation：Cultural Policy of Commonwealth of Australia*.
③ 参见 *The Final Report of Committee of Cultural Industries*（1999），Finland.

业最发达的国家之一。2001 年，芬兰被瑞士世界经济论坛和洛桑国际管理学院分别评为世界第一和第三最具国际竞争力国家。竞争力主要来自信息产业。其互联网和移动电话普及率均居欧洲第一和世界前列；信息技术及产品出口占工业出口总额近 30%，已超过传统的森林和金属工业。现代信息产业的高度发展大规模促进了芬兰经济和文化的融合。正是根据传媒技术负载文化内容的特征，芬兰信息发展协会才在《2000~2004 年内容创造启动方案》(SISU) 中强调要大力发展以市场运作为依托、以现代传媒技术为平台的文化内容生产，把芬兰文化以及由芬兰文化符号包装的物质产品推向世界。

总括起来，文化产业不仅具有以上提到的诸多别名，而且还具有狭义和广义两种用法，这两种用法分别代表着现代意义的文化观念和现代意义的经济、产业或市场观念。狭义的"文化产业"主要是指以产业化的、市场的方式来发展以往那种远离市场的艺术和文化产品，也就是所谓的"文化市场化"。在信息革命时代，这尤其是指那些以复制技术为基础的文化产品的生产、经营和消费。

广义的"文化产业"则是指"市场文化化"这一趋势，它要求提高产品的文化附加值，要求大力发展"以文化为基础的产业"（Arts-based Economy），而这恰恰是"以知识为基础的产业"的一个相当重要的组成部分。20 世纪 70 年代初，发达国家相继出现关于"后工业化""后现代"或"再次现代化"的讨论。[①]到了 90 年代，所谓"后现代"不再是一个空泛的广告语词，它获得了一个具体的经济学意义的指标，即在这个时代，一个国家和地区国民生产总值的 50%以上应当来自知识经济。知识经济是一种"创新型经济"（Innovative Economy），而以"创意性"为真髓的文化产业或文化内容产业当然也就是这种经济的题中应有之义。

不过，发展文化产业不仅是一种姿态，而且需要相关国家在行政体制、法律环境、投融资机制等方面制定出比较具体的措施。这正是各国文化政策所关注的具体内容。

三、"分权化"与"一臂间隔"——国家在发展文化方面的身份转变

在西方发展的历史上，20 世纪 90 年代是一个重要历史刻度。法国思想家

[①] Denial Bell 在 20 世纪 70 年代初出版的 *Post-Industrial Society* 一书是谈论"后工业化""后现代"问题的标志性著作。1998 年，中国学者还提出了所谓"第二次现代化"的表述。

M.阿尔贝尔提到：西方世界"在过去整整两个世纪之内，即 1791~1991 年，切实经历了三个不同阶段"：即 1791 年开始的"反对国家的资本主义阶段"；1891 年开始的"由国家规范的资本主义阶段"和从 1991 年开始的"取代了国家的资本主义阶段"。阿尔贝尔指出："我们今天正不知不觉地进入第三个阶段。"①

在阿尔贝尔的描述中，市场经济规则的"看不见的手"似乎始终起着而且越来越起着重要的作用，而政府干预的"看得见的手"则受到越来越多的约束。在经济全球化过程中，国家的身份在发生变化，它日益从市场的直接操控干预者、一个经常的"越位者"和"错位者"，变成一个安分守己的"守夜人"。也正是从这个所谓"取代了国家的第三个阶段"开始的时候，即 20 世纪 90 年代，我们看到发达国家纷纷出台文化政策。初看起来，这一举动似乎表明国家正在加强对文化的干预控制——这一态势似乎与阿尔贝尔前面描述的趋势恰好相反，但进一步看，我们会发现大多数发达国家文化政策鼎力推荐的恰恰是一些旨在给文化发展松绑的所谓"分权化"方案。

"分权化"一词的英文是 Decentralization。在发达国家文化政策的语境下，这个词并不具有改变国家体制的意思。比如，英国是在政治体制上属于"中央集权体制"（Centralized System），但它同时是文化管理"分权化"观念的倡导者。而德国在政治体制上是联邦体制（Federal System），但它在文化管理上依然倾向于一种"集权化"管理。只有在那些东欧地区，它们在文化管理上对"分权化"原则的接受与其政治体制上的"去集权化"进程是一致的，这些国家包括保加利亚、爱沙尼亚、克罗地亚、匈牙利、拉脱维亚、立陶宛、斯洛文尼亚、摩尔多瓦等国。②

在文化政策的通行术语中，"分权化"文化管理观念通常被形象地表述为"一臂间隔"（Arm's length）原则。所谓"一臂间隔"原指人在队列中与其前后左右的伙伴保持相同距离。该原则最先用在经济领域，针对的是一些具有隶属关系的经济组织，如母公司与子公司、厂商和经销商等。根据这个原则，这些组织在策划和实施各自的营销规划、处理利益纠纷乃至纳税义务上都具有平等的法律

---

① 参见米歇尔·阿尔贝尔：《资本主义反对资本主义》，社会科学文献出版社 1999 年版。
② 根据欧盟 Cultural Policy 网中的 main features of the cultural policy's system，被列为中央集权体制的发达国家除英国外还包括法国、荷兰、瑞典和葡萄牙等；被列入"去集权化的"（Decentralized）联邦体制的发达国家除德国外还包括奥地利、比利时、芬兰、瑞士、意大利等。当然，我们知道美国、加拿大、澳大利亚和新西兰也属于联邦制国家。而苏联和东欧国家基本上被归入"中央集权体制"或开始向"去集权化体制"过渡的国家。

地位，一方不能取代或支配另一方。

"一臂间隔"原则被挪用到文化政策具有两种主要含义：第一，它多指国家对文化拨款的间接管理模式；第二，这种管理模式要求国家对文化采取相应的分权式的行政管理体制。从对文化的集中管理到分权管理，这是"一臂间隔"原则的基本要义。

《芬兰文化政策》指出，"一臂间隔"原则具有"垂直"和"水平"的两种分权向度。所谓"垂直分权"涉及中央政府与其所属行政部门和各级地方政府的纵向分权关系，即：一方面，中央政府将文化政策制定和实施的主要权力以及部分文化拨款的责任交给其所属的文化相关部门（如芬兰的文化和教育部，英国的文化、新闻和体育部，澳大利亚的艺术和通讯部等）；另一方面，它还要求各级地方政府行使相应的权力或承担相关的责任。譬如，英国 90 年代中央政府对文化领域的年平均预算为 10 亿英镑，而同期英格兰、苏格兰、威尔士和北爱尔兰这四个大行政区对文化的年资助额超过了 10 亿英镑。在芬兰 2000 年的公共预算中，中央政府对广义文化产业的财政支持占支出总额的 58.6%，地方政府文化财政支出占 41.4%。而从对狭义艺术生产的资助来说，中央政府和地方政府各占一半。澳大利亚、日本的情况也大体如此。①

"水平分权"是指各级政府与文化方面的非政府公共组织（Non-department Public Bodies）的横向分权关系。这类组织是介于政府与具体文化单位之间的一级中介机构。它有两个基本特性：其一，这类组织通常接受政府委托，并为政府提供文化政策咨询，甚至向政府提供文化政策设计，并策划具体的文化政策实施方案；同时，它还负责把政府的部分文化拨款落实到具体文化单位。就此而言，它是代理政府具体管理文化的准政府组织。其二，这类组织往往由艺术方面和文化产业方面的中立专家组成，它虽然接受政府委托，但却独立履行其职能，从而尽可能地使文化发展保持自身连续性，避免过多受到政府行政干预，受到各种党派纷争的影响。因此，它具有非政府、超党派的含义。与不同级别的政府相对应的非政府组织之间通常不具有隶属关系。

2003 年的《芬兰文化政策》自称，芬兰"是'一臂间隔'原则的最早实践者"，这是不确切的。2000 年成立的"国际艺术理事会和文化机构联盟"（IFAC-CA）在 2002 年 5 月公布的文件中指出："成立于 1945 年的大不列颠艺术理事会

---

① 参见 Cultural Policy of the Netherlands。此外，关于欧洲各国地方政府文化拨款与中央文化拨款比例的数字，可参见欧盟 Cultural Policy 网中的表格，Share of Total Public Cultural Expenditure Broken Down by Level of Government。

是全球第一个体现'一臂间隔'原则的中介组织。"①

英国率先设立国家艺术理事会有其历史原因。作为老牌自由市场经济国家，它在 20 世纪 30 年代以前对文化艺术基本上放任不管。中央政府既无相关管理部门，也无相应政策。在这期间，民间出现了许多维护行业利益的组织，如英国皇家合唱协会（1871 年）、英国出版商协会（1896 年）、英国出版权协会（1921年）、英国民间歌舞协会（1932 年）和英国全国音乐协会联合会（1935 年）等。第二次世界大战前夕，由于意识到文化对国民精神的鼓舞作用，英国政府开始考虑把文化管理纳入国家的管理体制。不过，它不愿像其他具有古老帝国传统的法国、德国和俄国那样对文化采取"一竿子插到底"的国家庇护管理模式，因此便致力于创造一种既能强有力地推动文化，又可以防范国家、党派对文化的直接干预、"不能不管，也不能多管"的模式。1939 年，经议会批准和皇家特许，英国建立了英国音乐艺术促进委员会和国家娱乐服务联合会这两个半官方文化管理机构。1945 年 6 月，英国音乐艺术促进委员会转变为大不列颠艺术理事会，成为实现政府文化政策的重要机构。随着不断改造，英国逐渐形成了三级文化管理体制：

（1）政府：包括中央政府和地方政府及所属文化行政管理部门。

（2）与各级政府对应的、作为准自治非政府公共组织的艺术理事会。

（3）各种行业性的文化联合组织，如电影协会、旅游委员会、广播标准理事会、体育理事会和博物馆/美术馆委员会等 38 个机构。

英国艺术理事会由各文化行业内的专家组成，理事会成员由政府任命，任职后获得独立的法律地位。艺术理事会的任务包括：

（1）向政府提供文化政策建议咨询。当政策通过立法程序以后，他们还要制定各种实施方案。值得说明的是，英国注重调动专家资源参与决策过程。除艺术理事会外，还有 8 个非政府政策咨询机构。

（2）对艺术成果进行"同行评议"（Peer Evaluation），对艺术创作和文化发展状况进行专业性的常规评估。

（3）依据专业评估，部分代理政府对文化优先项目的财政拨款。同时，对拨款效果进行监督和评估。如果被扶持文化单位的状况不能得到改善，艺术理事会将会给出 18 个月的警告期，以决定是否取消扶持。

随着时间的推移，英国艺术理事会在文化政策咨询方面的作用得到了进一步

---

① 参见 IFACCA 网站主页。

加强。前面提到的英国在 1993 年出台的第一个官方文化政策文件就是它的手笔。

体现着"分权化"内涵的"一臂间隔"原则得到了发达国家的广泛接受。"国际艺术理事会和文化机构联盟"的文件指出:"目前在世界各地,无论是穷国还是富国,也不论是英语国家还是非英语国家,都普遍建立了对文化艺术进行资助的准政府国家机构。"这项制度得到了联合国教科文组织的大力支持。相关的国际会议进行了多次,相关国际组织也发展起来。在发达国家的文化政策中,加拿大、澳大利亚、英国、奥地利、比利时、芬兰、瑞典、瑞士等国明确声称采用这一文化管理原则。比如,1993 年出台的澳大利亚文化政策《创造性的国家》指出:"澳大利亚理事会是这个国家最重要的文化资源之一。在它成立的 21 年中,艺术活动和文化产业有了长足发展,一般来说,这是对联邦政策的成功证明,具体而言,则是对澳大利亚理事会成就的证明。……澳大利亚理事会需要把越来越多的资源用于建立与广播技术领域各种联系、开拓市场、鼓励赞助商和拓展对外出口等领域。"为鼓励对文化产业开发,澳大利亚理事会专门设立"主要文化组织董事会",董事会成员来自那些对国家具有重要意义的、经营状况较好的文化企业,其任务是监督和处理重要文化企业的财政状况,以避免它们沦落到向政府寻求援助的地步。

然而,德国和法国对"一臂间隔"的原则抱消极态度。《德国文化政策》表明,该国对文化的管理权主要还集中在各级政府及其所属行政部门。艺术理事会则是表达、协调各具体文化单位或行业协会利益的论坛性机构。例如,德国文化体制主要是由政府机构与以自我管理权为基础的具体文化组织这两级组成。1998年,联邦政府扩大了自己对文化事务的管理权限,建立了自己的文化事务和媒体专门委员会,联邦文化基金会也由政府直接管理。同时,联邦议会也建立了自己的文化事务委员会。然而,艺术理事会的中介性作用并不明显,仅限于对职业艺术家组织的保护和扶持提供一些专业咨询意见。2002 年《德国文化政策》指出:"一般来说,在联邦政府和非政府活动者组成的多样化组织之间尚没有形成有组织的文化活动合作和协调机制。"在这个文化政策中,对艺术理事会的功能没有任何专门讨论,这与前面提到的澳大利亚文化政策形成鲜明对照。在这个背景下,如何转变在文化管理体制上有效贯彻分权原则、削减政府对文化发展的直接义务和管理责任,动员各种社会资源发展文化,成为德国国内正在争论的问题。

除德国外,法国文化体制中根本没有给"一臂间隔"性质的艺术理事会留下一席之地。《法国文化政策》开宗明义指出:"法国文化政策的历史可上溯到 16 世纪的皇室庇护传统,从那时直到今天,法国文化政策一直具有这种皇室扶持特征，即提高文化知识和文化艺术，逐步完善国家文化行政管理结构和文化预算。"在这个文化政策的"组织机构"部分，对艺术理事会没有任何描述，这在当代发达国家的文化政策文件中是十分独特的。

从前面的论述我们已经可以理解，德国和法国在文化管理上的上述姿态与其独特历史传统有关。"文化"对这两个国家向来具有重要地位。《德国文化政策》宣称要建立"文化国家"，而《法国文化政策》也宣称"文化是国家形象的重要因素"，法国要成为具有鲜明特点的"典型国家"。这些国家对文化的关注力度和资金投入力度向来很大。目前，由于财政负担加剧，文化产品在世界市场中激烈竞争的前景日益明朗，这两个国家也都在考虑对文化管理实施分权，吸引各种社会力量发展文化。它们是否会最终大力实施"一臂间隔"原则还难做定论。

值得注意的是，除发达国家外，东欧国家大部分都在文化政策中申明接受旨在"去集权化"的"一臂间隔"原则。然而，实践中的困难以及德国、法国的示范作用使这些国家一直在讨论：应当借鉴源于英国的"一臂间隔"原则来强化艺术理事会制度，还是要参照德法的经验来加强国家对文化的宏观管理？2000 年欧盟理事会出版的文化政策论文集刊载了匈牙利学者西蒙·蒙迪的文章《对文化的一臂间隔资助：为什么或为什么"不"？》，从这个题目可以看出，是否接受"一臂间隔"原则并强化作为中介组织的艺术理事会，是这些国家面临的政策选择。这种选择的基础在于：如何理解在知识经济背景下出现的国际文化产业发展态势？如何认识自己的国情？如何在此基础上确立自己的文化发展目标和文化体制？

（李河：中国社会科学院哲学研究所　研究员）

当代俄罗斯文化政策的全球和区域视角

［俄］A.H. 丘马科夫/文　祖春明/译

在多极全球化的背景下，俄罗斯未来的发展前景直接与它的政策相关，即它的正常是否能够很好地协调战略与战术、全球与区域、爱国与普世之间的关系。如何解决本民族利益和全人类利益之间的关系，如何构建公民社会和建设法治国家等问题也同样重要。在全球化日趋发展的当下，俄罗斯正经历着一个艰难的历史时期，因为它不仅要保证国家的持续发展，也要确保在国际舞台上的竞争力。如果不能很好地解决上述问题，在残酷的对立和激烈的竞争中，没有一个国家可以立于不败之地，也没有一个国家可以逃脱客观趋势的影响。

这就是为什么我们要在关注世界和区域发展的前提下来讨论俄罗斯问题，否则一切讨论都将是毫无意义的。作为全球共同体的一部分，我们需要考虑在当代全球化过程客观趋势的基础上，同时构建对内和对外政策，以处理国内及国外的各种关系。除此之外，还需要考虑到国际社会激烈的利益之争，以及尚未终结的金融危机。后者对俄罗斯的影响并非比其他国家和缓，并且引发了许多原则性问题。引发金融危机的仅是经济和事务因素，还是意识形态、政治和精神因素也发挥了作用？这些问题是由于技术原因造成的，还是具有系统性的？人文领域和文化在经济动荡中到底扮演了怎样的角色？最后，俄罗斯知识界应该如何应对这些问题，知识界又是否能够实际影响事态的发展？

在如何理解复杂形势的方式与如何寻找问题解答的方式之间存在显著差异。因此，在西方国家和那些以西方发展道路为模板的社会系统中，人们重点关注经济、金融、行政等问题，并组织各种经济类论坛和讨论等。

但时至今日，解决各种国际争端和矛盾的方式仍主要依靠武力，这点与过去毫无二致。但现在的武力并非一定表现得愚蠢和直接。它们更经常地以间接形式表现出来，特别是在经济领域中，并被称为"软实力"。但无论如何，最后的胜者总是那些更有力、更狡猾、更残忍的人，他们具有更大的比较优势。然后，他们就可以自私地、肆无忌惮地追求自己的利益。

当然，人们也试图在文明的原则之上协调各种国际关系，并出现了一些新的全球和区域性国际组织，如"八国集团""20国集团"、WTO、世界银行、欧盟、上海合作组织等。但在这方面完全信任它们是不可取的。这些组织的组建是为了保证某些既定行为的实施，这些行为是在全球或地区层面上通过协商确定的，因此，这些组织在某种程度上取得的成效都是基于这个目的。但当代的主要矛盾是如何保证整个世界体系的秩序，这些组织在这方面却是无能为力的。这是由于以下诸多原因造成的：

第一，即使在最好的情况下，这些机构也只是触及了社会生活的某个方面、一部分人或某个区域，并没有哪个组织是从整体上思考世界，并考虑到它的所有方面。没有这种考量，任何治理行为至少都会带来损害。

第二，在世界范围内，即使在最好的情况下，这些组织也只能发挥某些治理的功能，却不能将世界作为一个整体来治理。

这就是为什么近期提出的全球计划都没有取得理想的预期成果，甚至是失败的。这些计划中包括享誉全球的"和平共处政策""可持续发展理念""文化多元主义政策"等。这正是因为我们缺少成功实施这些计划的相应机制。

总之，全球范围内的利益之争将会愈演愈烈，更大的开放度、更便捷的信息获取会对这一趋势推波助澜。今天，开放的信息已经成为社会治理的重要资源和有效手段。这也是引发了颜色革命的重要原因之一。

综上所述，我们只能寄希望于文化—文明对话。在全球范围内，它是唯一可能建设性解决矛盾的方式，也是保证社会和谐发展的重要因素。在全球范围内如此，在各个国家内部也是如此。但实现这种对话的可能却受到诸多限制，其中包括：第一，单纯依靠"文化对话"或"文明对话"的方式是无效的，注定是要失败的。因为它们不能表现社会生活的本质（文化—文明的）属性。社会生活是各种社会文化成就和文明关系的总和。第二，任何一种文化最初都是自足的，并试图保持自己的独特性，因此，它通常会与其他文化发生冲突和对立。也正因为如此，单纯建立在文化基础上的对话是不可能的。因此，我们也不能寄希望于文化间对话，并试图借此拉近不同立场之间的关系。一旦我们意识到，所有对话都不是建立在文化而是文明的基础之上时，我们也不必为此过于担忧。这时的文化是对话的背景。互动双方的文明化程度越高，这种对话就越有效。

但不同民族的文明化程度乃至整个人类的文明化程度仍然很低。遗憾的是，即使在科学界，这一问题仍未引起应有的关注，即某个民族（国家、群体和个人）的文明化程度是其文化发展的反面。这就是为什么多元文化主义政策不仅在欧洲，也在其他国家和地区遭遇失败的原因。正是由于它忽视了不同文化发展中的文明差距。这一政策没有弄清楚的是，当今世界上相冲突的不是文明，而是不同的"文化—文明体系"（比如西方的和东方的、资本主义的和社会主义的、伊斯兰的和基督教的等）。这些体系在文化层面上互相冲突，但在文明层面上却相互吸引。这就形成了文化—文明体系的多样性。

因此，文化—文明对话表明，当今世界本质上是多极的，它也不可能是同一的。为了保证这种对话有效进行，需要具备共同的社会生活组织原则，其中最为重要的包括：

——承认和保障基本人权；

——可以被所有体系所接受的伦理规范和价值观（全人类伦理）；

——统一的法律（全球法）；

——宗教自由和良心自由。

这已经不是经济领域而是人文领域的关系问题，是通常会被大型经济论坛（这些论坛主要为了寻找解决当代世界问题的方法）所忽略的问题。那些并非传统工业型的国家正在致力于在人文领域寻找解决当代世界问题的方法，比如中国。中国在这方面有自己的逻辑，因为不仅不同国家及相应的世界体系中出现的经济和技术失误会导致危机，文化和精神问题、社会发展不同阶段出现的道德问题也可能导致危机。

如何理解全球化在很大程度上取决于国际舞台上不同力量和主体之间相互作用的战略和战术。正如安启念教授在其所著的《中国的全球化问题》中所提到的，尽管中国政府赞同政治多极化和文化多样性，"但也非常尊重经济全球化"，并将其视为不可抗拒的客观历史趋势，认为与之对抗毫无意义。他写道，"由于实践理性主义的巨大影响，在中国并没有出现西方国家中广泛出现的反全球化运动。今天，中国经济领域取得的巨大成就在很大程度上是由于它能够非常有效地捉住并利用全球化为其带来的机遇"。[①] 这同时表明，那些反对和忽视全球化的国家，正面临着被历史发展所抛弃、被世界共同体所孤立的危险。

俄罗斯地处东西方之间，具有相当深厚的精神传统。它无论如何都不能无视全球化的客观趋势，但也不应满足于仅仅依靠技术或严格的经济方式来解决当代社会的发展问题。

因此，毫无疑问的是，那些具有较高知识水平和道德高尚的人，即通常所说

① 安启念：《中国的全球化问题》，载《俄罗斯哲学社会通讯》2005 年第 3 期，第 147 页。

的知识分子，他们在这方面的作用将日益凸显，因为尽管全球化看似需要经济基础和政治保障，但事实上，它在全球层面上越来越表现出文化的本性来。也正因如此，众多学者或人文思想家都特别关注以下问题，即文化与全球化之间的互动以及全球与本土之间的相互关系等。

这种看待社会发展的视角获得了越来越广泛的认同。不久前，为了描述这种现象，当代全球学提出了一个专门的术语"全球本土化"。它是由"全球化"和"本土化"两个词组合而成的①。它描述了在世界共同体的发展过程中，不同民族文化发展的地区性特点是如何与全球趋势相互融合的复杂过程。这里需要强调的是，不能将看待世界的全球视角与本土观念以及个人的思维方式对立起来。形形色色的"反全球化者"就喜欢制造这种对立。解决这个问题较为理智的方式，也是从作为旁观者的知识分子立场看问题的视角，即"我们应该认为，全球的和本土的观念是相互联系在一起的，它们的特点和普遍性也是相互不可分割的。"②

但是，文化全球化与全球本土化进程一样，不仅引起了少数民族群体的不安，也让人数众多的民族感到同样担忧。它们担心在世界发展的新趋势中丧失自己自主性的文化。人们还意识到，民族认同和文化多样性同样受到了威胁，而后者又是一些民族的独特之处，比如俄罗斯。正如著名的达吉斯坦哲学家 М.И. 彼拉罗夫所指出的那样："我们尊重某些价值观和传统，绝不能仅仅因为它们是我们自己的；而应该在那些滋养它们的亲近民族和更具历史前景的民族中为其寻找支点。"③ 当然，这并非解决问题的唯一和最终答案，但他却为所有民族指出了文化发展的共同基础。没有这个基础，即使是俄罗斯自身的行动统一尚难达成，更遑论全球的统一行动了。

遗憾的是，时至今日，俄罗斯仍不能按照实际情况所要求的那样融入世界。如果要说我们是根据什么指标认为俄罗斯并未融入全球世界的，甚至是游离于世界体系之外的，那么，主要是根据文化—文明的指标。历史经验表明，所有发展顺利、相对成功的国家无一不是公民社会发展较好的国家。但正是这个领域是当代俄罗斯的"软肋"，是它的"阿喀琉斯之踵"。除了极少数知识分子之外，这个

---

① И.И. 马祖尔、А.Н. 丘马克夫：《全球学百科全书》，彩虹出版社 2003 年版。

② Naoshi Yamawaki. The Idea of Glocal Public Philosophy and Cosmopolitanism // XXII World Congress of Philosophy. Rethinking Philosophy Today. July 30–August 5, 2008 Seoul National University, Seoul, Korea, p. 31.

③ М.И. 彼拉罗夫：《作为二者选一的区域化：全球化的反面》，载《文化多样性和全球化》2010 年，第 341 页。

问题尚未引起应有的重视和讨论。

20世纪90年代初的俄罗斯，人们积极讨论社会民主化的问题，并对民主的到来抱有很大期望。但俄罗斯不仅没有实现民主，"民主"这个概念也被滥用。为什么会出现这种情况呢？因为如果没有公民社会，任何形式的民主和人民的权利都是不可能的。民主是公民社会的功能和属性。民主在什么地方出现、何时出现、在何种程度上实现都取决于公民社会在什么地方出现、何时出现、在何种程度上出现并成熟起来。公民社会最终是由自由的、自主的、在法律面前平等的个人组成的，也就是由公民组成的。公民不仅能够选择自己的政府，也能够为自己的选择负起责任。到那时，物质和智力上自足的公民将取代一味顺从的民众，成为真正意义上的"人民"。因此，无论是在数量上还是在质量上，知识分子都应该成为公民社会中的某种组成成分。

俄罗斯历史上是否出现过类似的公民社会呢？非常遗憾，没有。我们今天是否出现了呢？非常遗憾，没有。尽管俄罗斯已经具备了形成公民社会的资源和可能，但我们甚至不能以其应有的形式谈论它。这就是俄罗斯问题的症结所在。我们需要认识到，本土、区域和全球之间的关系是互为前提的。如果没有这种系统认识，没有公民社会的建构，社会发展的目标和任务也就很难达成。单纯依靠经济和技术手段来解决社会问题，只会大大阻碍国家的发展。如果只关注技术进步，忽视个人及其需求，并把大量资源用于举办各类赛事和论坛，而不实质性地推动社会政治和经济改革的话，这绝不是国家发展的最好办法，也不是避免国家出现严重危机的可靠手段。

面对全球化的挑战，那些优先考虑文化的国家处于较为有利的位置。这些国家无疑都有较为成熟的公民社会，社会管理的最新技术也将有效实施，这些都被称为"软实力"。因此，我们认为，俄罗斯知识分子肩负着特殊使命，在公民社会尚未成熟之际，知识分子可以对政治家和其他决策者产生影响，使他们意识到，未来首先在于精神和人文领域。

（A.H. 丘马科夫：俄联邦中央财经大学哲学系主任　教授　全俄哲学学会第一副主席；祖春明：中国社会科学院中国文化研究中心俄罗斯中亚文化政策研究部　主任　副研究员）

面对全球化：世纪之交以来的中国文化政策[①]

李　河　张晓明

引　言

改革开放以来，中国无可争议地成为这个星球上经济增长速度最快、持续高增长时间最长的经济体之一。它的 GDP 总量绝对值从 1978 年的 3650 亿元跃升为 2014 年的 63.61 万亿元，增长 174 倍多；人均 GDP 按美元汇率计算从 1978 年的 220 美元跃升为 2014 年的近 7485 美元。东部地区主要城市如北京、上海、深圳、广州等更是普遍进入人均 GDP 15000 美元以上。[②] 如果把"高增长"定义为 GDP 年增长率在 7% 以上，那么中国持续高增长已超过 35 年。[③] 尽管目前经济遇到较大下行压力，但由于中国正处于工业化中后期，城市化率仅为 55%，相信中国经济在今后若干年还会以较快速度发展。

中国的经济增长奇迹被世界所公认，不仅如此，它在近 40 年里也正成为世界上最开放的文化体之一。事实上，1978 年提出的改革开放方针首先就是一个重大的思想事件和文化事件！从那以后，中国从一个深受计划经济体制束缚的封闭民族变成了这个世界上最开放的民族，也变成了这个世界上人口最多的"学习的民族"。中国人的文化消费水平与文化福利水平得到空前提高。追踪研究近 40 年的中国文化发展是本文的主要内容，限于篇幅，这里将把主题限定为世纪之交以来的中国文化政策。[④]

[①] 本文压缩版原载于《文化蓝皮书：中国公共文化服务发展报告 2009》，社会科学文献出版社 2009 年版。

[②] 数据来自中国国家统计局。

[③] 高增长定义取自美国斯坦福大学胡佛研究所高级研究员 Michael Spence 在 2007 年发表的文章 *Wealth of Nations：Why China Grows So Fast?*。根据近 40 年来中国 GNP 和 GDP 增长对比，近 40 年里中国经济只有 3 年的 GDP 年增长率在 7% 以下，即 1981 年的 5.2%、1989 年的 4.1% 和 1990 年的 3.8%。

[④] 这里指中国当代文化政策的探讨，截至 2012 年。

所谓"文化政策"通常是指"某社会共同体赖以处理文化事务的价值、原则和策略"。① 政策的主体既可以是政府或党派，也可以是其他社会组织乃至私人企业，甚至还可以是个人——他/她在处理文化事务时往往信守着这样那样的"事实上的政策"（De Facto Cultural Policy）。② 本文重点关注的是诉诸正式文本的官方文化政策。在发达国家的政策术语中，"官方文化政策"往往被称为"公共文化政策"——"公共"二字旨在强调其政策主体是代表超党派公共利益的现代型政府。③ 这种对"公共"的诠释不能完全照搬到中国这样的发展中国家。在中国语境中，执政党被视为公共利益的最根本代表，因此这里所谓"官方文化政策"优先指向的是历届中共代表大会的报告。此外，它还包括历次国家五年规划和历届中国人大政府工作报告中涉及文化的部分。④ 这些文件在出台伊始往往尚未定型为具体的法律法规，也未能量化为明确的测度指标，但它们不啻为这个国家的"政策中的第一政策"（the Policy of All Policies）。

本文所关注的世纪之交以来的十余年是中国文化政策的快速调整时期。这里所谓"政策调整"包含两个含义：其一是具体文化政策内容的变化，即文化管理者针对教育、科学、文学艺术、新闻出版、广播电视、互联网、图书馆、博物馆、文化产业、文化遗产保护等具体项目领域做出的政策改变，这种改变包括是否为相关领域提供政策优先的支持？是否改变相应的拨款份额或比例？等等。其二是文化观的变化，即通过把文化与经济、社会和政治等其他发展领域进行比较，确定这个国家对文化或文化发展的理解出现了怎样的变化？而这些变化在国家宏观战略上得到了怎样的表现？一般而言，文化观的变化决定着具体文化政策内容变化的格局或方向，文化政策具体内容的变化体现着特定的文化观。在我们看来，世纪之交以来中国文化政策的最大看点首先在于文化观的巨大转变。

从改革开放的整个进程来看，本文认为世纪之交以来十余年是中国文化体制改革和文化的现代性转型的一个新阶段。这个阶段有以下两个看似对立的特点：

第一，文化发展领域吸纳了原本专属于经济领域的"增长"观念，把"（文化 GDP）增长"当作衡量文化发展程度的重要指标之一。这个变化的标志性起点

---

① 引自互联网 Webster World of Cultural Policy。另据《英国文化》（文化艺术出版社 2003 年版）一书，"文化政策是指操作（文化事务）的原则，管理及与预算有关的实践和步骤"，参见该书第 27 页。还可参见大卫·赫斯蒙德夫《文化产业》（张菲娜译，中国人民大学出版社 2007 年版）第四章"政策：法律和规制的变化"。

② 参见大卫·赫斯蒙德夫：《文化产业》，张菲娜译，中国人民大学出版社 2007 年版，第 123 页。

③ 参见毛少莹：《公共文化政策的理论与实践》，海天出版社 2008 年版，第一章第二节。

④ 可参见本文第二节"中国文化政策的决策机制、文本结构和解读方法"部分。

是 2000 年中共十五届五中全会对"文化产业"主题的政策合法性的确认。以此为契机，新一轮文化体制改革找到了突破口，它开启了文化的全领域重构进程，使文化成为继经济领域之后的另一个体制改革热点区域。

第二，与文化领域吸纳"增长"观念的取向似乎相反，中国 21 新世纪以来开始深刻意识到"唯（GDP）增长论"的发展方式带来的负面影响，在宏观战略层面上形成了由"科学发展观"命名的新发展观。该发展观的一个重要内容是使文化上升为衡量经济社会发展程度的重要的和引导性的指标。同时，文化领域相应地形成了"新文化发展观"。

在此背景下，世纪之交以来的文化政策贯穿着以下三大主题：2000 年国家权威文化政策确认了"文化产业"主题；2003 年国家启动旨在实现全领域重构的文化体制改革试点工作；2005 年国家倡导以落实公民文化权利为中心的公共文化服务建设——2000 年、2003 年、2005 年，"文化产业""文化体制改革""公共文化服务"三个日期及其对应的三大主题构成了当代中国文化政策的"路线图"。

必须说明，上述三大主题并不是在这十余年才出现的。其中一些主题在市场经济体制改革初期即已存在，它们在经历了较长的"争取承认"①的历程后才在国家宏观文化政策层面得到"背书"（Endorsement）。这种背书赋予这些主题新鲜的甚至是全新的含义。

显然，要准确概括十余年来文化政策的阶段性含义，要从大处着眼看清中国文化体制改革所具有的现代性转型含义，就不能不反省改革开放的整体进程，也不能不提到新一轮全球化的发展态势。近年来，中国许多领域相继推出纪念改革开放的文献。对比之下，整体回顾这一时期文化发展进程的文献不甚丰富，本文试图弥补这个缺憾。但与经济和社会等其他领域相比，对文化发展的回顾和评价充满困难。这不仅因为文化是一个难以把握的软对象，且这个对象牵扯不少敏感的意识形态问题，还因为我们缺乏一个适用于观察和叙述文化发展的理论坐标，缺乏用以测度文化发展的系统和一致的指标体系，缺乏适合中国国情的、成熟的公共政策学体系，缺乏能够揭示中国文化的现代性转型逻辑的自主性话语。我们深切感受到，整体回顾改革开放以来的发展不仅需要经济学话语和社会学规范，

---

① "争取承认"是德国古典哲学家黑格尔最早使用的概念。当代德国法兰克福学派的著名哲学家霍奈特（Alex Honneth）在 1985 年的教授资格论文《为争取承认斗争》（*Kempf um Anerkennung*）中对它做了深入发掘，使其变成一个具有影响力的当代概念。这个概念强调人或文明的重要生存动因是为了争取承认。当代美国学者弗兰西斯·福山在《历史的终结》一书也对这个概念十分关注。

同时还需要文化的视角和哲学的思维。为此，本文引入甚至构造了一些新概念，包括所谓的"争取承认""存量陈述与增量陈述""从领域合一到领域分离""体制变革的解释学"等。

总之，这篇报告希望表明，改革开放近40年全方位和渐进性的体制变革构成了十余年来中国文化政策变迁的基本背景。反过来说，当代中国文化政策的变迁也在这个国家从旧体制向新体制的转型过程中发挥了重要的推手作用。本文拟从以下六个方面展开：

第一，中国文化政策的世界语境：全球化与国外文化政策。

第二，中国文化政策的决策机制、文本结构和解读方法。

第三，2000年，文化产业的合法性确认。

第四，2003年，新文化发展观和新一轮文化体制改革。

第五，2005年，以全新方式构建公共文化服务体系。

第六，余论：当代中国文化发展的问题和出路。

一、中国文化政策的世界语境：全球化与国外文化政策

中国文化政策充满自主性。但要对它进行政策研究，自应以当代国外文化政策的发展为参照。这个参照有助于我们解读中国文化发展的思路和举措是否与国际社会存在着直接的呼应或间接的关联，也有助于把中国的文化选择模式与其他国家的政策选择进行比较，从而为比较政策学的研究提供丰富的资料。但最重要的是，它有助于我们感受新一轮全球化带来的风气。

"全球化"是一个多棱角多侧面概念，人们尽可以对其做出见仁见智的陈述。经济学家一如既往地强调其经济含义，如丹尼·罗德里克在《全球化走得太远了吗》中把全球化界定为"各种商品、服务和资本市场的国际一体化"——这几乎是一个可以在全球流通的定义。弗兰西斯·福山则从政治和历史哲学的角度以"历史的终结""普遍的世界史"以及"均质化"或"同质性"社会的说法来叙述他关于全球化的想象。托马斯·弗里德曼在《世界是平的》一书的"开场白"中，以分隔东西方的柏林墙的倒塌为起点，宣称"世界10岁了""全球化时代10岁了""我们都坐在同一条船上"。① 此外，还有社会学家视野中的"全球化"，还有文化意义上的"全球化"。就文化意义来说，罗宾·克恩和保罗·肯尼迪在2000年

---

① 参见托马斯·弗里德曼：《世界是平的：从"凌志汽车"和"橄榄树"的视角》，赵绍栋等译，东方出版社2006年版。

出版的《全球社会学》一书中指出："全球化不仅是经济全球化。……全球化也是一种联结，图像、思想、旅行者、移民、价值观、时尚和音乐等都沿着全球化的道路不断流动着。"①

需要说明的是，无论有多少种含义，西文语境中的"全球"（Global）与其近义词"国际"（Inter-national）有一个哲学意义上的重要区别："国际"可以直译为"国家间的"——这个"超国家"的含义自古存在。但"全球"则不仅是"超国家"，更是个"超地缘"概念，由这个视角衍生出诸如"现代""进步"或"普适价值"等一系列承诺。值得注意的是，超地缘性构成了近现代理性、科学技术和市场经济的本质结构，因此伊曼纽尔·沃勒斯坦才强调，尽管近代资本主义的发生是地缘性的，并且它在发生之初"没有囊括整个世界"，但它一开始就是一个"世界体系"。②正因为这种"超地缘性"，资本与资源、现代与传统、普遍理性与地缘文明等从一开始就构成了对"全球化"的富于张力的解读。

体现着近现代市场经济本性的全球化进程存在数百年了。但自20世纪70年代起，发达国家整体进入一个新的时期。该时期从一系列标志性著作中获得了许多命名，如"后工业化时代""第三次浪潮"（或"大趋势"）"数字时代""符号生产和消费时代""后现代"等，但所有这些都可以归并为一个命名，即"新一轮全球化"。值得强调的是，新一轮全球化的所谓"新"，蕴含着与文化发展的密切关联。一个明显的动向是：自20世纪下半叶起，在传媒技术革命支持下，当代"知识经济"和"文化经济"（即所谓"文化的经济化"与"经济的文化化"）迅速发展，文化日益被国际社会采纳为衡量经济社会文明程度的指标。虽然人们尚没有把握说，文化生产能力的空前提高，文化元素的跨国界传播、文化对经济社会生活的渗透是新一轮全球化区别于以往全球化的本质特征，但至少可以说，"文化发展"是新一轮全球化的重要向度，由此引发的关于时尚/传统、文化竞争/文化安全、物态经济/拟像生产等争论都具有全新内涵。

近40年前，全球化对中国还是一个遥远的事。但改革开放还不到10年，中国就启动了关贸总协定（GATT）复关谈判（1987年）；2001年，中国正式加入WTO。改革开放让中国在经济社会方面呈现出跳跃性发展。而自20世纪90年代起，"如何认识新一轮全球化"成为中国学界和政界的热门话题。它也构成了中

---

① 参见罗宾·科恩等：《全球社会学》，文军等译，社会科学文献出版社2001年版，第15页。
② 参见伊曼努尔·沃勒斯坦：《现代世界体系》（卷一），尤来寅等译，高等教育出版社1998年版，第12页。

国十余年文化政策的贯穿性主题。2000年中共十五届五中全会公报指出："要积极面对经济全球化趋势增强，科技革命迅猛发展，产业结构调整步伐加快，国际竞争更加激烈的新形势。"这个看法在会上通过的《关于制定国民经济和社会发展第十个五年计划的建议》中得到更明确的表述："信息化是当今世界经济和社会发展的大趋势……要顺应世界信息技术的发展，推动信息产业与有关文化产业结合。"而2002年中共十六大报告的文化部分更是开篇指出："当今世界，文化与经济和政治相互交融，在综合国力竞争中的地位和作用越来越突出。文化的力量深深熔铸在民族的生命力、创造力和凝聚力之中。"[①]

上述文献有几点十分值得关注：第一，党的十五届五中全会的文献表明，当代"文化产业"的出现与当代信息技术革命密切相关；第二，党的十六大报告关于"文化与经济和政治的相互交融"的判断表达了对当今新一轮全球化特点的准确解读；第三，党的十六大关于"文化在综合国力竞争中的地位和作用越来越突出"的断语概括了许多国家高度关注文化政策制定的基本动机；第四，党的十六大高调推出的"创造力"一词恰好是下面将要谈到的当代欧盟各国文化政策的基本主题词。

在论及以"创造"为主题的发达国家文化政策之前，有必要简要概括一下西方文化政策的历史。前面提到，文化政策是指"指导某一社会共同体处理文化事务的价值和原则"。在这种宽泛意义上，体现着国家意志的文化政策并非当代才有。《法国文化政策》开篇指出，其渊源可以上溯到200多年前王室对文化活动的庇护政策。那些历史较长的国家如英国、俄罗斯和瑞典也都如此。甚至像美国那样的年轻国家，其文化管理的基本准则也可以追溯到18世纪末出现的宪法第一修正案。不过，文化在西方成为广泛受到关注的公共政策议题是比较晚近的事情，因为那种旨在强调超党派的公共利益以及公民基本权利保障的"公共"观念也只是在比较晚近的时候才日益成熟起来。有学者认为，20世纪50~80年代的标志是"现代文化管理体系的确立阶段"；80年代以后则是"文化管理方式的调整和改革阶段"[②]——这个时期恰好与中国改革开放的时间平行。

20世纪80年代以后有两个值得关注的重要现象：一个是国际社会推进文化

---

① 1999年在中国率先提出建设"文化大省"的浙江省对此做出了进一步解读："文化产业方兴未艾，市场广阔，潜力巨大，成为当今经济社会发展的一个重要特征。发展文化产业已成为文化竞争、经济竞争和综合国力竞争的一个重要内容。凡是经济发展到一定阶段的国家和地区，都将文化经济设定为战略目标，将文化产业设定为最重要的替代型产业，将地域、国家乃至世界的文化资源转化为经济社会综合效益。"引自李景源等：《浙江经验与中国发展》（文化卷），社会科学文献出版社2007年版，第29页。

② 参见毛少莹：《公共文化政策的理论与实践》，海天出版社2008年版，第15页。

政策的努力，另一个是由发达国家引领的文化政策创制高潮。关于这点，可参见本书收录的《发达国家文化政策一瞥》一文。

与此同时，20世纪90年代以后发达国家还陆续出台了一些虽非严格意义的文化政策，但却与文化密切相关的政策，那些政策关注的是另一个趋势，即所谓的经济文化化。在这方面，1996年和1997年OECD分别出台的两份年度报告《以知识为基础的经济》和《国家创新体系》是典型代表。前一份报告认为，当时其24个成员国在高技术的知识密集型产业中的产值已超过国民生产总值的50%，这标志着发达国家正在进入知识经济时代。[①] 这个时代的"经济文化化"特点表现在，经济领域的研发过程、产品包装、品牌和广告设计、人性化营销和服务等已经广泛涉及与狭义文化相关的"创意性"内容。"以物为体"的经济正显示出很强的"以人为本"的取向。

笔者在多年来对西方文化政策或与文化相关的政策的研究中得到以下几个印象：

第一，伴随着现代科技革命，原本远离市场的文化原创或文化生产传播活动全面进入市场领域。知识经济/文化经济、经济文化化/文化经济化成为20世纪90年代以来发达国家文化政策中的重要主题。在此背景下，"文化产业""内容产业"或"创意产业"等一系列政策术语层出不穷。这些相关政策文献在20世纪90年代以后大量传入中国，它们对这个国家权威文化政策产生着深刻的影响。这正是中共十六大做出"文化与经济的交融"这一判断的基本政策背景。

第二，虽然新一轮全球化显示着相同的特征，但各国政策在文化发展模式选择上却不尽相同或很不相同。美国纯商业化的广电模式与英国BBC模式形成鲜明对照，法国庇护型政策取向与芬兰、德国等国在20世纪末强调的"水平分权"与"垂直分权"取向迥然不同。总体来看，沃勒斯坦所说的当代世界体系在全球文化领域也依然存在。"中心—边缘"的角逐、多斯桑托斯所描述的"帝国主义与依附"的矛盾[②] 构成了这个体系的基本存在条件和存在内容。比较复杂的是，这个文化世界体系[③] 的"中心"里面也存在着"中心的边缘"。具体说来，全方

---

① 参见《以知识为基础的经济》，杨宏进等译，机械工业出版社1997年版。该书第4页："据估计，OECD主要成员国国内生产总值的50%以上现在已是以知识为基础的。"该书第18页："OECD成员国的情况继续证明工业经济正在向后工业知识经济转变。"

② 参见特奥托尼奥·多斯桑托斯：《帝国主义与依附》，毛金里等译，社会科学文献出版社1992年版。

③ 美国学者沃尔特·D. 米尼奥罗在《全球化进程、文明进程及语言文化之再定位》一文中对等级性世界体系在自然语言、学术语言领域中的情况进行了细致观察。该文的中译文载弗里德里克·杰姆逊主编的文集：《全球化的文化》，马丁译，南京大学出版社2002年版。

位市场取向的美国在文化发展上是一个"中心中的中心",而欧洲、加拿大和澳大利亚、日本与韩国等则构成了所谓"第二集团"——"冷战"结束后,该集团的首要文化防御对象往往不是发展中国家而是美国。[①] 这个观察给中国文化政策制定者的启示在于:既要顺应全球化的发展趋势,又要在充满博弈的现实主义世界中坚持自主性,即模式选择和发展步骤的自主性——这对于那些在当今世界体系中处于边缘的发展中国家十分重要。

"顺应"和"应对"构成了转型时期中国文化政策的基本姿态。

二、中国文化政策的决策机制、文本结构和解读方法

与学术领域人们在"文化"定义问题上莫衷一是的局面相反,文化政策中的所谓"文化"是一个已然在规制中确定的对象。这种规制在中国与西方世界也很不相同。前面提到,欧盟文化政策框架文件的第二部分的主题是"立法、决策和行政机制"。这些国家与文化相关的决策和运行机制通常是由政府、议会和按照"一臂间距"原则设置的各种准/非政府组织(如英联邦系统的艺术理事会)构成。[②] 这种情况与中国十分不同。

目前中国的文化决策、咨询和行政系统基本沿用的是计划经济体制时期形成的机制,它包含四个子系统。第一是执政党决策系统,即执政党是中国文化政策的最高决策者。它的政策发布的最高平台是历届中共代表大会。第二是国家行政管理执行系统。这是指各级党组织领导下的政府文化主管部门。在中央政府一级,分别由中华人民共和国文化部、国家广播电影电视总局、国家新闻出版总署,加上国务院委托文化部管理的国家文物局、新闻出版总署同时兼署的国家版权局,共同构成国家对文化事务的管理和执行系统。以上几个部门中,除文化部自新中国成立以来一直是县以上政府的组成机构外,1978年改革开放以来,随着文化事业的发展,广播影视部门也相应设立了县级主管机构,新闻出版部门在一些地方也设立了少数县级机构。地方各级政府的文化事业管理机构,基本上是

---

① 2003年版的《加拿大文化政策》谈到自己国情时不仅提到"地广人稀",还提到"与美利坚合众国——当今世界最庞大的文化超级大国——毗邻"。美国的存在对加拿大维护自己的文化特性和文化多样性是个巨大的压力。加拿大之所以认同欧洲国家,不仅出于历史上的渊源,而且因为欧洲与它有着同样的压抑感。事实上,欧洲国家文化政策的一个潜在动机就是为了应对美国在文化生产和输出方面的强大压力。

② 参见李河:《发达国家文化政策一瞥》,载《2004年中国文化产业发展报告》,社会科学文献出版社2005年版。

应对中央政府的机构设置，且设立了各自的管理体制。第三是由中国文化艺术界联合会、中国作家协会等文艺组织组成的社群文化组织，这些组织垂直延伸到省和部分县市。第四是由中国科学院、中国社会科学院和中国艺术研究院构成的国家在文化领域的决策咨询和研究系统[①]，如图 1 所示。

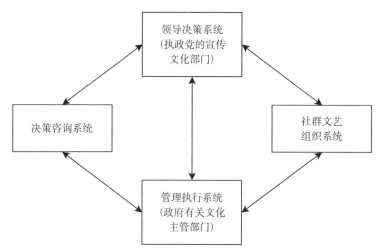

图 1　中国的文化决策、咨询和行政系统结构

其实，在上述体系图中，起着支配性作用的是上述纵轴代表的两个系统：即执政党决策系统以及文化部、广电部和新闻出版总署等管理执行系统。这两个系统要素在中国文化政策的文本结构上也相应体现为两个部分。1982 年中共十二大报告明确把这两个部分区分为"思想建设"和"文化建设"。前者陈述的是这个国家的基本指导思想和政治社会领域的核心价值；后者通常是指具体文化领域，包括"教育、科学、文学艺术、新闻出版、广播电视、卫生体育、图书馆、博物馆等"，还包括"人民群众知识水平的提高"以及"健康、愉快、生动活泼、丰富多彩的群众性娱乐活动"等。在 2000 年以前，上述具体文化领域统统被归入"文化事业"范畴，而文化事业单位在中国是一个十分庞大的机构网络。[②]自2000 年中共十五届五中全会首次提出"推动文化产业发展"的方针后，文化领域开始明确区分"文化事业"与"文化企业"两大范畴。这就要求相应调整文化

---

① 关于中国文化系统决策系统的描述和示意图特别参照了中国社会科学院文化中心《文化事业单位改革》课题组（2005 年）起草的送审稿内容。

② 可参见本文后面的图 2。

管理体制和运行机制。正是基于这个理由，本文把十五届五中全会报告视为当代中国文化政策的标志性起点。

值得关注的是，大量阅读中国文化政策的人都会有这样的体会，即这个国家的文化政策陈述无论从历时性的时间层面来看，还是从自中央到地方或各部门的空间层面来看，一向都保持着超强的连续性。在这种超强连续性的语境中识别出变化的印记，将变化的印记串联起来形成文化政策的整体演变轨迹，需要借助一种特殊的政策解读的解释学方法。这个方法的核心是将"存量陈述"与"增量陈述"区分开来。让我们先来看以下三段陈述：

社会主义道德建设的基本要求，是爱祖国、爱人民、爱劳动、爱科学、爱社会主义。要使"五爱"在社会生活的各个方面体现出来，在全国各民族之间，工人农民知识分子之间、军民之间、干部群众之间、家庭内部和邻里之间，以至人民内部的一切相互关系上，建立和发展平等、团结、友爱、互助的社会主义新型关系（1986 年中共十二届六中全会《关于社会主义精神文明建设指导方针的建议》）。

社会主义道德建设要以为人民服务为核心，以集体主义为原则，以爱祖国、爱人民、爱劳动、爱科学、爱社会主义为基本要求，开展社会公德、职业道德、家庭美德教育，在全社会形成团结互助、平等友爱、共同前进的人际关系（1996 年中共十四届六中全会《关于加强社会主义精神文明建设若干重要问题的决议》）。

认真贯彻公民道德建设实施纲要，弘扬爱国主义精神，以为人民服务为核心、以集体主义为原则、以诚实守信为重点，加强社会公德、职业道德和家庭美德教育，特别要加强青少年的思想道德建设，引导人们在遵守基本行为准则的基础上，追求更高的思想道德目标。加强和改进思想政治工作，广泛开展群众性精神文明创建活动（2002 年中共十六大报告涉及文化的部分）。

显然，如果抹去这些文件的出处和年代，人们很难识别出上述三个论述分别出自哪个年代，以及针对哪些特定问题。它们似乎是无时间性（Timeless）的陈述，我们因此将它们称为"存量陈述"。

所谓"存量陈述"是指长期以来在许多种权威性文化政策中保持不变的一以贯之的论断。它通常是一些高度原则性的陈述，类似于西方科学理论结构中所提到的"硬核陈述"。[①] 例如，1956 年中共八大以来，"提高人民群众日益增长的物

---

① 美国科学哲学家托马斯·库恩的术语。

质文化要（需）求"一直是这个国家各个时期和各级文化政策的硬核陈述。与此类似，20 世纪 80 年代以来，这样的硬核陈述还包括"加强物质文明和精神文明建设""文化建设应当始终把社会效益放在首位"等。这些存量陈述不仅在很长时间中维持不变，而且通常会构成每个新出台的政策文件的基本叙述框架，因而往往使初次阅读的人产生了一定程度的识别困难。

但中国多年的文化政策决非仅仅由初始阶段的几个基本存量陈述构成。事实上，当今文化政策所包含的大量存量陈述，以前都曾作为所谓的"增量陈述"添加进来。对这个巨大的国家来说，表面上千篇一律的陈述无形中成为它的文化政策的一个加密程序，破译解读的关键在于关注那些增量陈述。这些增量陈述有些是全新语句表述，如中共十五届五中全会报告中首次提到"文化产业"，中共十六大首次提到"解放文化生产力"等。还有些增量陈述是在旧的语句表述中置换进全新内容。例如，20 世纪 80 年代起，中国不同层面的文化政策文件中都多次提到"文化体制改革"一语，但在 2003 年国家推出"文化体制改革试点方案"中，"文化体制改革"的内涵在广度与深度上已大不同于以往。[1]

应当特别指出的是，文化政策中的"增量陈述"是我们观察和评估中国文化政策变迁的重要参数。事实上，每个重大文化政策的出台必然包含着引人注目的增量陈述，正是这些陈述才使相关政策的出台自身成为一个重要的文化事件！具体说来，当我们将这个国家近 40 年来的高层文化政策进行对比阅读，不难获得以下两个明显的印象：

第一，从陈述类型的比例来看，中共权威文化政策文本中的"思想建设"领域是一个存量陈述相对集中的领域，这个特点使这个国家的文化政策长期保持着一种超稳定的连续性外观。而相比之下，权威文化政策文本中的"文化建设"则一向是增量陈述较为丰富的领域。这个领域的文化政策陈述与西方世界所谓"公共文化政策"的语句类型和旨趣更加接近。

第二，如果将世纪之交以来的十余年与改革开放的头 20 年进行时段对比，我们会注意到，世纪之交以来的十余年是中央与地方政府文化政策出台密度较大、文化政策增量陈述相对密集的时期。套用一句政策性的习语来说，这十余年中国大大加快了文化政策的理论创新步伐。

总之，基于将存量陈述与增量陈述区分的文献阅读解释学，我们注意到中国文化政策"思想建设"和"文化建设"领域的差异。而这个差异在世纪之交衍生

---

[1] "文化体制改革"的术语最早在 1979 年就已经出现于一些文化管理部门的政策文件中。

为这样一个重要现象，即国家对"文化建设"领域的发展现状、制度结构以及发展使命给予了日益强烈的关注。下一节的"文化产业"就是从"文化建设"领域中浮现出来的概念，它是一个新世纪中国文化政策中最重要的增量陈述之一。

三、2000 年的"文化产业"合法性的确认

本文把 2000 年视为"当代中国文化政策"的标志性起点，其标志性文献是中共十五届五中全会通过的《关于制定国民经济和社会发展第十个五年计划的建议》。这个文献之所以具有这种标志性，因为它首次确认或承认了"文化产业"主题。该文涉及"文化产业"的提法多达 6 处。明确提出要"完善文化产业政策，加强文化市场建设和管理，推动有关文化产业发展"；要"推动信息产业与文化产业的结合"。2001 年 3 月，这个建议又被中国九届人大四次会议采纳，并正式纳入了"中国十五计划纲要"。

2001 年《中国文化产业蓝皮书》评价说："至此，'文化产业'这个近年来频频见诸报端的提法，正式进入了党和国家政策性、法规性文件，发展文化产业成为中国下一个阶段国民经济和社会发展战略的重要组成部分。"在此之后，国家各层与文化产业有关的政策文献快速出台。2002 年中共十六大报告在"文化建设和文化体制改革"的标题下明确提出要"积极发展文化事业和文化产业"。它特别强调"发展文化产业是市场经济条件下繁荣文化、满足人民群众精神文化需求的重要途径。完善文化产业政策，支持文化产业发展，增强中国文化产业的整体实力和竞争力"。2003 年 10 月 14 日，中共十六届三中全会在相关决议中要求文化政策要及时调整跟进以配合改革的展开。2005 年 10 月，中共十六届五中全会通过《关于制定国民经济和社会发展第十一个五年规划的建议》，再次明确提出"积极发展文化事业和文化产业"，并就产业、事业、政策、市场管理、对外交流等多个方面做出指导。2007 年中共十七大更是把发展文化产业提升到"解放文化生产力"的高度——自 1978 年后，"生产力"是这个国家最具有道义力量的语词。30 年来，这个国家相继提出"解放（物质）生产力"、"解放科技生产力"以及现在的"解放文化生产力"。

为贯彻有关要求，国务院和有关部门颁布了一系列的政策支持文化体制改革，包括 2003 年 12 月 31 日颁布的《文化体制改革试点中支持文化产业发展的规定（试行）》和《文化体制改革试点中经营性文化事业单位转制为企业的规定（试行）》，2005 年上半年出台的《文化及相关产业指标体系框架》，以及 2005 年 8 月颁布的《国务院关于非公有资本进入文化产业的若干决定》等。

1. 文化产业的"争取承认"之路

无论中国还是西方，前现代社会的一个重要特征是文化在规制上被认为应当远离市场。尤其是与艺术相关的文化，它的生产与接受更多的是由"能力"和"权力"垄断，而与"权利"没有关系。即使在市场经济发育很长时间之后，"文化的市场化或经济化"与"文化的大众消费权利"仍在为"争取承认"进行不懈的努力。西方语境中所谓"文化产业"（Cultural Industry or Cultural Industries，或译为"文化工业"）概念最早可推溯到 20 世纪 30 年代 W. 本杰明提出的"复制"概念。而在阿多诺等的文化批判理论中，这个语词被赋予了强烈的贬义，意味着文化与资本商业共谋来阉割人们对理想与自由的追求。即使在当今许多国家的公共舆论和相关政策都对文化产业表示认可的情况下，对于如何维护文化创造性和卓越性（Excellency），依然不是没有争论的。但历史就是这样，现代市场的产生以及现代社会的产生，在规则层面往往是从对卑微权利、"非圣价值"和低线道德准则的"承认"开始的。在今天，"文化产业"以及与之相关的"符号生产和消费""内容生产""媒体的政治经济学批判"等一系列说法在西方学界已成为一支主流话语。①

大致是因循了同样的程序，伴随着改革开放的中国强调发展生产力（1978年）、发展社会主义商品经济（1984 年）以及建立中国特色市场经济体制（1992年）的全进程，"文化的市场化"也进入了"争取承认"的时期。这个进程一开始是以局部的、半地下的、合理犯规甚至不合理犯规的方式进行着的。从这个意义来看，2000 年"文化产业"进入文化政策，是对前面 20 多年整个"文化市场化"进程的追认（Subsequently Endorsement），它具有深刻的现代性转型的意义。

中国"文化市场化"的出现首先是因为计划经济时期形成的文化管理体制已难以为继。基于"文化全等于意识形态"的信念，国家包揽一切文化事务，国有文化事业单位通行国家财政供养的"大锅饭"体制。即使在文化体制改革已经展开的今天，我们能够看到的文化事业单位的规模也是相当庞大的，如图 2 所示。

国家财政负担庞大是一个问题，更大的问题在于这种官本位的供养制造成文化产出效率低下，文化产品严重短缺。此外，在改革开放后一段很长的时间里，贫困的国家要最大限度地把有限财政投放到经济领域的基础设施建设，文化单位

---

① 美国学者大卫·赫斯蒙德夫对"文化产业"在西方"争取承认"的历史有清晰的描述。他还特别提到当代法国人钟情于使用"文化产业"的复数语词形式（Cultural Industries）以取代阿多尔诺等使用的单数形式语词。参见大卫·赫斯蒙德夫：《文化产业》，张菲娜译，中国人民大学出版社 2007 年版，第 18 页。

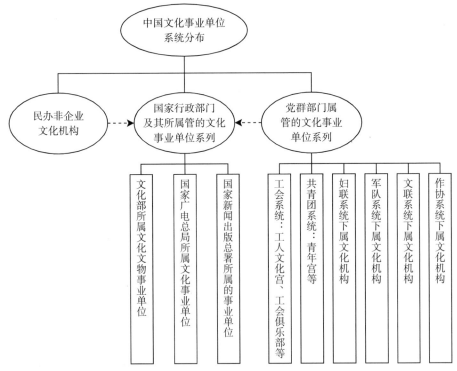

图 2　中国文化事业单位系统分布

陷入生存困境。它们不仅无力承担起满足全社会文化需求的任务，甚至无力满足自己的生存需求。在此背景下，改革开放初期一些局部的和微观领域出现市场取向的改革实属"谋生图存"之举。

改革开放之初的中国"文化市场化"趋向有两种主要表现：

其一，随着市场经济的发展和服务业的逐渐繁荣，随着文化功能日趋多样化和丰富，文化的产业属性逐步显现出来，以营业性舞会、音乐茶座和挂历市场为发端的文化市场日益活跃。1979 年广州出现第一家音乐茶座，1980 年深圳出现第一家歌舞厅。这些娱乐性场所虽然具有低端特性、草根特性，并且最初并不规范，但却因为三个特点而充满活力：第一个特点在于它们属于一个地区经济发展的配属设施，因而很难用单纯的行政命令将其消除；第二个特点是它们不仅把文化产品的"商品属性"释放出来，更切中了所谓"商品属性""文化经济"的本质特征，即娱乐属性；第三个特点是这样的文化市场实现了民营力量进入文化生产领域。上述变化在经过多年多层面的打压后，最终还是得到国家相关管理部门的认可和支持。1987 年文化部、公安部、国家工商行政管理局发布了《关于改进舞会管理的通知》，正式认可营业性舞会等文化娱乐经营性活动。1988 年文化部、国家工商行政管理局发布《关于加强文化市场管理工作的通知》，正式确认"文化市场"的概念，同时明确了文化市场的管理范围、任务、原则和方针。1989 年国务院批准在文化部设置文化市场管理局，全国文化市场管理体系开始建立。最后，随着流行音乐、卡拉 OK、民间演艺市场、休闲报刊、畅销书以及热播电视剧等文化现象大量出现，1998 年国家文化部正式设立产业司。发生于草根社会的"恶之花"开始修成正果，文化产业发展开始被纳入国家最高行政管理部门的规范。

其二，迫于生存压力，也由于市场经济改革的示范，大量仍囿于国有文化事业单位体制的文化生产部门逐渐开始在内部进行以"引进市场竞争机制"为主要内容的有限改革。这个改革也在一些行业主管部门的政策性文件中得到首肯和支持：1980 年 2 月召开的全国文化局长会议认为："艺术表演团体的体制和管理制度方面的问题很多……应当坚决地有步骤地改革文化事业体制，改革经营管理制度"。1985 年文化部《关于艺术表演团体的改革意见》要求，在文化单位推行以承包经营责任制为主要内容的改革，以解决统得过死和吃"大锅饭"等体制弊端。实行以文补文、多业助文等改革措施，解决文化单位的经济困境。1988 年文化部《关于加快和深化艺术表演团体体制改革的意见》和 1989 年中共《关于进一步繁荣文艺的若干意见》中，提出实行"双轨制"的具体改革意见，即一轨为国家扶持的少数全民所有制院团，这类团体要少而精，代表国家最高水平；另一轨为多种所有制的艺术团体，由社会各种力量主办。所有这些行业性政策在 1996 年中共十四届六中全会《关于加强社会主义精神文明建设若干重要问题的决议》得到了最完善的表述："要遵循文化发展的内在规律，发挥市场机制的积极作用，理顺国家、单位、个人之间的关系，逐步形成国家保证重点、鼓励社会兴办文化事业的发展格局。"

应该看到，在 2000 年以前，"文化市场"的提法早已在中国文化政策中得到确认，国有文化事业单位内部也开始引入"市场竞争机制"。但那些文件尚未动摇以"管办不分"为特征的计划经济时代的旧有文化管理体制。文化生产效率、文化的资源配置方式没有发生根本变化。更加重要的是，"事业单位、企业管理"的双轨制随着时间进展日益显示出在政治资源和市场资源非法牟利最大化的取向，并成为群体性政治和经济腐败的温床，加大了今后文化改革的成本。正是在上述背景下，2000 年中共《关于制定国民经济和社会发展第十个五年计划的建议》迈出了实质性的一步，它承认文化是一个"产业"。而由这个承认将会导致其他一系列新的"承认"，那些承认将导致旧文化体制的深度解构。

2000 年确认"文化产业"的合法性，还有一些其他影响因素：

第一，中国 2000 年人均 GDP 接近 1000 美元，东部地区普遍达到人均 3000 美元。由此中国经济步入"快行道"；2002 年人均 1132 美元，2007 年人均 2460 美元。东部地区 2007 年普遍进入人均 7500~10000 美元。当然，我们不宜过度关注或过高评价 GDP 总量或人均 GDP 的重要性。但在大致合理的社会中，这些数字的提高同时会意味着人均可支配收入的增加，意味着在人均收入中恩格尔系数的下降，也就是说，居民用于文化消费的比例增加。从全球范围看，不同国家的人均 GDP 在 1000 美元、3000 美元、5000~6000 美元时，其旅游、娱乐等文化消费在规模上都会有一个爆发性的变化增长。从这个态势来看，中国文化需求进入一个高增长时代，而整个国家也进入一个因为经济高增长而形成的"文化产品战略性短缺"时代。① 而且，目前这个短缺的口子还在迅速扩大。显然，让经济体制改革的成果最大限度地转向文化生产、传播和消费领域，借助市场手段发展文化，是缓解上述短缺的首要有效举措。

第二，如同第一节关于全球化的描述，20 世纪 80 年代以后，国际社会的"新发展观"意识在一些国际组织和国别文化政策层面得到了反映。国际社会和许多国家在 20 世纪 90 年代纷纷推出"创造性"为主题的文化政策。这些动向在当时的中国学界和政界几乎得到了实时性的反响。围绕着"高技术与高文化联姻"（High-tech and High-touching）、知识经济与文化产业（或曰"内容产业"或"创意产业"）、第一次现代化与第二次现代化等话题展开的讨论形成了一系列研究成果。② 在世纪之交艰难进行的中国入关谈判使上述影响得到强化。虽然在 WTO 服务贸易条款中，涉及文化服务贸易的比重并不是很大，但却依然使人们强烈地感受到国际文化竞争迫在眉睫。

由于加入 WTO，中国国内电影、出版等文化产业加快了市场化进程，增长呈现出加速度趋势。据美国电影协会的报告，2014 年全球电影票房 375 亿美元，美国占 27% 份额，即 101 亿美元，这个数据仅比 2000 年美国国内电影票房收入

① 关于这个缺口有多大，有多种统计和计算。有的认为，2005 年中国居民的理论文化消费需求仅被满足了 1/4。这个统计计算不见得准确，但大致反映了目前文化生产的现状。

② "第一次现代化"和"第二次现代化"的提法就是中国科学院从事现代化课题研究的学者在 20 世纪 90 年代知识经济讨论中首创的提法。相对于"第一次现代化"，"第二次现代化"引入了大量的知识和文化发展指标。目前，中国科学院现代化研究中心已做出统计指标体系，年度性公布世界上进入第二次现代化的国家。

（94.4 亿美元）略高。相比之下，中国电影产业增长迅速。2006 年中国电影国内票房收入仅为 3.2 亿美元，其中国产影片票房收入 1.76 美元。然而，经过此后近 10 年的快速增长，到 2015 年，中国电影票房收入达到了 440 亿元人民币，约合 70 亿美元，其中国产电影占总票房的 61.6%，即 43 亿美元，成为全球第二大电影消费国。电影银幕总数 31627 块，影院覆盖全国市县地区，全国影院实现全部数字化。此外，在出版业，2014 年中国图书市场规模达 187 亿美元，占全球图书市场的 12%，仅次于美国的 26%。2014 年中国引进出版物（包括图书、期刊、录音录像制品、电子出版物、软件、电影、电视节目等）版权 16321 种，比 2006 年的 12386 种增长 31.7%，而输出出版物版权 8733 种，是 2006 年的 2057 种的 4.24 倍。输出输入比为 1/1.87，远高于 2006 年的 1/6。有学者预计，中国在未来 10 年将成为全球最大的图书市场，出版物版权第一大国。美国、英国、法国、德国的图书销售收入约占世界的 50%，图书出口约占世界的 47%。① 从上面总的态势来看，应对国外文化竞争成为中国各地与各文化行业关注文化产业的一个重要动机。

第三，在历史的和国外的多重因素共同作用下，"文化产业"成为中国 20 世纪 90 年代末的热点话题。中国社会科学院在这方面先行一步，它的国外文化政策追踪研究、文化批判理论和文化政策研究、文化产业战略咨询研究产生了广泛影响。2000 年 11 月，中国社会科学院文化中心正式成立。次年该中心推出第一本《中国文化产业蓝皮书》。目前该蓝皮书出版 7 本，成为中国各级政府、教育和研究机构在文化产业方面的重要参考文献。与此同时，国内多家文化产业研究中心相继出现。

就地方而言，北京在 1996 年提出"大力发展文化产业"的诉求。1999 年和 2000 年，云南、浙江和江苏等省相继提出建设"文化（产业）大省"的区域战略。"文化大省"一时成为许多省份的宣示主题。譬如，浙江省 2000 年 12 月推出的《浙江省建设文化大省纲要》，对"文化产业"的性质、经济和文化含义有十分清晰的描述。

值得一提的是，"文化产业"尽管在国家政策层面得到承认，但它的"文化"含义在传统人文学界并未得到足够的承认，它的"经济"属性在经济学界也没有得到普遍接纳。在"文化产业"概念获得政策确认时，国内外关于"文化产业"

---

① 文中图书和出版版权数据引自《中国新闻出版广电报》。这些数据表明，中国虽然在对外贸易总体上是个贸易顺差国家，但目前在文化产品贸易方面仍然是一个贸易逆差国家。

概念以及行业分类尚没有统一标准。因而，文化产业统计、文化产业发展状况的比较研究一直是一个充满模糊性的领域。为把"文化产业"切实落实在操作层面，2004 年，中国国家统计局在 2004 年颁发了《文化及相关产业分类》文件，明确区分了"文化产业核心层""文化产业外围层"和"相关文化产业层"，这三层涉及 9 个大类和数以百计的次类。它对各地区文化产业政策制定和成果统计具有重要的指导意义，如图 3 所示。

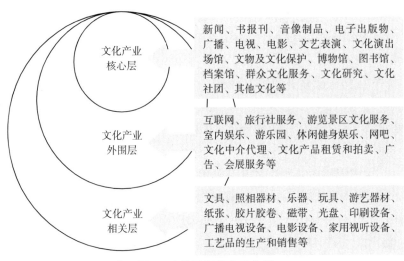

图 3　文化及相关产业分类

　　尽管人们对这个分类还有这样那样的批评，但它确实给中国各地区文化产业统计提供了统一平台。

　　2. 领域合一、领域分离和领域重构：从现代性转型看"文化产业"的确认

　　从中国文化发展历程来看，2000 年国家文化政策层面对"文化产业"的确认是一个重要的历史事件——因为对"文化产业"的承认势必导致其他一系列承认：如对文化生产与市场关系的承认、对文化产品的商品属性乃至娱乐属性的承认，对部分文化生产是经济增长部门的承认，对民资民企的文化生产进入权以及大众文化消费权利的承认。从文化体制来看，它还将导致对文化事业和文化企业之区分的承认，对"管办分离"原则的承认，对低线宽容管理原则的承认等。总之，这一系列承认表明，对"文化产业"的承认动摇了计划经济时期形成的旧有文化管理体制的基础，为全方位的文化体制改革找到了突破口。

　　这里要说的是，从现代性转型的角度看，政策层面上承认"文化产业"也是

一个重要事件，其意义堪与 1978 年的解放思想运动相比。要理解这个判断，就需要对 30 年中国文化发展的阶段进行简要说明。

我们注意到，大量 30 年回顾的文献，无论其是经济的、政治的还是文化领域的，大都把改革开放的进程区分为以下三个阶段，即：①1978 年十一届三中全会到 1992 年；②1992 年的中共十四大到 2002 年；③2002 年中共十六大到现在。

三大分期是以经济体制改革进程中的重大政策选择作为依据的。吴敬琏先生近来在《中国的市场化改革：从哪来？到哪去？》一文回顾了改革开放三阶段背后蕴涵的三次争论：第一次是十一届三中全会后的解放思想大讨论，它启动了从农村到城市、从沿海到内地的改革进程。考虑到当时改革的理论准备不足和降低转型成本问题，这个时期形成了以双轨制改革为主要特征的"增量改革策略"。基于这种策略意识，1984 年的十二届三中全会形成了"建立社会主义的有计划的商品经济"的决议。商品经济在旧体制的名义下高调登场。① 第二次大争论发生于 20 世纪 80 年代中期到 90 年代初，争论焦点是"中国特色市场经济改革的目标"，尤其是选择怎样一种具体的经济改革模式问题。② 基于这个争论所做的政策选择是 1992 年中共十四大和 1993 年十四届三中全会上提出的"建立社会主义市场经济体制"。第三次大争论发生于 2004 年和 2006 年，争论焦点是要如何看待近 30 年的改革所造成的那些负面后果，究竟是应倒退回改革开放之前？还是应当全方位深化改革以终结过去双轨制改革留下的改革死角，以建立一个"法治的市场经济"和公平正义的社会？

目前，文化领域的多数学者也使用着上述政治的和经济的三大分期叙述。韩永进在《我国文化体制改革的回顾与启示》中从文化体制改革角度对此作了细致而有说服力的论述。他认为，当代中国文化发展的第一阶段是 1978~1992 年，该时期的重要特点是，计划经济时期形成的文化体制大体不变，在局部和微观的领域以双轨制方式引进经济体制改革的若干经验，初步确认文化市场的合法性；第二阶段是 1992~2002 年，其特点是配合中国特色市场经济体制改革的进程，更加明

---

① 由于这个原因，一些学者也倾向于把 1978~1984 年视为改革开放的第一个阶段。

② 这种经济发展模式被分为四种：后斯大林时期的计划经济模式（或称"改良的苏联模式"）、市场社会主义模式（或称"东欧模式"）、政府主导的市场经济模式（或称"东亚模式"）和自由市场经济模式（或称"欧美模式"）。吴敬琏在政策解读上十分敏锐，他注意到："从 1984 年以后的中国党政领导机关的文献可以看到，在对改革目标作理论论述时，大体上采用模式（四）的语言；而在规定具体措施时，则有更多模式（三）的内容。"

确地提出文化体制改革的重要性和基本原则，并在这一阶段后期首次提出了"发展文化产业"的设想（中共十五届五中全会）；第三阶段始于 2002 年中共十六大，其重要标志是首次"把文化分为文化事业和文化产业"。我们注意到，许多研究者都持有类似的看法，① 其他四阶段论或五阶段论划分无非是对上述划分的微调。②

毫无疑问，人们普遍认同的三大分期确实有一个优点，那就是使人们充分关注到中国文化体制改革进程与经济政治体制变革进程的协调一致。这种一致尤其表现在以下两个方面：第一，改革开放意味着在各个领域实现从计划经济体制束缚中解放出来的体制变革，这同样适用于文化领域。第二，各领域和全方位的体制变革从一开始就形成了一个中国特色的基本策略，即"增量改革策略"。③ 这个策略有许多名字，如渐进性改革、分步改革、双轨制改革等。"放开增量、盘活存量、梯级推进、循序渐进"构成了该策略的主要内涵，这在 30 年的文化体制变革中也依然适用。④

但完全局限于上述分期也会带来一个问题，那就是忽略或遮蔽了文化体制改革自身的特殊性。要说明这个特殊性并不困难。世纪之交以前，经济领域一向是中国体制改革的热点。这个热点效应虽不断波及文化领域，但该领域在整体上却一直处于局部的、渐进性的，甚至是"静悄悄的改革"的状态。即使早在改革开放之初的 1980 年文化领域就已经出现了"坚决地有步骤地改革文化事业体制，改革经营管理制度"的提法，即使 1996 年中共十四届四中全会《关于加强社会主义精神文明建设若干重要问题的决议》已经以相当成熟的方式高调推出"文化体

---

① 另可参见卢娟：《文化体制改革的历程回顾》，其中也沿用了这三个阶段划分：第一阶段（1978~1992 年）：文化市场化建设和文化体制的所有制变革；第二阶段（1992~2002 年）：文化产业化与财政投入机制变革；第三阶段（2002 以后）：全面制度创新与发展文化生产力。

② 王德岩等在《中国文化产业发展进程》一文把文化产业发展分为四个阶段：即在多数人公认的 1978~1992 年，加上了 1984 年这个阶段刻度。

③ 这个"增量改革策略"也正是前面第二节提到的"存量阅读/增量阅读"的基础。

④ 20 世纪 90 年代初，基于中国改革开放与东欧剧变背景，国际上出现了旨在研究计划经济如何向市场经济转变的"转轨经济学"或"过渡经济学"。这门学科关注的一个核心问题是：在新体制取代旧体制的转型过程中，激进改革与渐进改革孰优孰劣？面对这个问题，斯蒂格利茨（E.Stigliz）、麦克米兰（McMillan）、诺顿（B.Naughton）以及国内经济学家如林毅夫、茅于轼等为代表，明确支持渐进改革。而萨克斯（J.Sachs）、布鲁诺（M.Bruno）、胡永泰（T.Woo）和科尔内（Kernei）等则明确支持激进改革。这个争论在今天依然继续。本文无意卷入上述争论。但上述背景表明，中国 30 多年的改革遵循的是渐进性转型的改革路线，坚持的是所谓"增量发展策略"。这个策略在目前许多文章中得到各种表述，其基本要素可以概括为"放开增量，盘活存量，梯级推进，循序渐进"。斯蒂格利茨认为，这个策略是持续保持帕累托最优的转型方案。值得注意的是，在这个透露着东方传统智慧的柔软转型方案中，维持与旧体制的连续性以维护平衡与稳定，似乎与尝试新体制的创新具有同样重要的地位。它的一个基本操作策略就是，决不在存量资源最大的领域首先开始解构！这构成了中国在 30 多年中形成的"社会转型解释学"的核心命题。

制改革的任务和一系列方针"，但那时的文化体制改革总体上还都是在单一的
"事业体制"的笼子里舞蹈。这个事实表明，文化体制改革虽然与经济体制改革
关系密切，但两者的节奏和幅度并不同步——文化体制改革在深度和规模上要滞
后于经济体制改革。

不过，文化体制改革的相对滞后还不是本文所要寻找的最终的文化叙述模
式。要找到这个叙述，必须具备从现代性转型角度来观察中国文化发展的视角。
基于这个视角，近来有学者跳出了文化发展三阶段论的惯性思路。他们指出，改
革开放让中国文化实现了从"领域合一"向"领域分离"的转变。

所谓"领域合一"是指在计划经济时期以及改革开放初期，"政治、经济、
文化三大活动领域的功能在很大程度上以政治为中心融为一体"。这里的政治是
一个统率一切的"全能性领域"，而文化尤其在整体上被规制为政治意识的衍生
物。"精神文化活动的意识形态化的基本方式是按照政治活动的利益来决定文化
活动的方向，将文化活动自觉地纳入协助政治活动生产社会秩序的轨道上，以文
化活动所独有的影响人们精神状态的力量来支持政治活动"。然而，随着 1978 年
十一届三中全会提出将工作重心从阶级斗争为纲转向经济建设，随着商品经济的
放开以及市场经济体制改革的深入，以往完全被政治意识形态虏获的文化逐渐显
现出从全能性政治领域相对分离出来的取向。可以说，文化从全能性政治领域的
相对分离是文化领域从计划经济体制解放出来的一个重要标志。由于这种分离，
文化领域获得了一定意义程度的自主性——而自主性是文化领域实现现代性转型
的起点。作为支持"相对分离"的例证，这些研究者认为，20 世纪 80 年代中期
上海等地兴起的"文化发展战略热"是文化获得自主性的一个标志。

本文认为，"领域合一"和"领域分离"这两个概念确实比较准确地刻画了
中国当代文化实现现代性转型的特殊含义。但我们同时认为，仅仅用"领域分
离"来概括整个转型过程还是不够的。因为"分离"是一个消极概念，它固然准
确描述了计划经济的体制要素在文化领域中逐渐解构，但却不足以呈现文化现代
性转型的另一个侧面，即体制性的和整体性的"重构"。这里的"重构"是说，
除了继续完成文化与政治等其他领域的相对分离，还要强调在新的条件下让文化
与其他领域形成互渗交融关系。2000 年中共十五届五中全会首次提出"推动文
化产业发展"，这个提法就意味着在计划经济体制中文化与经济、文化与市场、
文化与大众消费权利之间的樊篱被彻底破除，意味着中国特色市场经济体制改革
"外溢"到文化领域，也意味着确认了文化生产也可以是一个经济部门，从而文
化也可以包含一个巨大的"增长领域"。所有这一切从总结的意义上看，是对改

革开放前 20 年那些局部的微观领域的市场取向的文化体制改革的确认，从未来发展的角度来看，"推动文化产业发展"的提法为"文化的全领域重构"找到了突破口，从而使事企分离、管办分离、解放文化生产力、落实公众的基本文化权利等系列体制改革得以次第布局展开，并使文化成为继经济领域之后的又一个体制改革热点领域。

当然，除了领域合一——领域分离——领域重构这种阶段性描述，我们认为，"文化产业"概念还启动了当代中国人在文化观念上的"去魅"（Disenchantment）进程。在传统的意识中，"文化"是国之大事，文化全等于意识形态，所谓"文章千古事""一言兴邦、一言丧邦"等说法无不给文化抹上神秘色彩。文化的公共性往往体现为国家垄断性和全面代理性。现在，"文化"与产业、市场、复制技术和大众消费权利链接，这对传统的文化观念是彻底的颠覆和解构。

正是从文化体制改革、中国的现代性转型角度，我们认为 2000 年应当是中国文化政策的一个里程碑式的年代。

四、2003 年的新文化发展观和新一轮文化体制改革

继 2000 年国家权威文化政策高调接纳"文化产业"观念后，2002 年底中共十六大报告再次推出"文化体制改革"话题，但把它高调放置在一个前所未有的醒目位置——它成为该报告文化部分的标题："文化建设与文化体制改革"。与以往文化体制改革相比，这一轮体制改革有了一个全新的同时又涉及文化体制全局的主题，即区分文化事业和文化产业，围绕这个区分尝试其他管理体制的配套改革。2003 年，国家正式启动相关的文化体制改革试点工作。

同样是在 2003 年，中国在宏观发展战略上还出现了另一个重要动向。被命名为"科学发展观"的新观念在 2003 年中国十六届三中全会上得到了首次权威表述，即"坚持社会主义市场经济的改革方向……坚持统筹兼顾，坚持以人为本，树立全面、协调、可持续的发展观，促进经济社会和人的全面发展"。有趣的是，当新一轮文化体制改革刚刚把"（文化 GDP）增长"吸纳为文化发展的重要指标之一时，科学发展观却开始倡导扬弃"唯（GDP）增长论"的发展观念。我们知道，在旧发展观中，"发展是硬道理"通常就意味着"（GDP）增长是硬道理"。在此语境中，文化建设只能是经济增长的附庸。

如何看待上述两个看似矛盾的动向呢？合理的答案是，2003 年的中国已经走到了一个需要综合全面反省文化发展的内涵、功能和地位的时刻，到了需要确立与中国特色市场经济相适应、与全新社会发展理念相适应的新文化观的时候。

恰恰是在这个时候，2003 年 6 月"新文化发展观"的提法出台。新文化发展观是新一轮文化体制改革的总纲。

1. 新文化发展观：世纪之交以来中国文化的"第一政策"

本文一再指出，对中国文化的现代性转型来说，世纪之交对"文化产业"合法性的确认具有里程碑式的意义。与此并行不悖的另一个重要事实是，也正是从世纪之交开始，当中国在经济社会方面已呈现腾飞之像时，它对发展方式问题倾注了越来越大的关注，由此形成的诊断和治疗方案就是 2003 年中共十六届三中全会正式出台的"科学发展观"。

本文高度评价作为国家宏观发展战略的科学发展观，不仅因为它的提出和完善是中国执政群体的主动之举，更因为与中国以往的纲领性观念相比，科学发展观更具有世界意识和未来意识，在内容表述上与当今世界最进步的主流话语更为相近。[1] 它使中国在全球和区域性发展等重大问题上与外部世界有了更广阔的对话空间。这表明，虽然中国发展具有很大的特殊性，但发展会使它在内部越来越全球化——它会越来越认真地对待全球性的普遍性问题，在政策层面上会体现出越来越多的共同性，在政策陈述上也会越来越多地考虑到外部世界的接受环境。[2]

现在的问题是，科学发展观对当代中国文化发展，尤其是对世纪之交以来的文化政策具有怎样的影响？对此，我们有以下两个判断：第一，科学发展观固然不是狭义的文化政策，但却是对文化发展具有重大意义的政策；第二，配合科学发展观的出台，中国文化领域推出了"新的文化发展观"，这个新文化观构成了当代中国文化的"第一政策"。

科学发展观对当代中国文化发展的重要影响在于，通过批判"唯（GDP）增长论"的旧发展观，强调经济、政治、文化和社会的"四位一体"协调发展，强调使文化成为衡量经济社会文明程度的重要尺度，科学发展观使文化发展在重建自主性方面又向前跨进了一大步。如果说改革开放前 20 年的市场经济体制改革促使文化实现了从"全能性政治领域"的相对分离，那么科学发展观则促使文化

---

① "发展问题"是 20 世纪 70 年代以来国际社会关注的重要主题。应联合国教科文组织基多"研究综合发展观"专家会议（1979 年）的请求，法国经济学和社会学家弗朗索瓦·佩鲁在 1983 年出版了《新发展观》一书。该书系统阐明了"整体的""内生的""综合的""以人为中心的"和"关注文化价值的"的新发展理念。将中国的科学发展观与这个"新发展观"进行比较，不难发现两者的思想亲缘联系。

② 尽管中国国内许多人把"特色"与所谓"普世价值"完全对立起来，但我们要强调的是，日益显示出自主性的中国同时也日益倾向于从普世的角度来考虑生存价值和发展思路。"自主性"与"世界性"本来就是不能偏执对立的。

实现了从"全能性经济领域"的相对分离。由于这个进步，文化发展获得了日益有利的政策优先的环境。

但是应当看到，正如文化与"全能性政治"的相对分离并不意味着文化完全与政治无关一样，文化与所谓"全能性经济"的分离也只是说它的发展不再受以GDP增长为中心的发展观的宰制，而不意味着文化发展完全可以远离市场经济体制改革而另搞一套。事实上，"树立与中国特色市场经济体制相适应的文化观"、以市场经济取向的改革引导和布局文化领域内部的一切改革，这恰恰是中国世纪之交以来文化政策中一以贯之的指导思想。这个指导思想构成了所谓"新文化发展观"（以下简称新文化观）的基本要义。新文化观是科学发展观在文化领域的陈述，新文化观可以被视为当代中国文化的"第一政策"。

必须指出，新文化观是 2003 年 6 月中共高层在"文化体制改革试点工作会议"中明确指出的："要从计划经济体制下形成的传统文化发展观中解放出来，树立与社会主义市场经济体制相适应的新的文化发展观。"2006 年 1 月中共中央国务院在《关于深化文化体制改革若干意见》中指出，要"树立新的文化发展观……以发展为主题，以改革为动力，以体制机制创新为重点……形成完善的文化创新体系"。在此背景下，新文化观成为中国文化研究领域中的一个重要话题。2006 年 6 月，有学者以《新文化观》为题发表了论文集。2007 年 2 月，中国社会科学院学者在大型浙江文化发展调研报告《浙江经验与中国发展》（文化卷）中对"新文化发展观"的内涵也进行了全面系统的研究。[1] 该研究认为，新文化观是科学发展观的重要组成部分。它的核心是把"文化"与"发展"主题链接起来，围绕"发展"这个中国改革开放的第一主题来看待区域文化发展的地位、功能和任务。由于这种链接，新文化发展观便相应获得了"两个视角"：即从文化看发展和从发展看文化。

"从文化看发展"——这里的"发展"是中共十六届三中全会公报中所说的"经济社会和人的全面发展"，是所谓"经济、政治、文化和社会的四位一体发展"，一言以蔽之，是整体性的发展。在这个发展观中，文化获得了"发展软实力""文化支撑力"与"文化竞争力"等属性，也获得了衡量区域整体发展水平的指标性含义。毋庸置疑，这样的发展观与片面追逐 GDP 增长的旧发展观是截然不同的。20 世纪 80 年代联合国教科文组织的执行官 M.A.西纳索在为《新发展

---

① 参见韩永进 2006 年 6 月出版的文集《新文化观》；另可参见中国社会科学院《浙江经验与中国发展》（文化卷）的导论。

观》一书所做的前言中指出，旧发展观的理念集中表现为这样一个问题，即"我们怎样才能改变我们面前的社会和文化，使之符合我们的工业化？"正是这个提问取向才导致了这个世界百年以来一向以"增长"来诠释"发展"。我们知道，至少在2000年以前，"GDP增长"在中国就是"发展"的代名词。"发展是硬道理"这句名言在很长时期内就意味着"GDP增长是硬道理"。从这个背景来看，"从文化看发展"确实是使中国发展观获得提升的一个重要因素。

"从发展看文化"——这里的"发展"是指当今世界科技革命以及经济、政治、社会和文化交融的总体态势，是指中国经济社会发展环境的改变。我们知道，经过20多年的高速发展，到20世纪末中国的市场经济体制基本确立，GDP总量突破万亿美元（2000年），人均GDP指标达到850美元（2000年）。在这个时候，消费者对精神文化产品和精神附加值产品的需求空前增长，经济和社会转型迫切需要提升文化发展水平，而国家和地方财政状况出现了前所未有的良好局面，所有这一切都要求充分认识当今文化产品从生产到提供方式的变化趋势，认识落实大众文化权利的重要意义，改革相关文化体制，这是新文化观与以往那种远离经济与社会、罔顾大众文化需求的狭隘文化观的根本区别。

前面提到，由于找到了"文化产业"这个突破口，新时期的文化体制改革便直接引向了文化的全领域重构。在新文化观中，这个全领域重构被概括为以下三大主题：

（1）在全社会形成与中国特色市场经济制度相适应的思想观念和伦理承诺，让文化软实力服务于经济社会和人的全面发展。

（2）着眼于当今世界"经济文化化—文化经济化"的发展态势，着眼于中国解放和发展文化生产力的历史要求，借鉴经济体制改革的成功经验，改革相关文化体制，让文化生产也转变成一个经济"增长"部门，一个可以用硬指标来衡量的"硬实力"。

（3）为推动社会的创新能力——尤其是文化的原创能力，为落实全社会各阶层人群的基本文化权利，为配合中国日趋加快的城市（镇）化进程、城乡一体化进程和新农村改造，改革相关文化体制，以全新方式重构公共文化服务体系，并以此推动中国的政府职能转变和相关政治体制改革。

上述三大主题构成了世纪之交以来中国文化体制改革的中心任务。需要说明的是，对照前面提到的中国文化政策的文本结构可以看到，上述新文化观的第一主题对应于所谓"思想建设"的部分，而其后两大主题——发展文化产业，构建公共文化服务体系——正是近年来一系列国家文化政策文件中"文化建设"部分的基本内容。从这一点来看，新文化观及其三大主题明确了世纪之交以来中国从中央到地方的区域文化发展战略和基本任务，明确了新一轮文化体制改革的重点。新文化观是新一轮文化体制改革的总纲。

2. 进入试点阶段的新一轮文化体制改革

现代性理论中的常见语词"转型"（Transformation）在近 40 年中国的一个对应词就是"改革"（Reform）。而这个改革通常又意味着"体制改革"。在中国语境中，这里所说的"体制"的含义弱于所谓的"根本社会制度"（如"社会主义"与"资本主义"），但强于某些具体单位中的规章或办法。在中国经济、社会、政治和文化等各领域，体制改革有一个共同的对象，那就是计划经济体制；体制改革也有一个共同的目标，那就是中国特色的市场经济体制或与这个体制相适应的其他体制。

由于这样的原因，早在 1978 年中国开始摆脱计划经济体制束缚之初，文化领域就出现了体制改革，并且这种体制改革是"市场取向的"。1980 年 2 月召开的全国文化局长会议已经呼吁"应当坚决地有步骤地改革文化事业体制，改革经营管理制度"。在此之后，像中共十二届六中全会（1982 年）、十四届六中全会（1996 年）等人们公认的关于文化发展的重要会议都大谈"文化体制改革"。然而，所有这些体制改革在内涵上都无法与 2003 年强调的"文化体制改革"相比。我们已经指出，新一轮文化体制改革有两大独特之处：第一，它在文化领域灌注了"发展"理念；第二，它以文化事业和文化企业分离、以政事分离、管办分离为目标，而不再局限于以前那种国有文化事业单位内部的微观或微调改革。这种改革旨在"建立与中国特色市场经济相适应的新文化体制"；旨在适应中国发展方式的转型。因而它必定蕴含着"文化的全领域重构"。

但中国的渐进性改革策略还有一个重要特点，就是由点到面的展开，在文化体制改革中也是如此。2003 年 6 月，中国启动文化体制改革试点工作。该工作在包括北京、重庆、广东、浙江、深圳、沈阳、西安、丽江在内 8 个综合性试点省市地区和 35 家试点单位展开。目前，这个试点工作的评估工作尚未完成，但综合已有文献，可以对这个改革的框架概括如下：

（1）改革的内涵"涉及思想观念、领导体制、结构布局、利益调整、政策配套等许多敏感而复杂的问题"；改革的外延涉及新闻媒体、出版发行、广告印务、艺术院团、电影院线等多个领域，其任务是把那些原本由国家"统管"的事业单位中那些具有市场化条件的部门推向市场。改革的宏观目的是要依据政企分开、政事分开、管办分离的原则，"建立调控适度、运行有序、促进发展的宏观文化管理体制，初步形成政府管理、行业自律、企事业单位依法运营的格局以及文化管理体制"；改革的微观目的是要打造出一批"合法经营、适应市场经济、富于活力的"市场主体。

（2）国有文化事业单位与企业单位的剥离被概括为"转出一批主体、改出一批主体"。这种改制主要有以下三种情况：一是分离改制，即将广告、印刷、发行、电视剧等一般节目制作部分分离出来，转制为企业，面向市场搞好经营，并接受集团领导监督。如浙江日报报业集团以印务中心为试点单位，建立多元产权的现代企业制度；杭州日报报业集团以股份制改造广告中心，集团控股的同时让经营骨干持股。二是整体改制为企业。如中国对外演出公司和中国对外展览公司改制为中国对外文化集团，广东省出版集团由过去事业性质整体转制为企业，浙江、广东、西安、沈阳等地的电影公司也整体改制为企业。再如解放日报报业集团的《上海学生英文报》、文汇新民联合报业集团《上海星期三》等报纸也都改制为企业。三是一步到位，直接进行股份制改造。如北京儿童艺术剧院直接实行股份制改造，排演了话剧《迷宫》。北京歌剧舞剧院转企改制一步到位，新成立由首都旅游集团控股，歌华集团、北京电视台、北京三奇广告有限公司联合投资的北京歌剧舞剧有限责任公司。《中国证券报》和《电脑报》等报纸也正在探索建立现代企业制度，实行自主经营，自负盈亏，自我发展，自我约束。

（3）中国过去文化投融资过分依赖政府，投资主体单一，民间资本与外资投资渠道不畅，影响了社会资本进入文化产业。中共十六大、十七大以后，文化管理部门鉴于中国非公经济发展较快、民间资金较为充裕、民间兴办文化产业和事业热情较高的优势，采取"积极引导、非禁即入"的原则，陆续出台了多项政策措施，取消限制，鼓励民营企业投资文化领域，以参股方式加入到国有文化企业股份制改造中，并通过"放出一批主体，扶出一批主体"，重点培育一批"专、精、特、新"的龙头民营文化企业。目前民营企业已经成为许多文化领域投资和生产的主要力量。目前，民营影视企业已经成为中国影视产业的重要力量。随着文化体制改革的深入，一些文化企业进行了股份制改造，实现了到资本市场的融资。截止到本文写作之时，在深圳、上海两个资本市场上市的有 50 余家公司涉及文化产业，文化产业板块初步形成。

如此醒目的"文化体制改革"试验会让人们联想到 20 世纪的"市场经济体制改革"，联想到中共十七届二中全会的"政治体制改革"。这些改革昭示着一个特点，即中国的"改革"接近于人们所说的 Innovation，即根据合理性建构原则、落实于体制和政策层面的创新。

"合理性建构"要求一种体制机制成为有可持续内生动力的、可以用客观指标度量的、高效率低损耗的程序化系统。检验这一系统的最简单方式就是输入和输出比较。如果一个系统输入相对较少、输出相对较多，它就是一个有效率的系统；反之则非。

中国近40年的经济体制改革基本是按照上述"合理性建构"方式进行的。无论是宏观体制还是微观机制，都把系统最优当作向外学习或自主生成的重要目标。文化体制改革的目标也是要建立一个系统最优的体制，它要求使文化创造成为相关从业人员的自觉冲动，使文化的所谓"大发展大繁荣"成为客观进程的内生性力量。在文化领域进行体制机制"合理性建构"的一个重要话题是，如何能使相关体制机制产生一种促使人们的文化创造力充分涌流的"诱致性"。

能否使文化从业人员的文化创造能力充分涌流，不仅对狭义文化发展自身，而且对一个民族的整体命运都至关重要。文化创造力是国家发展的核心。我们前面提到，20世纪90年代以来英联邦和欧盟国家文化政策的第一主题词就是"创造性"。在这个主题下，鼓励文化卓越性、对特殊创意活动实行"文化优先"政策、全力推动与文化创意保护相关的法律建设、在公共财政中重点扶持创意文化项目等，成为这些文化政策或相关启动方案的重要话题。所有这些都是为了营造一种对文化创造力具有强烈"诱致性"力量的环境。

形成"诱致性制度变迁"的基本前提是对于个人权利的认可。现代市场经济制度已经造成个人利益的普遍形成，2007年底"物权法"的出台就证明了这一点。今天，中国文化体制改革也已进入普遍落实文化权利的阶段。在这个阶段，一切改革的措施是否有效，实际上都取决于它们是否对文化的从业者形成了正向的以及有利于文化创造的诱致性作用。但如今的普遍情况是，在科研、教育和狭义文化创造领域，负面的"诱致性机制"产生着很大影响：官本位管理、复制性活动获得巨大收益、创造性活动承担巨大风险，这一切都利诱大多数文化从业者倾向于选择非创造性的活动。创造力的羸弱会使一个国家成为"下载的民族"而不是"上载的民族"，它是中国文化体制改革需要解决的问题。

在文化领域进行体制机制合理性建构还有一大课题，即如何建立一个从长远来看有利于文化发展的程序化的文化监管体制。

从长远发展来看，最有利于文化发展的监管模式是事后监管强于事前监管、规则监管强于内容监管、程序干预强于反常干预。这种监管在根本上是法制的，其核心精神是最大限度地保护人们的文化创作和表达权，并允许文化发展在法律或道德范围内有一定的尝试、试错的代价空间。中国文化监管方式要实现真正的合理性建构，就要在监管上以"方便和保护人们的文化权利"为宗旨。这就要求根据市场经济的发展要求，重新认识人们的文化权利落实形式。同时，必须认识到，当文化成为普遍的个人生产和消费对象后，公众文化权利的实现方式便越来越多地从"间接的"和"代表型"的，转向"直接的"和"非代表型"的。任何公共权力或专家口味都不能取代公众作为个人接近、获取、享用和评价文化产品的权利。正是在这个背景下，2003 年以后决策者特别在政策层面上提出所谓"三贴近"原则。这一变化的另一后果还在于对现代政府的公共权力提出了全新要求：它应最大限度地保护而不是代表公众所享有"直接的"（即不可代表的）私人文化权利。即使不得已需要代表，也要使代表行为最大限度的程序化和被监督化。

必须说明，中国文化体制改革试点工作的全面评估还没有正式出台，以上涉及的是一些相关讨论主题。无论怎样，人们已经普遍认识到：人们日益增长的文化需求如果在体制内得不到满足，就会由体制外来满足；在合法市场内得不到满足，就会由黑市或盗版市场来满足；在国内得不到满足，就会由国外得到满足。因此文化体制改革势在必行。

但文化体制改革的试点也表明，文化管理体制改革能否成功，在相当程度上取决于这个国家整体的行政体制改革进程。中共十七届二中全会提出"加快中国行政体制改革"的任务，其中涉及的"大部制"就直接对文化发展领域有直接的影响。事实上，在浙江、广东等试点中，"文化—广播—新闻"三部分合并的试验已经推开。在此基础上，国家推动"大文委"的大部制改革究竟会带来何种后果，还在观察之中。

五、2005 年的以全新方式构建公共文化服务体系

计划经济体制下，中国文化发展、社会各类文化产品的生产及民众文化生活似乎都在公共文化的范畴内。文化事业单位是公共文化部门乃至一切合法文化部门的代名词。在 2000 年，中国文化政策肯定"文化产业"的合法性之后，"公共文化"并不再是文化的"全域性概念"——这恰恰是前面所说的文化的"领域分离"产生的效应。但也正是因为这个原因，"公共文化服务"才作为一个需要重新理解的主题而出现。这种重新界定与目前国内国际一系列重要变化密切相关：如国内国外对公民文化权利的高度关注；[①] 如发达国家 20 世纪末以来出现的新公

---

① 1994 年出台的澳大利亚官方文化政策《创造性的国家》中就明确出现了"公民文化权利宪章"这一部分内容。内容的界定没有太多新奇之处，但这种表达方式却不同寻常。

共管理运动以及中国目前出现的旨在建设服务型政府的行政体制改革。当然，这一重新理解如果进一步深入，还必定会涉及中国正在出现的"公共领域"问题，也涉及"公共文化服务提供"在决策程序上需要人民代表大会更多介入的问题。

在 2005 年之前，"公共文化服务体系"这个完整成熟的表述在国家权威文化政策中尚未出现。从 2002 年到 2004 年的历届《政府工作报告》，在强调改革文化体制、发展文化产业的同时，都会涉及"公共文化服务"层面的内涵。但那时使用的多是"文化事业""公益性文化事业"或"公益文化事业"这类表述，它们在总体上具有"非营利"性质，以区别于"营利性的"经营性文化产业。它们因此构成了中国当代文化体制改革的另一项重大主题。

2005 年 10 月，中共十六届五中全会《关于制定国民经济和社会发展第十一个五年规划的建议》中醒目地写入了"加大政府对文化事业的投入，逐步形成覆盖全社会的比较完备的公共文化服务体系"的内容。"公共文化服务体系"的完整设想浮出水面。2006 年人大十届四次会议《政府工作报告》关于文化建设有这样的表述："深化文化体制改革，发展文化事业和文化产业。加强文化基础设施建设尤其是农村基层文化建设，完善公共文化服务体系。繁荣文学艺术、广播影视、新闻出版事业。"2007 年人大十届五次会议《政府工作报告》具体提出："加快发展文化事业和文化产业。推进文化体制改革，完善文化产业政策。繁荣新闻出版、广播影视、文学艺术。进一步发展哲学社会科学。着眼于满足人民群众文化需求，保障人民文化权益，逐步建立覆盖全社会的公共文化服务体系。突出抓好广播电视村村通工程、社区和乡镇综合文化站建设工程、全国文化信息资源共享工程、农村电影放映工程、农家书屋工程。继续建设一批国家重大文化工程。"这里，一个"逐步覆盖全社会的公共文化服务体系"的目标被和盘托出。2007 年 6 月 16 日，中共中央政治局专门召开会议，研究公共文化服务体系建设问题。"会议认为，加强公共文化服务体系建设，是繁荣社会主义先进文化、构建社会主义和谐社会的必然要求，是实现好、维护好、发展好人民群众基本文化权益的主要途径，对于促进人的全面发展、提高全民族的思想道德和科学文化素质、建设富强民主文明和谐的社会主义现代化国家，具有重大意义。"

中国提出全面建设"公共文化服务体系"有其基本背景：

第一，文化自来具有"公共性"。但在前现代社会中，这种"公共性"往往被扭曲为国家垄断性或代理性。就打破这种垄断性或代理性而言，市场经济具有明显的解放作用。一些当代文化产业学者对文化庇护制和文化市场的论述让我们看到，① 当文化产品只有一个购买者（庇护者）时，它必然从属于权力。但当文化产品进入专业市场后，它便与权利密切相关。这个权利在市场经济范围内意味着文化消费权利，在市场经济不及的地方，也意味着公民接近文化的基本权利，有的作者也把它表述为"文化福利"。② 从这个意义看，中国的市场经济体制改革为提供公共文化服务、满足人民基本文化权利或文化福利提供了重要前提。

第二，但也正是在市场经济日渐发育的社会，在市场成为文化产品提供的重要途径的社会，"公共文化"这个在计划经济时代的"全域性概念"获得了区别于市场经济的特有含义。它是现代政府服务职能的重要组成部分，是在政府主导下以转移支付的财政手段或以引导其他社会组织的方式，向社会整体提供文化产品服务或文化福利。

第三，从内涵上看，中国致力于建设"公共文化服务体系"是要回应在市场经济背景下如何落实"人的全面发展"与"和谐社会"这一个基本目标问题。具体说来，公共文化服务涉及如何保障公民基本文化权益的"文化公正"问题，如何确认以及谁来确认公民的"公共文化需求表达"问题，在大规模城市化建设和新农村建设中，如何布局公共文化设施以及如何保障持久运营的问题。

第四，还应该看到，中国今天提出发展公共文化服务也与自古而来的一种关于"盛世修文"的群体记忆有关。汉成帝时代、唐贞观时期都曾有"盛世修文"的壮举。此外，宋代的《太平御览》、明初的《永乐大典》、清乾隆时期编纂的《四库全书》，所有这一切对于今日中国都有影响。由此看来，中国北京大歌剧院、世纪坛，所谓的标志性公共文化设施。所有这一切表明，中国公共文化建设进入了一个外延性的高速发展时期。③

当然，从可行性条件来看，中国之所以能够在新世纪高调提出要建设"公共文化服务体系"，一个重要原因是因为近年来公共财政收入根本好转，而过去的文化发展欠账也到了必须改变的地步。

---

① 参见大卫·赫斯蒙德夫：《文化产业》第二章"从资助到市场，再到文化产业"一节，张菲娜译，中国人民大学出版社 2007 年版。另可参见罗伯特·达恩顿：《启蒙运动的生意：〈百科全书〉出版史（1775~1800）》，叶桐等译，三联书店出版社 2005 年版。

② 关于"文化福利"参见毛少莹：《公共文化政策的理论与实践》，深圳出版发行集团 2008 年版，第 4 页，第 12 页。

③ "外延性的高速发展时期"的另一个表述是"大规模硬件建设"时期。在这个时期，许多地方政府用大力发展物态经济的手段推行文化硬件建设方案，因此在许多城市出现了各种豪华性的文化场馆。不仅如此，各种雕塑也如雨后春笋般出现。据不完全统计，中国各地的大佛造像和其他地方神祇的超高造像多达几十座。近来开光的河南鲁山大佛连基座高大 153 米，为世界之最。总的来看，文化硬件设施建设确实为当代中国所必需，但这种建设的方式大有可訾议之处。用追求 GDP 总量世界第一的方式追求文化硬件环境第一，这是很值得考虑的。

就欠账而言，我们知道在计划经济时代的头几个五年计划期间，国家向包括文物及出版在内的文化事业单位的年度财政拨款最高才达到 3 亿元，按当时 6 亿人口计算，每人每年平均 0.5 元。到了 1985 年，不包含文物和出版在内的文化事业单位财政拨款也只有 9.32 亿元，按 10 亿人口计算，人年均仍然不足 1.2① 元。在此背景下，当时的公共文化设施十分短缺。计划经济时代不必再论，即使在市场经济改革初期，由于国家必须把为数不多的公共财政投入到经济基础设施建设，国家公共文化基础设施处于被遗忘状态。截至 2004 年，中国每 46 万人 1 个公共图书馆（当时国际图书馆联合会要求，每 2 万人 1 个图书馆。德国、芬兰、奥地利、瑞士的图书馆平均拥有数据为：6600 人/5000 人/4000 人/3000 人）；人均购书经费：0.33 元。安徽霍丘更低到人均 0.0033 元。此外，2004 年中国各类博物馆 2300 个，而面积为中国 1/27 的德国拥有 3000 多个博物馆。

这种普遍的欠账局面需要短时期集中大量投入给予明显改观。而中央和许多地区财政收入的根本好转为此提供了重要的物质前提。

多年以来，中国财政收入的速度远远高于 GDP 和居民可支配收入的增长速度。1998 年首次达到 1 万亿元，2003 年达到 2 万亿元，2006 年达到 4 万亿元，2007 年达到 5.1 万亿元，占当年 GDP 的 20% 强，而到 2014 年，中国财政收入达 14.04 万亿元（约合 2.23 万亿美元），占当年 GDP 的 22.3%。在财政高增长的今天，政府投资经济基础设施的压力又远比改革开放之初要小。此消彼长，公共财政向公共文化领域倾斜就会成为必然的政策选择。

在此基础之上，国家公共文化投入逐年加大，产生明显效果。2014 年，全国财政一般公共预算文化体育与传媒支出达到 2753 亿元，比 2011 年增加 860 亿元。公共文化服务标准化、均等化得到进一步推进。截至 2012 年底，全国 30 个省级美术馆已经全部向公众免费开放，2952 个公共图书馆、3285 个文化馆、34139 个乡镇综合文化站实现了无障碍、"零门槛"进入，公共空间设施场地全部免费开放，所提供的基本服务项目全部免费。2014 年，国家艺术基金确立了资助项目 394 个。全国博物馆建设 4165 家，大部分实现免费开放。近 200 亿美元支持国家演艺院团降价演出。全国 30 家省级图书馆和 200 家市级图书馆完成公共文化数字网络覆盖。全国完成建设公共电子阅览室 53603 家。公共文化服务人才能力培训 10 万人。这样一些数字表明，随着国家财政收入的接连翻番，广义和狭义的公共文化投入进入 21 世纪后均已翻番。

---

① 引自文化部计划财务司：《2005 年中国文化文物统计年鉴》，北京图书馆出版社 2005 年版，第 11 页。

需要澄清的是，中国新时期公共文化服务体系中的"体系"包含三种含义：第一，它是指完全承担公益性文化服务的、仍然由公共财政来主要支持的文化单位网络。第二，它是指文化基础设施建设网络，如在基层普及图书馆、博物馆和文化馆的设施建设；如99%的电视覆盖网络；如东部地区实现"互联网"入村的建设工程。第三，伴随着中国城市文明建设、城镇化和城乡一体化速度加快、新农村建设进程，中国现代公共服务体系的倾斜对象也相应地确定为城市社区、农村村镇和上亿的外来流动人口（如各地广泛开展的民工入城培训）。

对于中国广大农村地区来说，广播电视发射转播台（站）是最重要的公共文化服务设施。目前，中国的广播综合人口覆盖率已达到99%；电视综合人口覆盖率已经达到98%。

应该看到，到目前为止，从中央到地方在公共文化方面的投入，总的说来，不能满足社会发展的需要，投入比例也依旧不太高。但所有这一切已经对推动中国新城市建设、新农村建设，促进社会和谐，提高公众文化素质产生了积极影响。

还有应当强调的是，在新的历史条件下，中国"公共文化服务体系"的构建应当重视"全新方式"。所谓"全新方式"是说，它应当区别于计划经济时期那种国家包揽一切文化提供的情况。这种"全新方式"的公共服务与计划经济时代的国家包办方式的差别有以下几点不同：

第一，以"全新方式"构建公共文化服务体系首先意味着要充分意识到中国特色市场经济的大背景。要意识到市场不仅能在规模化文化生产方面发挥重要作用，也能在公共文化服务提供方面发挥手段的和补充的作用。要破除"公共的=完全非市场的""公共的=政府包办的"这种观念。换句话说，虽然公共服务通常发生在"市场失灵"的地方，但在尚未足够体会市场灵验的地方，不能奢谈"市场失灵"。① 浙江省在公共文化服务体制改革中就坚持如下原则："首先，在'积极加强公共文化事业的机构和队伍建设'方面，原有事业机构能够企业化的，就不要列为政府财政供养对象，能够引入企业化管理机制的，就不要因循原有事业单位的管理机制和办法；其次，在公共文化投入方面，能够吸引民间资金投入的，就不要由政府单方面包办；再次，在许多公共文化设施管理方面，能够引入民间企业经营管理的，就不要由政府直接经营；最后，在文化产品生产和提供方

---

① "公共文化服务"通常是补救市场失灵的一种手段。但在中国许多地区，市场经济还未充分发育，因而人们看到"公共文化服务"，马上就想到了行政手段，这是一种路径依赖意识。

面，能够由民间文化组织提供生产和服务的，就不要由政府全部承担。①

第二，以"全新方式"构建公共文化服务体系还意味着，虽然公共文化服务的主体是政府，但这个政府不应该是过去那种全能性政府，而应当是进行职能转变的、日益具备服务意识的现代型政府。在公共文化提供方面，需要尝试"政府主导、社会参与、市场运作"的模式。

第三，以"全新方式"构建公共文化还意味着，公共文化服务决策应当是一个程序性过程，这个过程应有专家咨询评估集团（由此可以引出非政府的第三社会部门问题）、应有包括传统的政府调研和现代的民意调查一类的采集公民的公共文化需求的方式。换句话说，要真正做到"贴近实际，贴近生活，贴近群众"，真正尊重公民的文化权利，就必须杜绝以政府官员的想象来代替公共文化需求表达的情况。

第四，以"全新方式"构建公共文化服务体系最后还意味着应当改革包括文化拨款在内的公共财政。公共财政拨付不应是少数政府官员说了算。从这方面来看，现代中国公共文化服务体系的完善不仅有赖于文化体制的自身变革，也有赖于中国行政体制甚至全国人民代表大会职能的相关改革。从这个意义上说，文化体制的改革是开放性的，它能否实现自己的战略目标，还取决于其他领域的思想解放和体制改革。

总之，当代中国公共文化服务体系是发展中国文化的重要途径。在市场经济条件下，政府在公共服务体系的构建中也要尽量"退够进足"——"退够"才能"进足"。当然，把市场经济手段纳入公共文化服务是一个全新事物。如何最大限度地发挥市场的积极作用，又不改变"公共性"这一宗旨，还需要进行更多的体制机制探索。这也是我们认为需要更多观察和思考的问题。

六、余论：当代中国文化发展的问题和出路

在中国的文化政策中，越高层越权威的文化政策在谈论面临的困难时就会越谨慎越笼统。因此，仅仅通过官方文化政策阅读很难概括出中国文化发展目前所面临的挑战。近年来，本文化研究中心在研究中国文化体制改革方案、进行区域性文化发展调研时，对中国文化体制改革的一些难点形成了一些印象。这些问题有些是非根本性的。也就是说，它们会随着改革进程的深入而自行消解的；也有一些问题是涉及根本的，也就是说，如果这些问题不解决，中国文化体制改革就

---

① 参见李景源等：《浙江经验与中国发展》（文化卷），社会科学文献出版社 2007 年版，第 43 页。

不可能彻底，甚至可能沦为一种"疑似改革"。概括起来，这些问题可列举如下：

第一，文化体制改革的负担过重。由于文化观念上依然保持着强烈的意识形态色彩，因此，文化发展要满足维护基本原则的要求、维护稳定和谐的要求、维护传统文化的要求、维护国家文化安全的要求等①。这些要求使任何文化领域内的改革变得复杂艰难。

第二，中国文化领域从目前来看底数不清、情况不明。造成这种状况的原因首先与统计方式有关。文化领域统计分类中事业和产业不分，按照经济同质性进行的国民经济统计数据很难真实地反映文化领域尤其是公共文化服务体系建设的资源状况。此外文化管理行业统计主要针对年审报表，年审报表与企事业会计报表有很大差别等。

此外，造成情况不明的另一个原因来自于体制。由于文化管理系统与一线机构脱节，对实际运作机构资源占用状况、使用效率、产出质量等均不清楚。此外，近年来各文化管理机构以各种方式兴办了许多文化机构状况，民间非营利文化机构也不断出现，这个情况也难以廓清。再有就是因为中央财政和地方财政分灶吃饭，各个系统分别管理各种"工程"，致使国家财政投资文化渠道混乱、难以统计等。所有这些不清都会影响文化政策的针对性或适切性。

第三，传统文化管理部门分合失据。所谓传统文化管理部门，指文化文物、新闻出版、广播影视部门。在文化体制改革期间，主要存在两种观点：一种观点是应该合并组建大文委；另一种观点是应该继续分置。目前，许多作为改革试点的省份推出"文广新局"来替代原来的文化、广电、新闻三个机构，但调查表明，这种简单合并带来许多问题。显然，无论是简单的合并，还是简单的维持不变，在今天都不是一个理想的解决方案。

第四，重要文化单位内部改革动力不足。形成于 20 世纪 80 年代和 90 年代的双轨制，使大批重要的国有文化事业单位形成刚性既得利益，希望保守住"两边得利"的局面。这种"双轨制"养成一个特殊的利益群体，部分国有文化单位长期游离于文化市场之外。新闻出版、广播电视行业的新闻类报纸、电台、电视台，实行事业体制，组建集团后采取事业集团企业化运营，广告是其主营业务之一，一些媒体主要靠广告，广告业务是完全市场化的。事业体制企业化运营本身存在诸多弊端，事业体制和企业体制下执行不同的会计制度，这就使造成许多不

---

① 有学者专门把"文化安全"纳入所谓"非传统安全"范畴，并把"维护核心价值"当作维护文化安全的基本内容。参见潘一禾：《文化安全》，浙江大学出版社 2007 年版。

兼容的问题，同时也为利用不兼容进行寻租提供了空间。这个情况提示我们，临时性的利益调整虽然会满足渐进性的发展要求，但也会造成"逆向的循环博弈"，利益要求不断上升，且越来越难以满足，会无端地抬升改革的成本。

第五，"闭门式改革"限制文化体制改革创新的活力。文化体制改革和文化经济发展理论研究不足，对文化领域改革发展形成负面影响。"闭门式改革"具有很大的不合理性：缺乏理论界和决策部门的交流，导致改革理论准备不足，继承教条多，理论和政策创新少；缺乏党政部门之间的合作，综合经济管理部门对文化体制改革参与甚少，导致一些不熟悉和不了解经济体制改革的人员片面制定改革方案，脱离文化体制实际，对文化领域特点兼顾不够；缺乏改革试点地区和单位之间的交流，不利于迅速扩大改革经验。一些地区改革试点吃小灶，经验过于"特殊"，且没有推广价值。所有这些问题都影响着中国文化体制改革的实践和理论研究。在经济体制改革已经 20 多年，成功经验举世公认的今天，我们完全有理由对文化体制改革充满信心，从闭门改革中走出来。

然而，所有这些问题不过是再次表明，中国文化的现代性转型充满着更大的复杂性。应对这些挑战和解决这些问题的唯一出路依然是，配合经济、社会和政治领域的转型进程，在文化领域坚持不断的和全领域的体制改革。的确，"改革"是世纪之交以来中国文化政策的基本主题，也中国文化未来的唯一政策选择。

（李河：中国社会科学院哲学研究所　研究员

张晓明：中国社会科学院中国文化研究中心　研究员）

后苏联时期俄罗斯文化遗产的保护问题

[俄] Д.А. 西利契夫/文　　祖春明/译

文化遗产是保存文化的基本形式，事实上也是文化存在的基本手段。所有文化遗产之外的东西都不再是文化，并注定要消亡。因此，在一定程度上，保护文化遗产就是保存文化。

所有国家都有自己的文化遗产，它们是所有人或整个人类的共同成就。但不同文化遗产的保存情况却不尽相同，因此，文化遗产的保护就成为文化政策的主要目标之一。

文化遗产保护是所有社会都要面对的一个特殊问题，尤其是西方社会。在这方面，东西方之间存在显著差异。

东方世界的历史主要是循序渐进的演化史，没有太多的激进式断裂。但西方世界由古典时代步入中世纪则经历了激烈转型，大量古典时代的成就遭到破坏和抛弃。

与东方相比，俄罗斯的文化史更与西方相近。尽管俄罗斯文化的断裂频率不及西方，但它仍经历了相当大的转折，也破坏了发展的延续性。

彼得大帝时期就是这样一个转折点。他通过自己的改革使俄罗斯突然之间转向西方，这就使如何处理与自己历史之间的关系成为问题。与此同时，它并未抛弃自己的本土文化及其成就。也正是在彼得大帝时期，人们才第一次充分意识到文化遗产保护的重要性。在此期间，人们采取了一些具体的实践措施来保护文化遗产。在 17 世纪末，根据彼得大帝的命令，人们对西伯利亚地区古老的佛寺进行测量和绘图。特别值得一提的是，在俄罗斯禁止石质建筑时期（彼得堡除外），彼得大帝破例允许在托鲍利斯克①修筑此类建筑，并指出修复托鲍利斯克克里姆林宫可以展示俄罗斯建筑的雄伟和壮丽。他同时下令修建从托鲍利斯克到中国的道路，并称这条道路通向我们永远的朋友。

---

① 托鲍利斯克是位于秋明地区的一个城市。

叶卡捷琳娜二世及其他统治者都继承了彼得大帝的做法。到了 19 世纪，人们更加关注自然和文化遗产的保护问题。一些社会的学术组织在这方面发挥了重要作用，比如，莫斯科考古学协会（1864）、俄罗斯历史协会（1866）、保护俄罗斯艺术文物和古迹协会（1909）等。

20 世纪初，俄罗斯制订了几部关于保护艺术文物和古迹、保护自然以及设立自然和历史保护区的法律，出版了《俄罗斯保护文物法案》（1911）和若尔其协议或称为《保护艺术、科学机构及历史性建筑的华盛顿协定》。

十月革命以后，文化遗产保护的形势急转直下：国内战争期间，大量历史文物遭到破坏，也有大批文物被偷运出国。政府采取了坚决果断的措施，由此挽救了一批民族文化遗产。

1941~1945 年的卫国战争为苏联文化遗产造成了巨大损失。但在战争结束之前，苏联已开始着手重建工作。

到了 20 世纪 70 年代，国际社会对文化和自然遗产的保护问题有了充分的认识，并将其视为现代性带来的全球性问题之一。

20 世纪 90 年代，俄罗斯国内的文化遗产保护形势开始恶化。原因在于后苏联时期的文化政策正发生着实质性的变化。过去，俄罗斯（沙皇和苏联时期）一直采用的是法国模式，国家在文化领域发挥主导作用。后苏联时期俄罗斯文化政策主要采取美国模式，反对国家过多地干预文化领域。这导致国家用于文化方面的预算大幅缩减，其中也保护文化遗产保护。2010 年，俄联邦文化部重新修订了历史景点名录，与 2002 年的名录相比，2010 年的景点数量减少至 2002 年的 1/10，目前只有 41 个景点被列入名录。

预算缩减造成和加剧了关于优先权的问题：政治优先权占据了优势，只有那些有利于构建自由国家的遗产受到了优先保护。这种文化政策使文化和文化遗产领域更加复杂化。文化遗产领域的处境最为复杂和艰难，因为它与苏联时期相关，特别是与苏联的先锋派建筑相关，这些建筑的命运都相当可悲。

苏联先锋派是俄罗斯先锋派的直接传承。后者早在十月革命前就已经形成，并深受西方先锋派影响，比如法国立体主义和野兽派、意大利的未来主义和德国的表现主义。

立体未来主义和至上主义是其主要流派，并首先表现在诗歌领域，其主要代表包括马雅可夫斯基和赫列布尼科夫。俄罗斯先锋派画家还包括康金斯基、沙加尔、费罗诺夫。

在俄罗斯和苏联先锋派中，K.马列维奇的作品占据着特殊地位。他的第一部作品是著名的《白底上的黑色方块》（1915年），但他在20世纪20年代与至上主义分道扬镳。

古典的至上主义终结，它变得功利并形成了两个主要流派——结构主义和生产的艺术。现在，结构主义仍是后苏联先锋派的主流，并主要体现在建筑领域中。但正是苏联先锋派建筑引发了当下最大的忧虑。

1921年初，结构主义作为一个特殊流派第一次宣布自己的存在，其公认的奠基人是塔特林。

在早期结构主义的形成过程中，1923~1925年的维斯宁兄弟的设计方案发挥了重要作用。他们的第一项方案是劳动宫，在很大程度上确定了苏联建筑的未来发展方向。"列宁格勒真理报"的建筑方案更是被视为真正具有开创性的艺术作品。

结构主义的理论创始人主要是M.金兹布尔格，他在《风格与诗歌》中阐释了结构主义理论。这本书也被视为早期结构主义建筑的理论宣言。

1925年，苏联先锋派建筑的发展进入到第二个阶段，也是成熟和最后阶段。它持续的时间不长，大概只有7年时间，从1925年到1932年。在这一时期，俄罗斯的另一位天才建筑师——N.列奥尼多夫的创作也渐入佳境。他也被视为结构主义的领袖。1929年，勒·柯布西耶称其为"结构主义建筑的诗人和希望所在"。

苏联先锋派建筑的繁盛期在20世纪20年代。值得强调的是，西方先锋派建筑也是在这个时期蓬勃发展的。因此，虽然它们发展的条件不同，但我们完全可以将两者进行对比和比较。尽管俄罗斯在工业和经济发展较为落后，但汗—马戈梅多夫却列举了"苏联先锋派建筑的27种优势"。

在理论层面上，欧洲先锋派建筑的成就显得更逊色。国外学者也或多或少地承认这点。法国研究者科普就曾指出，"所有对苏联建筑家的研究都在西方产生了重要影响"。鲍豪斯及他的理论、勒·柯布西耶和意大利未来主义者的主要研究都可以在20世纪20~30年代苏联建筑杂志的一些文章中找到根据。

由于苏联先锋派建筑的一些错误和失误，比如，过于激进、过分夸大建筑的积极作用，低估了群众和来自主流传统建筑家的消极抵抗等，所有这一切导致先锋派建筑走向失败。新古典主义或"斯大林式建筑"取得了胜利。这种转变发生在1932年。大概20年后，苏联先锋派建筑渐渐被人们所遗忘。

到了20世纪90年代，后苏联时期俄罗斯在文化遗产方面的文化政策发生了转变，特别是对于苏联先锋派的建筑遗产。

新政权对苏联先锋派建筑态度冷漠，这主要是因为它是苏联遗产。有法国学者曾经指出，"这股在共产主义之初刮过的实验主义之风，已经不合俄罗斯新贵的口味了"。

现实表明，在后苏联时期，没有人理会先锋派建筑，它被视为无用的、陌生的，它也未被列入文化遗产之中。它已经被人们所遗忘，现在正面临着被拆毁的危险。"20 世纪 20 年的先锋派建筑正经历着崩坍甚至损毁的命运"。英国摄影师巴列也持相同的看法。在 1992~2002 年，他去过俄罗斯 8 次，拍摄了大约 1 万座先锋派建筑，他指出，大多数此类建筑的处境都很悲惨，正在遭到破坏。他挑选了其中 80 张照片组成相册，并将其命名为《消失的先锋派：苏联现代建筑（1922~1932）》。

在今天的世界上，文化遗产的保护问题日益复杂和尖锐。我们需要持续关注这个问题。毫不夸张地说，我们应该根据某个民族对待其文化遗产的态度来评判它的文化发展水平。只有保留过去，我们才能延长未来。

（Д.А. 西利契夫：俄联邦中央财经大学 教授；

祖春明：中国社会科学院中国文化研究中心俄罗斯中亚

文化政策研究部 主任 副研究员）

中国文化产业发展概览

张晓明

中国的文化产业发展如果以 1978 年以来的改革开放为背景，可以说是贯穿整个改革开放过程始终。如果以有关部门开始在政策性文件中使用"文化产业"作为政策性语言来看，可以追溯到"八五"期间的 1992 年，在《中共中央国务院关于加快发展第三产业的决定》第一次使用了"文化产业"的概念。如果从出现在党中央全会文件这一"最高政策文件"中来看，应该从 2000 年 10 月中共中央十五届五中全会通过的《中共中央关于"十五"规划的建议》开始，到今年整整 15 年时间。

本文将取第三种分期，简要地说明中国文化产业的发展历程，并以这个发展历程为背景，说明中国文化产业的现状和复杂性，以及今后 5~10 年的可能前景。

一、发展：中国文化产业的崛起

1. 中国文化产业兴起的原因

中国的文化产业在世纪之交的崛起既是中国改革开放推动下现代化进程的必然结果，也是新一轮全球化发展的必然趋势，更是中国"入世"以应对全球化挑战的主动措施。

首先，从国内发展趋势看，文化产业的兴起是我国经济社会发展水平提高、居民收入水平提高和消费结构变化的结果。

根据权威部门研究，改革开放 30 多年以来，我国城乡居民的收入水平持续提高，在国民经济"九五"计划完成的 1999 年，我国的人均 GDP 接近 1000 美元，由此导致居民消费结构发生根本性变化。1978 年，我国居民的消费水平是 184 元，到 1998 年上升到 2972 元，增长了近 4 倍，每年的平均增幅达到 7%。[①]

---

① 参见刘世锦等：《中国"十五"产业发展大思路》，中国经济出版社 2000 年版，第 112 页。按照普通人的数学常识，1998 年的消费水准是 1978 年的 16 倍多。换句话说是翻了四番；年增长幅度应在 14% 以上。但我们显然没有考虑物价上涨等因素。

而且，进入90年代以后，居民消费结构的恩格尔系数降到了50%以下，从总体上告别了温饱时代，进入了小康时代。其中，城镇居民的恩格尔系数到90年代末降至40%以下，开始走进了富裕时代。[①]

消费结构变化的突出特征是显示出了"脱物"的倾向，即居民消费结构中用于文化教育消费部分越来越大，增长速度越来越快。我国城镇居民自1981年至1997年，消费结构演变经过了以生存资料数量扩张为主的"粗放型消费"阶段（以吃穿类消费为主），到生活消费需求稳定、家庭新兴耐用消费品普及率迅速提高的"集约型消费"阶段，最后进入发展、享受资料快速增长，以及更加注重消费质量的"舒展型消费"阶段。到了第三阶段，生活必需品支出继续稳步下降，而服务性消费支出比重全面上升和加速，娱乐文教支出首次超过用品类支出，将我国居民消费次序从"吃、穿、用"改变为"吃、穿、娱乐文教"。相当一部分居民群体开始向教育、科技、旅游及精神产品消费等领域转变[②]。正如《2001年社会蓝皮书》中所指出的：……在目前消费结构的转变中，增长最快的是教育、娱乐、文化、交通、通信、医疗保健、住宅、旅游等"[③]。总之，收入水平的提高和消费结构的变化及其对文化类消费品的强烈需求，成为我国文化产业兴起的一个起决定作用的内在动因。

其次，从国际趋势看，由于知识经济的发展带动了新兴服务业的全面提升，到了20世纪80~90年代后，经济全球化向文化全球化进展的趋势明显，文化产业再一次在全球范围内蓬勃兴起，重塑了全球化的整体面貌。

知识经济兴起的标志性事件是OECD于90年代中期推出了有关知识经济和国家创新体系的多个文件，根据统计数据发现，在OECD所属的发达国家中，从事知识的生产、传播和消费的活动已经成为新型服务业的主体。文件宣布，OECD国家已经进入了知识经济时代。

知识经济的主要推动力来自于数字化信息技术，以及由数字技术引发的现代传媒汇流。美国主导了这个进程。美国国会1995年开始讨论《电信传播市场竞争及解禁法案》。1996年通过了新的《电信法案》，适应数字化信息技术进步的需要，将竞争作为产业管制框架的根本。该法案的通过开启了美国的传媒业巨头走

---

① 参见刘世锦等：《中国"十五"产业发展大思路》，中国经济出版社2000年版，第112页。按照普通人的数学常识，1998年的消费水准是1978年的16倍多。换句话说是翻了四番；年增长幅度应在14%以上。但我们显然没有考虑物价上涨等因素。

② 同①，第124~125页、第128页。

③ 参见《2001年社会蓝皮书》，第18页。

向世界的大门，从那时起，美国的传媒巨头就被彻底放开了手脚，在国际市场上兴风作浪。1998 年，美国的消费类视听技术文化产品出口达到 600 亿美元，并取代航空航天工业的位置，成为第一大出口产品。这标志着美国已经完成了新一轮产业结构调整，再一次抢占了国际性产业升级运动的制高点，将全球化推进到了新的阶段，并以美国特色塑造了新一轮全球化（所谓"麦当劳化"）。

最后，从直接起因上看，中国文化产业是为了应对加入 WTO 的挑战，由中国政府在未完成工业化的情况下，主动出台的政策。

文化产业是发达国家从整体上进入"后工业化"发展阶段的产物，发展文化产业是先行进入后工业化发展阶段的欧美等发达国家对全球经济文化发展的一次重塑。在全球性的产业升级和重组的形势下，完成工业化是中国的首要任务，加入 WTO 为中国提供了承接全球性产业转移的重大发展机遇，但是也面临着开放文化类服务贸易的挑战。对于中国的文化机构来说，加入 WTO 既面临文化产业竞争、文化资本冲击，以及文化价值观冲突等多重挑战，但也是一次千载难逢的机遇：可以有力地推动国内文化领域改革与发展的历史性进程，并进而以文化产业的发展作为支点来推动整体经济结构的转型。

权衡利弊，中国政府做出了发展文化产业的重大政策选择。2000 年 10 月，中共中央十五届五中全会通过的《中共中央关于"十五"规划的建议》，建议中提出要"完善文化产业政策，加强文化市场建设和管理，推动有关文化产业发展"；要"推动信息产业与文化产业的结合"等。它标志着文化产业这个发端于美国，滥觞于欧洲，挟新经济之势蓬勃于世界的朝阳产业正在中国迅速崛起。

2. 中国文化产业的主要发展阶段

中国文化产业的发展阶段性取决于以下两个基本因素：一个是国民经济五年计划的分期，另一个是领导人的政治周期。从重大时间节点上看，可以将中国文化产业的发展分为三个阶段，基本上与国民经济"十五""十一五""十二五"这三个五年计划相呼应。

第一阶段：2000~2005 年：启动和改革试点。

如上述，在 2000 年 10 月 11 日中国共产党第十五届中央委员会第五次全体会议上，通过了《中共中央关于制定"十五"规划的建议》，在第四节"加快国民经济和社会信息化"中，提到了"推动信息产业与有关文化产业结合"；在第十五节"加强社会主义精神文明建设"的最后，提出了要"完善文化产业政策，加强文化市场建设和管理，推动有关文化产业发展"。2001 年 3 月，在九届人大四次会议上朱镕基总理所做的"关于国民经济和社会发展第十个五年规划纲要的报告"中，十五届五中全会有关建议被表述为："深化文化体制改革，完善文化经济政策，推动有关文化产业发展"。上述"建议"和"报告"中关于发展文化产业的表述出现在不同的地方，与国民经济信息化等国家发展大战略相关，与多年来一直强调的文化经济政策、文化市场建设、文化体制改革等工作相衔接，具有相当的系统性。出现在中国最高政策文件——党中央全会决议和全国人大五年计划中的这一建议，是文化产业在中国"合法化进程"的完成，也是中国文化产业历史性的起点，具有重大的战略意义。

关于文化体制改革的表述在 2002 年 11 月 8 日召开的十六大报告中成为"抓紧制定文化体制改革的总体方案"这样一个紧急工作安排。根据这一要求，2003 年开始启动"文化体制改革试点"。改革试点总共有 35 个试点单位和 9 个综合试点省市，行业遍及新闻媒体、出版单位、图书馆、博物馆、文化馆、文艺院团、影视制作企业、印刷、发行、放映公司等。试点单位分为"公益性事业"和"经营性产业"两种，分别提出了改革的目标和方法，并制定了相应的政策。试点于 2005 年基本结束后在全国展开。

第二阶段：2005~2010 年："逆势增长"与"支柱产业"。

自 2000 年以来，中国的文化产业就是一路高歌猛进。2003 年文化体制改革试点开始后出台了配套政策，对改革企业加以优惠，刺激了产业的发展速度。2005 年改革在全国铺开，优惠政策实施面极大地扩大，进一步刺激了产业扩张。根据后来的统计，2004 年以来，我国文化产业增加值从 3440 亿元增加到 2010 年的 11052 亿元，6 年增加值的绝对量增加了 7612 亿元，年均增长率为 23.6%。

特别要说明的是，加入世贸组织以来中国经济承接了开放红利，一路高速增长，到 2007 年达到了 11.4% 这一峰值，2008 年国际金融危机骤然来袭，经济增长速度在一年间下挫至 9% 以下。这时，文化产业却显示出"逆势增长"和"口红效应"，在影视和新媒体等领域出现了超常增长，并成为国民经济中罕见的亮点。这引起了综合经济管理部门的注意，并导致 2009 年 9 月国务院常务会议审议通过了《文化产业振兴规划》，将文化产业列为第十一个国家产业振兴规划。2010 年 10 月，在十七届五中全会通过的"'十二五'规划建议"中，又提出在"十二五"期间"推动文化产业成为国民经济的支柱性产业"，文化产业正式位列国家战略性支柱产业之中。

第三阶段：2010~2015 年："拐点"与"换挡"。

将文化产业建设成为国民经济支柱产业的一个发展目标，在中国这样一个文化产品供应长期处于短缺状态的国家来说，是有市场需求空间的，问题只是在于产业的发展方式是否合理，以及文化管理体制和政策能否激励文化企业进行有效的生产创造。在这一点上说，中国文化产业并没有做好准备。进入"十二五"以来，宏观经济开始从"高速"转向"中高速"，并进入"新常态"，发展方式转型和经济结构调整终于实质性地启动，文化产业领域由于体制改革进入收官阶段，与改革相关的政策效应逐渐衰减，也进入了"实质性的拐点"，发展速度会逐年下降。

"拐点"的实质是"换挡"。从 2011 年 10 月的十七届六中全会，到 2012 年 11 月召开的十八大，再到 2013 年 9 月召开的十八届三中全会，中国完成了新一轮政治领导人的更替。在十八届三中全会通过的《中共中央关于全面深化改革若干重大问题的决定》中，出现了"使市场在资源配置中起决定性作用"的重大政策性表述，在有关文化政策的一节中，将第一主题词从"文化产业"换成了"文化市场"——建立健全现代文化市场体系。这说明，中国文化产业的发展正在从政府主导的启动阶段走向依靠市场内生动力发展的新阶段。

二、现状：中国文化产业的复杂性

根据 2004 年、2008 年、2013 年三次经济普查中包含的文化产业数据，2004 年，全国文化产业法人单位 31.8 万户，从业人员 873 万人，增加值 3440 亿元，占 GDP 的比重为 2.15%。2013 年法人单位 91.85 万户，从业人员 1759 万人，增加值 20081 亿元，占 GDP 比重为 3.42%。10 年间，法人单位增加了近 2 倍，从业人员增加了 1 倍，增加值增加了 4.8 倍。

可以从发展、改革以及复杂性三方面评估中国文化产业的现状。

1. 发展现状：短缺与过剩的"低水平并存"

由于发展水平较低，也由于长期实行计划经济体制压抑了文化生产者积极性，中国的文化产业曾经是一个极度短缺的产业。大约 10 年前，我们曾经在《文化产业蓝皮书》中分析过，我国已经实现的文化消费相比较国际上相同发展水平的国家来说，存在 3/4 的缺口，因此文化产业是一个"战略性短缺"的产业。经过大概 3 个五年计划的时间，持续年均 20% 以上的高速发展，文化产业供给短缺的局面已经极大地缓解，在一些领域甚至出现了投资过度和泡沫化情形（比如说动漫产业），文化市场整体上进入了一个短缺与过剩并存的新时期。

关于"短缺与过剩并存"还可以进一步定义为：在相对较低发展水平基础上的，以及在有限开放的市场中的短缺与过剩并存。总体来说，我国文化消费水平还大大低于国际上相同国家平均水平，因此，所谓过剩还仅仅是"相对过剩"。

一方面，是因为文化市场开放程度有限，就出现了已经开放的市场投资和竞争过度，未开放的市场投资不足因而供给不足的状况。另一方面，也是因为市场机制不足而过于依赖政府主导，产生了大量的无效投资。人们现在谈论得最多的就是内容原创不足，这就是新闻出版等核心领域市场开放度不足，以及政府扶持无效造成的。可以说，中国文化产业经过 10 多年的发展，以政府主导的投资高峰期已过，发展的动力将从政府投资走向社会投资，从投资推动转向消费拉动，发展方式将从数量规模型走向质量效益型，大规模洗牌和兼并重组不可避免。

2. 改革现状：改革与发展的"双重变奏"

中国的文化产业发展取得了长足的进步，但是分析其原因，主要归因于体制性释放（文化体制改革）和政策性推动（文化体制改革的配套优惠政策），政府在发展中唱了主角，真正因大众收入水平提高而产生的文化消费需求本身的拉动作用还很少。也就是说，中国文化产业的发展是与文化体制改革并行的，属于"边改革边发展"，政府的"发展"动机往往没有市场化的实现手段。于是经常会出现的情况是，在"政绩"动机推动之下，以行政手段干预发展，以"看得见的手"直接指挥投资，人为制造景气繁荣。这是文化市场迅速出现"超越短缺"的重要原因。在新形势下，文化产业也面临着发展方式"转型"，而这个转型的实现有赖于国家宏观文化管理体制的改革——重构政府与市场的关系。

从文化体制改革的逻辑来看也在指向这个目标。2003 年以来改革的主线是"打造市场主体"，主要内容是"事业和企业分开"，这一目标已经取得了阶段性成果。接下来需要做的是，如何构建一个"现代文化市场体系"，使转制后的企业有一个公平公开和自由竞争的市场环境。这一任务构成了十八届三中全会报告中提出的"建立健全现代文化市场体系"这一总任务的基础。

3. 复杂性：经济、政治、文化的三重难题

中国文化产业的发展与改革有自己特定的逻辑和轨道，其复杂性必须充分估计。

中国的文化产业自从诞生以来就承担着三重历史使命：作为现代第三产业的主力军，通过推动新兴服务业的发展，参与国民经济结构的战略性调整；作为新一轮改革的中心环节，通过推动文化体制的改革，使社会主义市场经济体制进一步完善；作为政治文明建设的组成部分，通过落实人民群众的文化权利，将政治体制改革引向深入。从现实发展的逻辑上来说，第一重使命的实现有赖于第二重使命，而第二重使命的实现又有赖于第三重使命能否有突破性的进展。

这是一个三重难题，解决起来困难重重。首先，中国正处在高速工业化的环

境中，工业化的经济环境对本质上属于"后工业"时代的文化创意产业具有"不兼容"性（文化企业"贷款难"就突出了这个问题）。其次，中国的文化管理体制一直被看作"宣传文化体制"，是政治体制不可分离的组成部分，秉承"稳定压倒一切"的宗旨，而不是"社会主义市场经济体制"的组成部分，可以贯彻"发展是硬道理"的原则。究竟应该向前者看齐还是向后者看齐？应该遵循稳定的逻辑还是发展的逻辑？于是往往会出现宣传部门要求踩刹车，文化和经济部门要求踩油门的矛盾状况。

中国的文化产业是在转型国家体制变迁的夹缝里生长出来的，它牵连着多重使命，纠缠于多重逻辑，徘徊在市场经济的必然规律和政治体制的现实需要之间，走出这一困境还需要时间与智慧。

三、展望："十三五"中国文化产业的发展

展望中国文化产业的发展，应该归结为两句话：长期态势看市场，短期态势看政策。

1. 长期态势看市场：中国文化产业的五大市场空间

第一，文化产业作为消费性服务业，将呈现巨大的发展空间。"十三五"时期我国国民经济发展进入新常态，随着宏观经济发展方式转型实质性推进，消费环境的进一步改善，文化消费将会实质性启动，为文化发展提供了巨大的空间。根据商务部披露的信息，2013年我国实际文化消费规模已超过1万亿元，但是实际消费潜力为4.7万亿元，还有3.7万亿元的消费缺口。据预计，到2020年，全国文化消费需求总量将达16.65万亿元，文化消费潜力释放空间巨大。

第二，文化产业作为生产性服务业，将成为国民经济转型和经济结构调整的重大支点。发展方式转型和经济结构调整升级将带动相关产业发展，对文化产业作为生产性服务业的需求正在呈现出爆发式的增长，文化产业与相关产业的融合发展已经成为趋势。2014年3月14日国务院发布的《关于推进文化创意和设计服务于相关产业融合发展的若干意见》，就是应对这一需求出台的文件。

第三，文化产业也是新技术产业，技术革命将推动文化产业出现重大结构调整。今后5~10年将是技术进步给文化发展带来根本性变革的时期。2014年阿里巴巴在国内大举收购兼并文化企业后上市美国，腾讯、百度等互联网巨头纷纷进入影视文化等文化产业核心领域，已经充分显示出今后几年将是文化科技融合发展的重大机遇期。

第四，现代文化产业是城市化的产业，新型城镇化建设继续为文化发展带来

巨大机遇。中国城市化刚刚超过 50%，还有 20%的人口 （2.6 亿） 要从农村转入城市，已建城市巨大存量的提升需要以及新建城市巨大增量的需要，都为文化发展开辟出了巨大的空间。

第五，文化贸易全面提升将推动全球文化发展进入"中国主场"新阶段。今后 5~10 年可能是我国国际文化贸易出现根本性转变的时期。根据国家版权局发布的版权贸易数据，我国 2013 年共引进版权 18167 种，输出版权 10401 种，已经从世纪之交的大约 1∶10 降低到了 1∶1.4。根据这一发展趋势，中国会在今后 5~10 年内从版权进口国转变为版权净出口国。中国将从一个"进口版权，出口制成品"的国家转变为一个"出口版权，进口制成品"的国家，以大规模的文化消费对国际文化市场做出新的贡献。

2. 短期态势看政策：文化政策的三大转向

对于"十三五"时期文化发展的政策环境可以有这样一个基本判断：由于宏观经济环境开始进入"新常态"，文化产业的发展速度也在不断下降，恢复到一个比较常态化的发展速度。"十一五"时期、"十二五"时期以"铺摊子"为主要特点的发展态势在转向以"上档次"为主要特点的新阶段。在政策取向方面，出现了从"特惠型政策"转向"普惠性政策"，从"小文化"转向"大文化"，从产业支持性政策转向环境建设性政策的趋势。

所谓从"特惠型政策"转向"普惠性政策"是指，要从服务于改革、侧重财政补贴、辅之以税收优惠的政策组合调整为服务于创新发展、以税收优惠为主、辅之以财政补贴的政策组合。所谓从"小文化"政策转向"大文化"政策是指，从着眼于推动满足最终消费需求的生产活动，转向更多地推动满足生产性需求、发挥生产性服务功能方面的生产活动，甚至是鼓励全社会生产和消费文化的活动。所谓从产业支持性政策转向环境建设性政策是指，围绕建立健全现代文化市场体系，开放文化市场，推动法治建设，培育文化生态环境等，其中包括支持小微企业，以及鼓励文化金融合作等。

3. 难点看政府：处理好产业与市场的关系

在十八届三中全会报告中，关于文化发展最重要的政策表述变化是第一主题词从"文化产业"变成了"文化市场"，这决定了"十三五"时期文化发展的基本政策取向就是"从文化产业发展"到"现代文化市场体系建设"。理解这一变化是把握"十三五"时期政策环境的基本点，在这一点上有所突破的就能获得最大的政策红利。

在市场经济体系健全的国家，产业政策能起到弥补"短板"、形成战略增长点，推动国民经济快速发展的作用。但是，如果市场经济体系不健全，产业政策也会脱离市场需要，扭曲市场规律，由此造成资源错误配置。中国面临改革发展双重任务，市场经济不健全，因此产业的发展常常与市场机制形成张力，搞好了是产业推动市场开放，并为产业发展提供源源不断的动力，搞不好则是产业脱离市场规律，成为政府自娱自乐的过程。尽管 2003 年就开始启动了文化体制改革，但文化市场的开放程度一直落后于文化产业的政策干预强度，使得文化产业发展越来越脱离市场需求，依赖于财政的直接支持，成为政府政绩工程。因此，"十三五"时期改革的核心任务就是回归文化产业与文化市场的合理关系，让市场在资源配置中起到积极作用。

突破口在于改革文化内容的生产和监管体制。要鼓励每一个人参与文化创造；要合理区分什么是一般文化内容，什么是意识形态内容，分类分级制定管理办法，尽最大可能保护人民群众的创造力；要培育大量的社会中介机构和行业协会，转交政府应该管但管不好的职能，为创造性的行为提供尽可能宽松的市场空间。

（张晓明：中国社会科学院中国文化研究中心　研究员）

全球化背景下后苏联时期的俄罗斯文化政策：语言视角

〔俄〕**M.C. 斯德钦斯基**/文　　祖春明/译

"全球化"是人类社会现阶段使用最广的概念之一，它涵盖了世界发展的各种现实趋势。随着全球化进程的不断深入，它已经触及了人类生活的各个方面，这种必然趋势被称为世界的"压缩"。①

随着不同文化载体之间的互动日趋紧密，如何保证交流畅通，如何建立文化间的对话就具有了相当重要的现实意义。在这方面可以说语言的作用是相当重要的，它既是文化的基本要素之一，也是表现文化独特性的要素。语言的一个基本功能就是交流，人们正是借助语言，在一代代人之间传递着文化信息、社会经验和过去的记忆。后者又构成了群体的特性及其习俗。语言还可以整合某个族群的文化经验，包括该族群的传统、习惯和规范，而所有这些经验都可以调节文化内部的行为。

除了交流功能，语言还发挥着相反的作用，即语言可以区分族群、妨碍交流，从另一个角度来说也是保护的功能。它无形之中形成了交流的障碍，增加了人们进入异质文化空间的"焦虑感"，它区分了"他者"和"自己人"。在现代社会全球相互关系的建构和发展中，语言的这种特性是最具吸引力的。

根据英国学者戴维·克瑞斯汀的研究，每两周就会有一种语言消失，如果按照这种速度，到22世纪初，现存的90%的语言都会消失。②如上所述，因为"语言首先体现了不同的文化"，所以可以预见的是，不同地方文化的数量也会随之减少。"今天，可以确定地说，全球的文化多样性正呈现逐渐减弱的趋势"。③

现在我们转入正题，从语言角度来谈谈后苏联时期俄罗斯文化政策。从整体

---

① R. 罗伯特森：《社会理论与全球文化》，上海人民出版社1992年版。
② 戴维·克瑞斯汀：《语言之死》，剑桥大学出版社2000年版。
③ H.M. 鲍果柳鲍娃、IO.B. 尼古拉耶娃：《文化间交流与国际文化骗局》，圣彼得堡2009年版。

上来看，俄罗斯的语言政策可以视为由国家或各个社会机构制定的诸多规定组成的体系。语言政策的基本法理基础是《俄联邦各民族语言法》（自 1991 年开始实施）和《俄联邦国家法》（自 2005 年开始实施）。

为了描绘当代俄罗斯的语言地图，我们需要回溯历史。在 20 世纪初，俄罗斯族占全国人口不到一半。20 世纪 20 年代，有几十种不同的少数民族语言，人们不仅在文化机构中使用它们，也在管理系统中使用它们。但随着时间的推移，形势发生了改变，俄语开始逐渐普及。到了 1938 年，学习俄语成为每个公民的义务。到了 20 世纪 50 年代，俄语已经成为事实上的官方语言。在很大程度上是教育改革推动了这一转变。教育改革的目的是在教育机构中普及俄语，取代当地语言在学校系统中的地位。这种趋势一直持续到 20 世纪 80 年代。直到戈尔巴乔夫为了缓解积压已久的民族矛盾而进行了一系列不成功的政治改革，并最终以苏联解体而告终。

需要指出的是，由于俄联邦是由多个民族组成的，如何保存不同的民族语言，以及如何处理民族语言与国家语言之间的关系问题就凸显出来，就需要制定统一的语言政策。由于俄罗斯终究已经卷入到全球化的世界进程中来，所以它也获得了一些世界趋势的特征，其中就包括少数民族的语言会逐渐消失的趋势特征。

20 世纪下半期，国际社会开始关注少数民族语言的保护和保存问题，在欧洲和国际层面上形成了政策共识。这种协调机制以"软权力"的形式建立起来，并不强行规定国家对其予以实施。这些文件包括《人类语言权利联合宣言》（联合国教科文组织，1966 年）；联合国《土著人民权利宣言》（2007 年）；国际劳工组织《土著和部落人民公约》（1989 年）；《欧洲人权公约》（1950 年）。但在本文讨论的主题下，最重要的当属《保护少数民族框架公约》（1995 年）和《欧洲地区和少数民族语言宪章》（1992 年）。需要指出的是，只有在国家层面通过立法确认后，这些公约和声明才具有法律效力。

俄联邦在 1998 年签署了《保护少数民族框架公约》。这就要求国家和各地区主体的政府保护少数民族权利，包括保证少数民族群体可以使用自己的语言获取和传递信息，可以在政府部门和机构中使用自己的语言进行交流，乃至在其聚集区内的教育机构中学习和教授自己的民族语言。

俄联邦在 2001 年签署了《欧洲地区和少数民族语言宪章》，但到目前为止，这一宪章尚未经过立法确认，所以尚不具有法律效力。在欧洲大国中，除了俄罗斯，法国也没有确认这个宪章。法国一直奉行文化融合政策，不断整合法国社会现存的其他民族和文化，使之融入法国文化之中。[①]

俄罗斯方面没有通过立法确认《欧洲地区和少数民族语言宪章》，其原因部分在于俄联邦境内存在极其复杂的语言多样性这一客观事实。粗略估计，俄境内生活着 160~180 个种族群体，其所使用的语言和方言总数接近 239 种。这个数量已经超过所有已经实施《宪章》国家的语言数量总和。

当代学者相当敏锐地意识到了国家范围内民族语言正在消亡这个问题。与联合国教科文组织制定的《濒危语言红皮书》相似，俄罗斯编订了《俄罗斯语言红皮书》指南。需要强调的是，在少数民族聚集地，主要由本民族人群研究自己的民族语言，也有使用民族语言编写的教科书，但由于人们在毕业之后就离开了使用该语言的环境，语言就逐渐消亡，不再作为交流的语言。

如果从全球化进程的视角来看，这一趋势不能被一味地解读为消极的。如果从协调全球相互关系甚至文化—文明融合的视角来看，这一趋势仍具有积极的方面。在当代世界中，全球范围内较小社会群体的语言存在问题，可以用个人电脑做个类比。这些少数人的语言就好像一台没有接入网络的个人电脑。当然我们可以使用这台电脑工作，但却是孤立地工作。我们将与世界趋势、信息流相隔绝，也丧失了系统更新的可能。

我们再强调一下，语言对于文化及其使用者的意识而言非常重要。语言的消亡势必会引起文化转型，但我们这里不是要谈论文化的融合和世界的去差异化。由于人们生活的地理环境不同，不同地区居民的气质也各异，即使所有人都使用同一种语言，民族特点在很长时间内仍会存在。我们看一下表 1，它显示了俄境内语言地图的动态变化情况。[②]

表 1　俄境内语言地图的动态变化情况

	语言	2002 年		2010 年		从 2002 年到 2010 年的增长率（%）
		受访者中掌握该种语言所占比例（%）	掌握该种语言的人数在人口中所占比例（%）	受访者中掌握该种语言所占比例（%）	掌握该种语言的人数在人口中所占比例（%）	
1	俄语	99.18	98.21	99.41	96.25	−3.56
2	英语	4.84	4.79	5.48	5.3	8.9
3	德语	2.01	1.99	1.5	1.45	−28.5

---

① H.H. 特罗申娜：《21 世纪初欧洲的语言形势》，俄罗斯科学院 2015 年版。

② 可参见 2002 年俄罗斯人口普查，URL: http: //www.perepis2002.ru/index.html? id=11（数据截止到 2016 年 6 月 10 日）。

续表

	语言	2002 年		2010 年		从 2002 年到 2010 年的增长率（%）
		受访者中掌握该种语言所占比例（%）	掌握该种语言的人数在人口中所占比例（%）	受访者中掌握该种语言所占比例（%）	掌握该种语言的人数在人口中所占比例（%）	
4	法语	0.49	0.49	0.45	0.43	-12.6
5	西班牙语	0.08	0.08	0.11	0.11	35.97
6	汉语	0.04	0.04	0.05	0.05	19.39
7	意大利语	0.04	0.04	0.06	0.06	53.59

但需要强调的是，这种统计不能反映某些信息，包括该种语言是否是受访者的母语、受访者掌握语言的情况如何等。至于俄语，无论从掌握俄语的人所占人口的比例，还是从掌握俄语的实际数量上来看都出现了负增长（减少了超过 500万人），这可能与按照民族特征把自己视为俄罗斯族人口数量的减少有关。按照 2002 年和 2010 年人口普查的数据显示，"俄罗斯族"人口数量减少了 4872211人，也就是大概 500 万人。

在达吉斯坦共和国中，语言的使用比例发生了显著变化。在这个共和国中所使用的语言包括吉尔吉斯语、波斯语、乌兹别克语和鞑靼语等。发生这种变化的原因一方面是由于北高加索地区正在出现的传统复兴和身份认同，另一方面是由于大量来自中亚地区的外来务工人员。

如果我们直接讨论掌握某种语言的人数的增长情况，那么占第一位的当然是英语（增加了 618988 人）。表 2 表明了掌握某种语言的人数变化情况。

表 2　掌握某种语言的人数变化情况

	语言	2002 年掌握该种语言的人数（万人）	2010 年掌握该种语言的人数（万人）	从 2002 年到 2010 年的增长率（%）
1	俄语	142573285	137494893	-5078392
2	英语	6955315	7574303	618988
3	德语	2895147	2069949	-825198
4	法语	705217	616394	-88823
5	西班牙语	111900	152147	40247
6	汉语	59235	70722	11487
7	意大利语	54172	83202	29030

2013 年，"社会观点基金会"也做过类似的调查，显示了民众掌握某种语言的变化情况。民调结果显示，大约 57% 的俄罗斯人在最低水平上掌握某种外语[1]：

（1）英语（38%）；

（2）德语（19%）；

（3）法语（3%）；

（4）西班牙语（1%）；

（5）其他外语（大约 6%）。

根据俄联邦宪法的规定，俄罗斯境内的官方语言是俄语，但所有加盟共和国都有权确立除俄语外的其他语言作为官方语言。事实上，尽管宪法对此没有作专门的规定，但不同自治区政府会制定特殊法律以确定自己的官方语言。因此可以说，在保护俄罗斯不同民族语言方面所实行的政策主要是根据平等和尊重的原则。

根据 2010 年的人口普查，俄罗斯境内共使用 277 种不同语言和方言。在教育体系中大约使用 30 种语言进行教学。需要强调的是，这里所说的主要是小学阶段的教学。大约 47% 的北方少数民族儿童把自己的母语作为一个单独的科目进行学习，只有 3% 的儿童将其作为选修课[2]。在中专和高等教育中，除了极个别情况外，几乎都使用俄语进行教学。至于这种做法正确与否，我们可以争论很久：从一方面来说，这种语言政策的目的在于，把俄罗斯境内的不同民族整合到同一个社会空间中来；从另一方面来说，这种语言政策可能带来不利后果，即在母语教学的小学教育与母语缺失的高等教育中出现断裂。而这种断裂不仅出现在教育体系中，也出现在生活中。因为人们会逐渐失去自己独特的认同、忘记自己的语言，随之也是丧失自己的民族文化。

在这方面，国家支持在教学体系中全部采用民族语言的政策，特别是在高等教育中。但这可能会导致公民不能很好地融入社会。关于这种保存和扶持民族语言的政策，2012 年 12 月 19 日颁布的总统令《2025 年前俄联邦民族政策的国家战略》中做出了相应的规定。

语言消亡的问题在很大程度上与缺乏"语言传承"相关，当语言不能从一代人传递给另一代人时，讲这种语言的人势必就会越来越少。在全球化不断深化的

---

① 《掌握外语情况》调查结果，社会意见基金，URL：http：//fom.ru/posts/10998。

② 可参见 2010 年俄罗斯人口普查，URL：http：//www.gks.ru/free_doc/new_site/perepis2010/croc/perepis_itogi1612.htm（数据截止到 2016 年 6 月 10 日）。

背景下，伴随全球化的大都市主义盛行，越来越多的年轻人选择来到大城市或地区中心城市生活，少数民族语言的传承很难实现。随着代际的交替，如果继续保持上述趋势的话，在不久的将来，大量语言将会消亡。在这方面需要强调的是，我们不能仅从消极视角对其进行评判，也应考虑到全球化这一客观的历史过程，及其普及所带来的直接后果。

俄罗斯的外交政策以及日益复杂的地缘政治态势，特别是俄美两国的关系，这些因素导致俄境内掌握英语的人数比例发生着不同的变化：按照"教育第一"公司① （Education First） 的数据，在 70 个具有可比性的国家中，2013 年，俄罗斯掌握英语的人口比例占第 31 位，2014 年为第 36 位，2015 年为第 39 位。

按照一些大型事业单位专家的看法，俄罗斯不高的指数主要与"我们国家文化孤立主义"有关。他们认为，在英语学习方面，俄罗斯人与欧洲人的实质区别就在于，在俄罗斯，人们完全是出于实用目的来学习英语，但欧洲人学习英语则是为了在文化认同层面上使自己是真正的欧洲人。

如果对俄罗斯文化政策语言方面的特点做简单概述的话，那么，它至少包括以下两个主要方面：

（1） 我们可以把如何保护少数民族语言和调整其与俄语之间的关系问题视为"内部的"文化政策。在这方面，如上所述，国家政府试图找到黄金平衡点，即在保持俄语作为国家官方语言的同时，更多地关注少数民族语言的保存问题。这一政策的一些方面与欧洲国家的语言政策及一些正在实施的政策文件是相左的。这点与俄境内存在大量少数民族语言这一特点有关。

（2） 文化政策部分地与国际交往中的语言学习总体趋势相关，这可以被称为"外部的"文化政策。在这方面需要强调的是，俄罗斯有所保留地跟随着全球文化间交流发展的总体趋势，总体上仍处于全球化的进程之中：即使在最低程度上，57%的俄罗斯人掌握一门外语，通常是英语 （38%） 或德语 （19%）。当然，俄罗斯在逐步推进外语学习，尽管掌握外语的人数增速不快，但仍保持着一定的正向增长。

至于后苏联时期的俄罗斯文化政策本身，需要强调的是，要想解决语言问题，国家政府和各地区首脑仍将面临着众多复杂的因素，毕竟在俄境内生活着大量的少数民族。一方面要确保国家的统一，这就要求加强俄语作为国家官方语言

---

① 这是一家国际知名的语言培训、学历进修和文化交流公司。数据可参见 URL：http：//www.ef.ru/epi （数据截止到 2016 年 10 月 6 日）。

的地位；另一方面又不得不考虑少数民族的要求和利益。但如果上文提到的趋势继续持续下去的话，俄境内现存语言的数量将逐渐减少，这将在一定程度上减弱语言问题的紧迫性和复杂性。

在语言政策的国际方面需要强调的是，这在很大程度上取决于政治方面，它决定着人们学习外语的整体意愿。尽管作为反抗全球化进程的地方主义发展迅速，人们也在不断地寻找自己独特的身份认同，但在全球化的背景下，想要逃避整合的过程在很长的一段时间内似乎都不会成为现实。

（M.C. 斯德钦斯基：俄联邦中央财经大学　讲师；

祖春明：中国社会科学院中国文化研究中心俄罗斯中亚

文化政策研究部 主任　副研究员）

文化大发展大繁荣所需要的政策、机制与工作措施

章建刚

进入 21 世纪，文化大发展大繁荣已成为我国的战略任务。之所以有这一战略任务，对内就是要让经过 30 多年艰苦努力已经初步形成的社会主义市场经济的基本社会制度逐步向上延伸，使我国尽快建设成为一个富裕、民主、文明、和谐的现代化强国；对外则是要促进世界和平，不断地提高全球文化多样性的丰饶度，努力保持经济的可持续发展及与环境的友好关系，并使我国能够作为一个负责任的大国参与到更加公平的国际新秩序的规则制定过程中去。这是全球化条件下迅速实现我国现代化乃至后现代转型的重要战略思维，也是对全世界空前渴望听到中国的文化表达的积极回应。

但必须明确意识到，要让文化大发展大繁荣不仅仅是所有文学家、艺术家、科学家、哲学家、社会科学工作者个人勤奋工作的事情。历史已经说明，只有在文化创作与表达的制度环境经过充分的设计与改革之后，这一战略目标才有可能真正并持久地实现。毋庸讳言，如果不能深刻记取计划经济时期乃至"文化大革命"期间在国家文化管理方面的沉痛教训，文化发展与繁荣就永远是一句空话。

经过 30 年的解放思想和改革开放，人民群众的文化创造力和表达愿望空前强烈；世界也从没有像今天这样如此强烈地期盼听到中国人的声音。但是，我们当前的文化管理体制极为严重地束缚着文化生产力的发展。文化的功能在于表达，没有表达就无所谓文化；而表达依赖媒体，没有举办媒体的权利就落实不了表达权，思想、文化就无法充分发展、繁荣。我国现有的文化表达机构绝大部分还直接由国家严格掌控，《宪法》早就赋予每个公民的各项文化表达权利还迟迟未能落实，文化繁荣很难实现。

为了改善这种体制造成的文化表达稀缺状况，政府曾直接投入进行文化生产。但我们所搞过的计划经济，既不尊重需求也不考虑效率。更有甚者，在我们的经济部门已经较为充分的市场化了的条件下，文化部门这种旧机制还极易成为

腐败的"温床"，给我们的政府带来巨大的道德风险。要解决这样的问题，还是要通过市场化取向的改革。因此，大范围地开放文化市场准入应该成为我国在新世纪掀起文化建设高潮的一项基本政策取向。

屈指算来，国有文化事业单位已进行过多轮市场化取向的改革，但由于缺少对文化机构市场化改革的基本分类原则或说适用了不恰当的分类原则（如"经营性文化产业和公益性文化事业"的说法），被推向市场的大多是公共服务机构，而保留事业体制、由国家实行行政垄断的行业恰好是本该企业化的商业组织（广播电视、新闻出版）。希望通过这样的改革带来我国文化产业的迅速发展和文化建设的新高潮无异于缘木求鱼：虚假的集团化并没有给那些所谓文化企业带来明显的经济效益；假的企业化也不能使那些垄断组织真的产生市场竞争力。经济体制改革的经验告诉我们，不开放市场就没有真正的竞争，仅仅在国有企业内部进行管理体制改革是没有意义的！30多年的改革开放，使我们切身感受到市场经济的巨大活力。市场制度不仅在资源配置上具有效率优势，而且也是供需之间最为直接的桥梁。让我们承认就这一点而言，文化并不例外。人民群众的文化需求将越来越多地通过市场得到满足。市场是市民社会及其交往的基础平台。

在我们看来，文化体制市场化取向的真正改革只能是从媒体市场的开放起步。尽管已经遇到互联网强力挑战，广电和新闻出版目前仍是"当红"的传播媒体。这些依托在强大的复制技术之上的文化机构最适宜提供各种高质和廉价的文化商品，对于文化表达的繁荣可以提供便利的服务，而广告业的兴起也使原本只能当作公共产品提供的广电内容播出找到了市场化经营的有效途径。

美国文化产业发展的经验告诉我们，市场竞争是国际文化贸易取胜的基本功。20世纪上半叶，美国电影市场上是法国片的天下，而经过几十年市场"打拼"而不是靠大量的政府补贴和管制，主动迎合文化多样性的需求，甚至也战胜了电视娱乐方式的挑战，今天的美国电影市场甚至是全球的电影市场，由此美国影片才拿到了极高的份额。

诚然，市场不是万能的，有其失灵无效的地方。因此，社会需要公共服务。文化领域也是这样。不仅一些具有自然垄断属性的公共文化基础设施需要公共提供，而且由于资本或企业具有保守的性质，对文化创新以及对遗产保护往往缺少兴趣和敏感，因此政府有必要向文化原创进行公共投入。而这样做正是为市场培育高品位的文化资源。但不仅公共财政最终是来源于市场的，而且这样的公共分配资金最终还是会进入市场，并会使市场规模加大。所以不仅公共决策以及预算的形成和执行必须是程序民主和过程可监督的，而且尤其要处理好与市场经济的关系，绝不要让公共投入在市场造成"挤出效应"。这就是公共文化服务体制改革、政府文化职能转换的最终目标。

由于市场失灵的存在，有时公共文化服务仍需由一些非营利的国有文化部门承担。但如果我们的市场发育得很成熟，事实上要保留事业体制的文化机构并不会很多。政府通过公共财政工具就可以公正和有效地履行这些公共职能。

这就是说，与文化建设高潮迅速兴起相关的最重要的政策措施应该是媒体市场开放，而随着媒体市场的开放，重构一个和市场互动互补的、包括公共媒体在内的公共文化服务体系是其中最重要的配套措施。宏观地看，我国的社会主义市场经济体制正在不断扩大、不断完善。文化市场的准入、形成会壮大我们的市场规模，也更会有力地促进我国社会制度诸方面的现代化转型。

毋庸讳言，文化市场之所以迟迟不能正式开放，最主要的原因是我们的宏观文化管理部门对商业化的传媒应该如何进行内容监管还不够熟悉。而对一个现代国家而言，法制本是唯一的选择。因此，与文化建设迅速形成高潮相关的重要途径应该是积极推进文化立法，尤其是对文化内容进行有效监管的立法，而这些法律法规的建立也一定是通过改革来实现的。历史将说明，法律手段对有害文化内容的管理是有效的，而直接行政干预反而是低效的。重要的不是文化产品有没有意识形态属性，而是使用什么样的管理方式对文化产品的内容进行管理。

文化体制改革是经济体制改革的继续，也会是政治体制改革的前导与铺垫。因此这种转变也必然是复杂而艰巨的。在文化体制改革政策的实施过程中，还要相应地建立各种配套性的工作机制，以适应新形势下引导我国文化健康发展方向的需要。笔者认为，一个专门的专家机制的建立和良好运作在这一改革过程中将可能会发挥积极的作用。

应该看到，近年来政府部门的各项工作越来越多地引入了专家咨询程序，在文化工作中注意更多地发挥知识分子尤其是人文知识分子的专长。这对化解社会矛盾、构建和谐社会起到了十分重要的作用。事实表明，在价值观引导方面，最终是对话与说服发挥作用，仅仅有行政力量是不够的。

当前，只有在这些对话和说服当中，适合中国社会当下情境的核心价值观才能在认同中浮现出来；公民社会才会逐渐发育和成熟起来。公民的权利意识也不断增强，过快的经济建设和市场化改革还是会带来许多复杂问题甚至突发性事件。这时，为了引导社会、培养公众形成理性的态度，一个专家机制将可以在发展的常态和突发的非常态事件中发挥重要的分析、解释、批评、引导功能。与一般人文知识分子通常发挥的舆论作用不同的是，这个机制可以是带有政府背景的；而与此前各种专家咨询机制不同的是，它将直接处于政府和公众之间，而不是在政府的背后。我们可以借鉴国际经验，建立一个专家机制来增加政府行政、决策的弹性，加大其回旋余地和可调节性。简单地说，这个专家机制应该具有下列五种功能：

其一，政策制定和咨询功能。各种关乎国家文化发展的重大政策调整一定要设计充分，且具有明确的可操作性，因此应该由这个专家系统事先进行较为完备和充分前瞻的"兵棋推演"。

其二，重要文化观念创新功能。目前，国家文化宏观管理部门无暇也不便进行具体的理论创新工作，且主要担任公共文化监管工作。而事实上有一些重大理论突破必须从较高层面启动才是可行的，并且对社会稳定有利。例如，我们国家的基本经济制度已经是社会主义市场经济，但在我们比较权威的意识形态表述中，与市场经济相适应的伦理道德观念基本是一个空白。这里有一些关键问题需要由专家体系进行与决策紧密相关的研究和论证。又如我们希望中国文化能更多地"走出去"，那么我们仅仅强调"中国优秀的传统文化"是否充分？也许首先能够"走出去"的会是那些在文化表达形式上有鲜明的中国特色，而在文化价值内容上说有更高普遍性的文化产品与服务。由于新中国成立以来的种种历史原因，在这种文化普遍性（内容）与表达特殊性（形式）的关系上也有重大理论问题需要从较高层面予以澄清。

其三，社会文化批评功能。文化的发展只能在比较、竞争中实现；分析、评论或批评是不可或缺的。批评也是引导。而中国当代文化格局中像文艺批评一样的广义文化批评基本上没有形成。这是一个重大的缺失。我们的社会迫切需要敏锐、强劲的文化批评。

其四，对公共投入项目进行评估的功能。近年来，国家各级财政对文化基础设施的投入力度在加大，开工和竣工项目逐年增多。但有些项目的社会反响不佳，后期管理与经营更是困难重重。事实上，公共文化设施的规模、类型乃至风格样式都应该有充分的论证，以体现其自身的公共性。

其五，突发（媒体）事件的应急功能。信息时代媒体的影响越来越大，特定的突发新闻事件甚至可能成为国家安全的隐患。专家机制应该根据国际国内形势的发展，对可能发生的重大媒体事件进行预测，并从容设计、制定应对方案，及时投入妥善应对。

尤其值得设想的是，这个专家机制将应是一个公开的论坛。在观点和分析方面有意识保持一定程度的差异与张力。这样它不仅能表明理性分析的结果，更能演示理性分析的方式、技巧和过程。当社会对各种文化创新与差异有了足够成熟的态度后，这个机制将可以发生某些功能变化甚至部分取消。

从上述功能设计上看，这个专家机制具有更多地体现政府意图的发言和表达功能；但在内部又具有从理论和公共利益出发，与权威的政府决策机制的事先协商功能。因此，这样一个机制不是对西方发达国家文化管理制度的简单模仿，更是出于对转型中中国的特殊国情的考虑进行的制度设计。无论这个机制应如何生成，如何从后台逐渐走上前台，将来如何渐渐退出，仅从构建和谐社会与和谐世界、转变政府职能打造服务型政府、切实增强我国的文化软实力这几个角度说，由政府出面组建这个介于政府和社会的专家机制并让它尽快投入试运行都是值得考虑的。当前，中国公民社会的浮现还有其他一些方式，但我们都应从转型时期的特殊要求对其加以评价和支撑。这样的社会才会是公正、和谐的社会。

（章建刚：中国社会科学院中国文化研究中心　研究员）

《文化多样性公约》的国际政治意涵[①]

李 河

2005 年 10 月，联合国教科文组织第 33 次大会审议通过了《保护和促进文化表现形式多样性公约》（以下简称《文化多样性公约》），它与《保护世界文化和自然遗产公约》（1972 年通过，以下简称《世遗公约》）和《保护非物质文化遗产世界公约》（2003 年通过，以下简称《非遗公约》）一道并称为"世界三大文化公约"，因而其问世无疑是一个重大国际文化事件。值得关注的是，这个事件背后还隐伏着若干重要的国际政治线索：其一，公约从酝酿到出台，一直贯穿着以法国、加拿大为代表的西方国家第二集团与美国这个文化巨无霸的博弈，有学者称这是"冷战"后西方国家内部第一次出现的文化对抗；[②] 其二，公约是西方国家第二集团与多数发展中国家在国际文化政策上的"合纵"之举；其三，从公约的问世以及之后的运作，可以观察到法国是如何将其一己的文化诉求转变为国际政策的。本文拟围绕着这三个方面进行说明。

1. 《文化多样性公约》问世：西方国家第二集团与美国在文化领域的一次对决

提到"西方国家"，人们大都认为其政治制度和文化政策具有很强的相似性、一致的价值观、相似的文化诉求，这构成了我们关于"西方国家"的基本印象。

但具体的观察告诉我们，在西方国家间，一致的价值观或许有之，相同的文化诉求却未必然。正如西方国家在对外贸易常有的摩擦一样，其文化冲突也时有发生。这类冲突当然有历史、语言和传统差异的根源，但也是西方内部的发展程度差异使然。借用沃勒斯坦"中心—边缘说"的说法，美国是全球的中心国家，

---

① 2005 年《文化多样性公约》通过，2007 年开始设立"文化多样性国际基金"，在 2009 年 12 月 9 日联合国教科文组织《文化多样性公约》政府间委员会上，笔者被提名为公约基金项目评审的首届"六人专家组"成员，参加了自 2010 年到 2013 年中的 4 年评审工作。

② 参见 Divina Frau-Meigs 在其文章 "Cultural Exception, National Policies and Globalization"（《"文化例外"、国家政策和全球化》）(2003) 中给出的第一节标题，"The crisis of 1993: the first post-cold war cultural confrontation"（"1993 年危机：冷战后首次出现的文化对抗"）。

也是西方世界的中心国家；而其他西方国家——如紧邻美国的加拿大和作为欧盟领头羊之一的法国，虽相对于发展中国家来说是处于世界的"中心"，但与美国相比却处于"非中心"地位，我们可以称其为"西方国家第二集团"。进而言之，以"中心国家"姿态面对发展中国家，以"边缘国家"姿态应对美国的强势，这就构成了西方国家第二集团在文化政策上的双重角色。据此可以判断，西方国家第二集团与美国的冲突尤其是文化冲突，不是暂时期内可以轻松化解的，它会长期存在的，有时会带来重大后果。《文化多样性公约》的审议通过情况就是明证。

先看公约出台的情况。就程序而言，《文化多样性公约》的问世相当顺利。2005 年的公约审议大会共有 154 个国家和地区参与投票，结果赞成票高达 148 席，弃权票 4 席，反对票仅区区 2 席。此外，根据缔约程序，公约在投票通过后，尚需经过一定数量的国家完成批约方能正式生效。此前，《世遗公约》从通过到生效用了 37 个月，《非遗公约》用了 30 个月，对比之下，《文化多样性公约》从大会通过到正式生效只用了 17 个月，而且生效时的批约国也多达 56 个。[①] 到 2013 年 8 月，批约国总数更跃升为 133 个，也就是说，在 2005 年大会上为公约投赞成票的国家 90%完成了批约。时任教科文组织总干事对此评价说，这种缔约速度是史无前例的。

然而，占压倒性优势的赞成票不能掩盖另一个事实，即在 2005 年大会上反对公约的国家虽然极少，但却不可小觑——它们是美国和以色列。不仅如此，日本、俄罗斯、伊朗等文化大国虽在大会上对公约投了赞成票，却在本国立法程序中对公约说 No。这足以表明，以世界公约姿态出现的《文化多样性公约》并不真正是"世界性的"。

撇开俄罗斯与伊朗等国不论，《文化多样性公约》的诞生凸显了西方国家第二集团、美国、发展中国家这三大势力的复杂关系，这种复杂关系可以概括如下：

（1）西方国家第二集团虽然与美国同属于意识形态意义上的"我们"，却在文化政策上与美国形成了"我—他"对立关系。

（2）西方国家第二集团虽然与多数发展中国家在基本价值观上处于"我—他"对立关系，但却在文化政策上形成了"我们"。

由此可以说，《文化多样性公约》在相当程度上体现了一种超越意识形态对立的文化之争，这是十分值得我们关注的。

---

① 参见 Holly Ayllet，"An International Instrument for International Cultural Policy"（一项为国际文化政策定制的国家性工具）（2010），p. 3.

2."文化 vs 贸易":西方国家第二集团与美国文化冲突的历史缘由

西方国家第二集团与美国围绕《文化多样性公约》形成的冲突,构成了多年来国际学界的重要话题,相关文献不胜枚举,笔者所见的代表性论文包括:弗劳—麦格斯的《文化例外、民族国家政策和全球化》(2003)、司各特·加尔特的《"文化例外"在多边贸易体系中的生、死与再生》(2004)、比特·格雷伯的《教科文关于文化多样性的新公约:一种对世贸组织的反制》(2006)、塔尼亚·冯恩的《教科文组织和世贸组织:一种文化冲突?》(2006)、霍利·艾雷特的《一项为国际文化政策定制的国家性工具》(2010)、米拉·穆里的《贸易 vs 文化:文化例外政策与世界贸易组织》(2012),[①]等等,它们从不同侧面勾勒了这场文化冲突的背景和由来。

梳理"文化多样性"从观念到政策的进程,我们往往会看到两条叙事线路:一条是教科文组织的官方叙事,其谈论方式比较宏观中立;还有一条是非官方的叙事线索,其笔锋会迅速指向西方国家内部在文化多样性问题上的尖锐对立。

比特·格雷伯曾从教科文组织的立场对"文化多样性"从观念到政策的演化过程作过概括。在他笔下,"文化多样性"是一个与教科文组织共生的"结构性概念"(Structuring Concept),其发展大概经历以下四个阶段:

第一阶段:1945 年教科文组织成立伊始,就在其宪章第 1 条第 3 款申明,"要保障其成员国在文化、教育和科学事务上的独立性和自主性",这里便蕴含着"文化多样性"观念。

第二阶段:20 世纪 60 年代,亚非拉地区的"去殖民化"运动赋予了"文化多样性"以强烈的政治解放含义,刚刚获得独立的国家将民族文化认同当作其独立的重要合法性依据。

第三阶段:20 世纪 70 年代末期,"文化"成为各发展中国家为其"独特的发展道路"进行辩护的重要依据。

第四阶段:20 世纪 80 年代以后,教科文组织日益关注文化与发展之间的联系。1986 年联合国大会通过了《世界文化发展十年(1987~1996)》;1991 年联合国大会批准教科文组织成立"世界文化与发展委员会",正是该委员会在 1995 年推出了划时代的报告《我们的创造性的多样性》(*Our Creative Diversity*)。该报告提到,伴随着信息技术与贸易全球化而来的一体化进程,正在给各国文化传统和遗产带来了前所未有的威胁;为落实该报告的建议,1998 年联合国教科文组织

---

① 上述文章的英文标题从略。

在斯德哥尔摩召开大会，题为"旨在促进发展的文化政策"（Cultural Policies for Development）。大会郑重确认，"文化产品及其服务应与其他商品区别对待"；2000 年，欧盟理事会宣布正式接受"文化多样性"观念；2001 年，教科文组织正式发布《世界文化多样性宣言》，由于该宣言尚不具有正式约束力，2003 年底，在由多国文化部长组成的"国际文化政策联盟"（INCP）的强烈建议下，教科文组织总干事着手负责《文化多样性公约》起草事宜，2005 年该公约通过。①

在上述第四阶段，格雷伯向我们展示了这样一幅图景：文化多样性是全球化的对偶语，它的观念指向在于，在全球化背景下，让各国政府和公民组织高度关注以民族国家为本位的文化传统多样性和文化资源多样性，让各国政府在文化政策方面获得国际政策或国际法意义上自主性。这种自主性的一个重要内涵在于，在国际贸易中坚持"文化产品及其服务与其他商品区别对待"的原则，而这个诉求与世界贸易组织（WTO）的规则是抵触的——美国恰恰是世贸组织规则的坚定支持者。

由此，许多国际学者热衷的"冲突叙事"便浮现出来。在《文化多样性公约》问题上出现的冲突双方：法国、加拿大以及欧盟 vs 美国；冲突双方的政策诉求："文化例外" vs 文化无例外；冲突双方凭借的国际机构平台：教科文组织 vs 世界贸易组织；等等。而引发这些冲突的第一爆点是：影视、视听和网络产品的贸易与服务问题。

虽然法国学者麦格斯称法国等国与美国在《文化多样性公约》上的争论是"冷战"后的文化对抗，但另有一些学者将这个对抗追溯到一个世纪以前。米拉·穆里在《贸易 vs 文化》一文中指出，20 世纪初叶，随着美国好莱坞工业的崛起和欧洲电影的衰落，欧洲国家相继出台对本国电影的保护措施。1947 年，作为世贸组织前身的关贸总协定成立伊始，就在其章程第四条明确约定"国产电影应在所有商业电影放映中占有一定比例"，这无疑是针对美国电影工业的。不过，真正尖锐的对立出现在 1986 年起的关贸总协定乌拉圭回合谈判。到了这个时期，美国在影视、视听产业以及随后而来的互联网方面取得了一匡天下的优势，麦格斯将这种超强优势形象地概括为"HHMM 综合征"（即"哈佛—好莱坞—麦当劳—微软综合征"）。② 为应对这个"一家独大"的局面，法国、加拿大等国便在

---

① 参见 Christoph Beat Graber, "The New UNESCO Convention on Cultural Diversity: A Counterbalance to the WTO", part B, "Cultural diversity and UNESCO".

② "HHMM" 是 "Harvard-Hollywood-McDonald-Microsoft" 的缩写，该说法出自 Divina Frau-Meigs, "Cultural Exception, National Policies and Globalization", p.2。

乌拉圭回合等谈判中多次祭出"文化例外"或"文化排除"（Cultural Exception 或 Cultural Exclusion）的招数，以期维护自己的文化自主性空间（如语言）和文化产业发展空间（如影视业）。[①]然而，在市场经济主导的世界中，"文化例外"听起来总不那么理直气壮，因而 1995 年 1 月世贸组织成立伊始便在原则上正式拒绝了这种"例外论"。但也正是在这个时候，教科文组织"世界文化和发展委员会"的报告《我们的创造性的多样性》闪亮登场，这无疑给法国、加拿大以及欧盟的文化主张提供了新的生机。总之，失之东隅，收之桑榆，当"文化例外论"在世贸组织平台上彻底失去合法性依据之后，它又以"文化多样性"的面目在教科文组织这里找到了自己的国际政策和法律平台。在此意义上，1995 年可以被视为"文化多样性元年"。

虽然西方国家第二集团在教科文的平台上找到了一块立足之地，但也留下了一个巨大的问题：《文化多样性公约》与世贸组织规则，作为平等的国际法规则，如何能够相互兼容而不是相互冲突？这个问题非同小可，因为截至 2012 年，联合国教科文组织共有 195 个成员国，其中 155 个成员国同时是世贸组织成员国，该问题如果不解决，文化贸易与文化政策方面的国际冲突就不具备协调基础。

然而无论怎样，"文化多样性"这个国际政策表述为法加等西方国家第二集团对抗美国的文化贸易优势提供了利器。相比于"文化例外"或"文化排除"，"文化多样性"给法国、加拿大等西方国家第二集团提供了比较富于道义感的理论、政策和法律话语。霍利·艾雷特在谈到这种道义胜利时引述了德国文化部的克里斯汀·默克尔在 2007 年一次会议上的惊悚说法：《文化多样性公约》是"当代文化政策上的《大宪章》"，[②]它的出台表明，"除了经济权利之外，文化权利现在也在一个法律框架内得到了确认，它保障了一个诸民族国家为维护自己的遗产和文化多样性表达而制定各自文化政策的权利"。至此我们看到，"文化多样性"牵扯上了"文化民主"问题。

3. 西方国家第二集团与发展中国家的"合纵"之举：以"文化多样性国际基金"为例

"文化多样性"为西方国家第二集团抗衡美国文化霸主地位提供了道义支持，也让它与多数发展中国家找到了共同话语，这样《文化多样性公约》有意无意地

---

① 加拿大在 1993 年与美国进行北美自贸区谈判时也引入了"文化例外"原则。
②《大宪章》（Magna Carta）也称为《自由大宪章》，1215 年签署，是英国历史上第一个限制英国王室绝对权力、保障贵族经济和政治利益的法律文件。

演化成西方国家第二集团与发展中国家的"合纵"之举。合纵者，"合众弱以御一强"。①就此而言，《文化多样性公约》也是西方国家第二集团将自己的文化诉求转化为国际文化政策的一次成功实践。为说明这一点，我们可以观察一下《文化多样性公约》所设立的"文化多样性国际基金"的操作情况。

《文化多样性公约》的序言和正文中表达了一个强烈的意向，该文件将高度关注发展中国家的文化发展权利问题。为此公约第 14~17 条反复强调要加强西方国家与发展中国家的国际合作，第 18 条关于设立"文化多样性国际基金"的建议就是落实这种合作的重要举措。根据这个建议，2007 年正式成立"文化多样性国际基金"（IFCD），2009 年基金项目的评审工作正式启动。主要步骤包括：①成立基金项目专家评审组"；②由公约秘书处和专家组配合，制作"项目申请表"和"专家评审表"；③每年项目申请的截止日期为 6 月 30 日，评审从 7 月下旬开始到 9 月下旬结束。评审结果提交当年 12 月召开的"文化多样性公约"政府间委员会。

《世遗公约》和《非遗公约》都有自己的基金，相比之下，"文化多样性国际基金"有以下两个鲜明的特点：

（1）"基金"的主要捐款国是西方国家第二集团。截至 2012 年，"文化多样性国际基金"共获捐款 540 余万（单位：美元，下同）。捐款国是 37 个国家和 2 个地区。其中，包括 14 个西方国家及所属 2 个地区，捐款总额为 490 万，占总额的近 90%。其中，捐款大户包括：挪威 145 万，法国 101 万，加拿大（包括魁北克）近 70 万，西班牙 55 万，芬兰 46 万，比利时法语区近 20 万。单是这 5 个国家和一个地区就达 437 万，占总额的 81%。但值得注意的是，捐款国中没有德国、英国、意大利——虽然它们都是缔约国。

（2）"基金"把发展中国家界定为唯一的扶持对象。"文化多样性国际基金"的目标明确限定为缔约的发展中国家，尤其是欠发达国家。2009 年评审工作启动时，在 100 余个缔约国中有发展中国家 50 余个。到 2013 年 8 月，总缔约国为 132 国，发展中国家超过 90 个。

主要由西方国家出钱，把发展中国家作为扶持对象，这体现了《文化多样性公约》的一个基本政策倾向，即西方国家希望为发展中国家提供文化观念、文化政策方面的能力培训，而这恰恰是"文化多样性国际基金"的基本原则。正是在这一点上，我们看到，"文化多样性"观念已经与我们常识中的理解相去甚远。

---

① 语出《韩非子》，原话为"合众弱以攻一强"。

在日常理解中，一谈到文化多样性我们首先会想到的问题是，如何保持少数民族文化特色？如何维护那些濒临灭绝的宗教信仰？如何保护各种土著语言或方言？等等。但这些问题其实并不是《文化多样性公约》的核心主题。

那么，什么才是《文化多样性公约》的核心主题呢？为说明这一点，不妨将它的标题与《世遗公约》与《非遗公约》的标题进行对比。后两大公约在其标题中单纯强调"保护"（Protection 或 Safeguarding），① 而前者标题的全称则是《保护和促进文化表现形式多样性公约》——多了"促进"（Promotion）这个关键词。换句话说，以"促进"来"保护"构成了《文化多样性公约》与其他两大公约的不同特征。对此，文化多样性公约秘书处出台的《文化多样性国际基金的使用指南》给出了明确的解读，② 它高度凸显"促进"的两方面含义：一个是推动发展中国家制定有利于文化发展的政策；另一个是推动发展中国家培育由现代传媒和视听技术支撑的文化产业。——后面这条非常重要，它说明《文化多样性公约》不是要消极对抗文化生产贸易和服务全球化，而是要在发展中国家逐渐培育起这样的能力。③

总体来说，在以发展中国家为扶持对象，"促进"发展中国家提升文化政策和文化产业能力方面，西方国家第二集团找到了自己作为"中心国家"的国际责任，这是以文化为媒介与发展中国家实现联姻的重要途径。当然，这种扶持也是有重点的。在"文化多样性国际基金"项目评审的具体操作中，我们不难发现法国施展着相当大的影响力。

4. 从文化多样性基金的受惠国，看法国与法语国家组织的文化影响力

联合国教科文总部在法国，法国是教科文组织的坚定支持者，也是《文化多样性公约》的主要推动者。历史的观察表明，法国在借助教科文组织实现自己的文化政策诉求方面具有强烈的意志力和卓越的执行力。为此，我们特别需要明确以下三个事实：

其一，法国在 18 世纪是一个世界性帝国，法语在当时世界的地位相当于今天的英语。从文化影响力角度来说，法国曾是一个"文明型国家"——一个代表

---

① 文化多样性公约的英文全称：Convention on the Protection and Promotion of the Diversity of Cultural Expressions。

② "Guidelines on the Use of the Resources of the International Fund for Cultural Diversity"。

③ 在国际文化政策中，"促进"（Promotion）是与"文化产业"高度相关的语词。如"文化产业促进法"的英文名称通常就是"Promotion Law"。值得一提的是，在《保护和促进文化表现形式多样性公约》通过前9个月撰写的文本草案中，其名称中还没有出现"促进"（Promotion）一词。由此可见，"促进"（Promotion）一词的选定，让《文化多样性公约》找到了与其他两大文化公约的重大区别。

着独特文明类型的国家。

其二，19 世纪下半叶到 20 世纪，法语文明分别经历了来自不列颠帝国和美国的两大冲击。在感受到来自英语世界的压力，1883 年法国成立了以推广法语文化为宗旨的"法语联盟"（Alliance Francaise），目前共有 1100 个机构分布在 130 个国家；而从 20 世纪上半叶起，对好莱坞文化冲击的最强大抵抗者也一直是法国。1958 年，法国明确将电影划归文化部管辖，从而彻底淡化了它的"文化工业"属性。此后，乌拉圭回合当中提出"文化例外"，以及 1994 年在国内推出旨在限制英语使用的"杜邦法"，这一切都表明法国在维护自己文明地位方面的不苟且态度。

其三，法国为维护其"文明型国家"地位所做的最重要努力，是在 1970 年联合其以前的殖民地国家和附庸国，建立"法语国家组织"（International Organization of French Speaking Countries）——这是法国将其负面的殖民主义历史转化为积极的文化遗产的成功举措！该组织总部在巴黎，1986 年以后每两年召开一次会议，目前已有 56 个正式成员国，19 个观察国，覆盖 9 亿人口，其参与国数量大大超过了英联邦组织（53 国）。它已经成为法国施展其重要国际影响的重要平台。

值得注意的是，早在 20 世纪 90 年代，法语国家联盟就开始将"文化多样性"当作该组织大力推行的重要观念。而这个组织在《文化多样性公约》的通过和生效过程中，也发挥了举足轻重的地位。

鉴于这个背景，我们有必要观察一下《文化多样性公约》所设立的"文化多样性国际基金"对法语国家联盟成员国是否有更多的政策倾斜。

先看一下从 2010 年到 2012 年这 3 年评审的整体情况：公约秘书处共接受项目申请 600 多件，经评审通过项目 61 件。其中，2010 年为 31 件；2011 年为 17 件；2012 年为 13 件。从 61 件获资助项目的国家分布来看：

2010 年：非洲国家 19 个；拉美国家 10 个；亚洲国家 2 个；

2011 年：非洲国家 8 个；拉美国家 4 个；欧洲国家 3 个；亚洲国家 2 个；

2012 年：非洲国家 5 个；拉美国家 3 个；欧洲国家 3 个；亚洲国家 2 个。

总计非洲国家为 32 个，占资助项目总数的 52.4%；拉美国家 17 个，占资助项目总数的 27.8%。这与上面列出的地区项目申请数目比例大体吻合（虽然年代并非严格对应）。

更进一步的观察发现：在 2010 年获资助的 31 个项目，属于法语国家组织成员国和前法属殖民地的国家有 19 个，其中 16 个在非洲。2011 年获资助的 17 个项目，属于法语国家的有 5 个，全在非洲。还有一个加勒比国家以前一度是法国殖民地；2012 年 13 个获资助项目中有 3 个法语国家，全在非洲。

上述观察表明，在非洲并且属于法语国家组织（56 个成员国）的国家，获得资助的项目比重相当大，3 年来共有 24 个，占获资助项目总数的 40%。尤其是第一年，非洲法语国家获资助的项目总数占比竟高达 51.6%！整个受到法国影响的国家为 19 个，占资助项目总数的 61%。这两年，这个数字在下降，但没有根本改变。

我们还可以再看一下 3 年里连续多次获得资助的项目的国别分布。

3 年内共获得 3 项资助的国家：

喀麦隆：2010 年，1 项；2012 年，2 项；

塞内加尔：2010 年，2 项；2011 年，1 项；

肯尼亚：2010 年，2 项；2011 年，1 项；

南非：2010 年，1 项；2011 年，1 项；2012 年，1 项。

前两个国家属于法语国家组织成员。

3 年内共获得 2 项资助的国家：

布基纳法索：2010 年，2 项；

突尼斯：2010 年，2 项；

科特迪瓦：2010 年，1 项；2012 年，1 项；

马达加斯加：2010 年，2 项；

多哥：2010 年，1 项；2011 年，1 项；

尼日尔：2010 年，1 项；2011 年，1 项；

乌拉圭：2010 年，1 项；2011 年，1 项；

阿根廷：2010 年，2 项。

前 6 个国家都是法语国家组织成员。

值得一提的是，3 年来亚洲获得资助的项目来自 6 个国家，即 2010 年的孟加拉国和老挝；2011 年的柬埔寨和塔吉克斯坦；2012 年的印度尼西亚和蒙古国。其中的柬埔寨和老挝也是法语国家组织成员。

以上数据表明，到目前为止，来自法语国家组织成员国的项目申请者是"文化多样性国际基金"的最大受惠群体，这种状况与《文化多样性国际基金应用指南》条款 4.5 中申明的"区域平等原则"（An equitable Distribution of the Resources of the Fund）是相冲突的。它明确反映了一个现实：即多年来法语国家组织成员国在推行"文化多样性公约"方面是相当积极的。从这个意义来看，《文化多样性公约》不仅是西方国家第二集团与美国进行文化博弈的利器，也是西方国家第二集团与发展中国家联姻的纽带，同样也是法国所代表的"法语国家联盟"与美国及其跟随者的"文明之争"。

5. 结语

观察《文化多样性公约》的出台过程，以及法国利用法语国家组织来维护其文明影响力的做法，我们确实需要思考：西方国家第二集团是如何将自己的文化诉求变成国际文化政策的？它们是如何在文化领域"把'我'变成'最大单位的我们'"的？

（李河：中国社会科学院哲学研究所　研究员）

当"纵向传统"遇到"横向传统"
——俄罗斯近现代传统问题之争的随想

李 河

在俄罗斯思想史上，始终存在着关于"本土 vs 外来"的道路争论。"外来的"意味着与西方相同的普遍道路，体现为单线型历史观。而"本土的"则逐渐演变为特殊主义的历史道路，并在文化上表现为文化特殊论。然而，对外的文化特殊论在本国内部却是文化排他主义的，强调自上而下的、统一的、封闭的民族传统。事实上，传统可分为横向传统和纵向传统两类。所谓横向传统是指同时代的外来传统，纵向传统是指历史性的本土传统，且对于一个民族国家的文化传统而言，横向传统的影响更大。在俄罗斯历史中，其民族传统形成于横向传统，且在民族精神发展的重要节点上，都是横向传统在发挥着决定性作用，因此，俄罗斯应重视对横向传统的研究，因为它们已经涵化为民族传统不可或缺的组成部分。

一、别尔嘉耶夫的道路之问：后发国家的共同话题

2017 年对俄罗斯注定是不平凡的，它是十月革命 100 周年，也是二月革命 100 周年。笔者把时间在先的二月革命放在十月革命之后提及，是为凸显一个事实：对老一辈的中国人来说，"十月革命"是一个熟语，"二月革命"则鲜为人知，而近期看到的几篇俄罗斯报道表明，那里的情形也大体相似。

十月革命与二月革命相距仅 8 个月，它们性质相反，却不无相似性。说它们性质相反是因为：二月革命满怀西化情结，十月革命则开启了与西方全面对立的历史；说它们彼此相似是指，这两个事件师承的思想资源都是"外来的"——二月革命可溯源到 19 世纪上半叶的"西方派"，十月革命的马克思主义当然也源于西方，而与这些外来思想对峙的则是俄罗斯"本土主义"——其代表是与"西方派"相抗衡的、以俄罗斯宗教政治传统为底本的"斯拉夫派"，还有后来跟进的许多白银时代思想家。总的看来，"本土 vs 外来"构成了俄思想界历久弥新的二

元对立主题，苏联解体后，该对立又在俄罗斯全方位复现。

其实，至少从 17 世纪末彼得大帝改革起，来自西欧的科技经济政治和文化因素已深深融入俄罗斯自身发展，涵化为其近现代传统的整体，但这种"涵化为一"的现实却难以降解俄罗斯思想中根深蒂固的"本土 vs 外来"的分裂意识，它被别尔嘉耶夫明确提炼为以下的"道路之问"："俄罗斯能否开辟自己的特殊道路，而不再重复欧洲历史的所有阶段呢？整个 19 世纪以至 20 世纪我们都在争论：俄罗斯的道路是怎样的？它是否可能简单重演西欧的道路？"值得注意的是，道路之争在近现代俄罗斯，几乎每隔百年，都会以空前剧烈的政治或文化冲突的方式凸显出来。这个"道路之问"涵盖着两个对立的语义串：

"外来的 = 西方的 = 先行的 = 普遍主义"/"本土的 = 异西方的 = 迟到的 = 特殊主义的"

从本土派看来，"普遍主义"是个幻象，它会造成由他者取代自我的认同倒错，唯有"特殊主义"才体现着"自主意识"，唯有基于特殊主义的历史叙事才是真历史。

别尔嘉耶夫的"道路之问"及其"分裂意识"并非为俄罗斯所独有。美国发展社会学家 M. 列维在《现代化与社会结构》一书把 18 世纪后的世界分为两类：一类是英法美等代表的"内源性现代化社会"（Indigenous Developers of Modern-ization），这是指"立足于现存社会，在较长时间内使其社会结构得到渐进发展的社会"，它们的科学技术、市场经济、社会结构、政治体制以及思想观念的变化是顺应其内在需求而得到有序推动的；另一类则是德国、俄罗斯和日本等"迟到者或后发者的社会"（Late-comer Society），其现代性进程越往源头推溯，越表现出强烈的"外源性"（Exogenous）特征。正是外源性让迟到国家在现代性启蒙之初就种下了分裂意识的种子，"本土 vs 外来"往往成为迟到国家知识界挥之不去的思考范式和提问传统。在这方面俄罗斯无疑是个样板：彼得大帝改革 300 多年以来，它一直徘徊歧路——转型仿佛永远在路上！

二、本土意识悖论：外部特殊主义 vs 内部普遍主义

对后发国家思想群体来说，文化自主性意识的觉醒，稍不留神就会转化为以民族国家为本位的文化特殊论叙事。对这种叙事而言，"转型"或"迟到"等都是陷阱语词，一旦使用它们，就有可能陷入单线论历史观。这种历史观在近现代哲学上有进步论、理性论或历史规律论等抽象表述，在现实中则常常兑现为以特定西方国家为目标模式的道路意识，在这方面，俄罗斯 19 世纪上半叶的恰达耶

夫、日本明治维新后的福泽谕吉和中国新文化运动时期的陈独秀都是开风气的人物。他们认为，就文化而言，西方的是普遍的，本土的是特殊的；西方的是未来的，本土的是过去的；总之，西方的使人进步，本土的使人落后。

不过，在这个以民族国家为基本竞争单位的世界，国别性的本土传统正像政治国家的文化领土。因而，许多后发国家尽管在启蒙之初多鼓吹进步论文化观，但这随后会被锋头更劲的文化特殊论所取代。特殊论的文化叙事具有几个特征：以某个神圣人格或神圣经典作为文化开端的历史溯源意识；在一定封闭地域内单线传承的传统延续意识；在文化核心价值识别意义上的排他性和独占性意识。正是这些意识构成了国别性传统的"向来我属性"，"溯源+排除"构成了文化原教旨主义处理传统的基本方式。

文化特殊论可追溯到 18 世纪下半叶赫尔德的文明有机体理论，它经由斯拉夫派、斯宾格勒、汤因比乃至当代的亨廷顿传递至今。这种信念无疑是对单线论历史观的反拨，同时它在后发国家很容易转换成为一种文化政治策略，即只有特殊主义才能把以西方为摹本的普遍主义叙事降低为一个与己平行的"地缘性叙事"，甚至降低为一种低于"自主性叙事"的"他者叙事"。据此，这里没什么"先发后发""先进落后"之分，只有"本土 vs 外来""东方 vs 西方"的对立。一切文化或文明都是特殊的，一切传统都是等价的等。

单线论历史观与文化特殊论是两套对立的话语，俄罗斯思想界对两者都不陌生。苏联时期流行的无疑是单线论历史观，而苏联之前和之后时期流行的斯拉夫主义和欧亚主义则表现出强烈的文化特殊论取向，相关学者确信，只有回到俄罗斯精神的本源，这个民族才能找到使自己回归自己、使自己拥有特殊道路开拓权的文化依据。在这里，乌拉尔山欧亚分界线上兀立的巨型双头鹰雕塑仿佛显示出一种深长的意味：两个鹰头分别面向的西方与东方是极为辽阔真实的两大空间，而介乎两者的中间线严格说来则只是一条"既是西方又是东方，既不是西方又不是东方"的抽象线条。如何超越这根线条的抽象性，或者说，如何让这根抽象的线条衍生为一条宽广的第三道路，这正是俄罗斯文化特殊论者一向面临的挑战或肩负的使命。

文化特殊论是文化自主性意识的一个环节，但不能是全部。从方法论上看，文化特殊论在否定世界历史单线论时，却对本国内部的文化传统采纳了一种单线论叙事，将纵向矢量刻画为"本土传统"的本质特征，认为传统之为传统，就是因为它只能是从古至今单线流传的。但这个看法今天受到了质疑。20 世纪末一些欧盟学者在讨论"我们的共同文化遗产"时问道：我们是否真的具有"共同的遗产"？因为这个具有殖民历史的除了拥有其标榜的希腊西欧传统之外，还会遇到来自阿尔及利亚、土耳其、东南亚或东欧的移民文化传统。在此语境下，法国学者萨达指出，"我们每个人都拥有两种传统，一种是'纵向的'（Vertical），它来自我们的祖先、我们的宗教共同体以及被大众所接受的传统；另一种是'横向的'（Horizontal），它是由这个时代与这个时代的人们施加给我们的。在我看来，后者更具有影响力，然而这个事实并没有体现在我们的自我反思之中，我们最经常讨论的却是'纵向的'传统。所以，在'我们是什么'与'我们认为我们是什么'之间存在鸿沟"。其实，除了谈论移民文化，这种"纵向传统"与"横向传统"的遭遇几乎发生于所有拥有开放历史的现代国家。俄罗斯近现代史中多次外来思想的冲击或渐入，就是"横向传统"与"纵向传统"互动的生动写照。对所有经历过启蒙的后发国家来说，如何看待"横向传统"是它们今天界定其自主传统时不可回避的课题，也唯有这样才能真正克服以往历史观中的单线论意识。

三、结语：加强对俄罗斯"横向传统"的研究

在俄罗斯研究中强调"横向传统"的重要性，这是由俄罗斯历史的特点决定的。亨廷顿说俄罗斯与中国都是"文明型国家"，但他没意识到，两者有个重大区别，即俄罗斯文明原本就开端于"横向传统"，此后，它历史上的每一次重大飞跃都与"横向传统"的介入有关。180 年前恰达耶夫说过："请你们好好地看一看，你们就会发现，我们历史的每一个重要事实都是外来的，每一个新的思想几乎都永远是借鉴来的。"这段文字不是"疯话"，它的证据包括但不限于：

其一，公元 10 世纪末，基辅大公弗拉基米尔选择皈依了东罗马东正教，标志着俄罗斯文明史的诞生；

其二，15 世纪 70 年代，莫斯科大公伊凡三世迎娶拜占庭末代皇帝的侄女索菲亚公主，继承了拜占庭的双头鹰标志，成为新的东正教中心，由此加快了俄罗斯的内部整合和外向帝国化进程；

其三，17 世纪 90 年代，彼得一世实施全面西化变革，给君主制的俄罗斯注入了大量现代性元素，并使其迅速成为欧洲强国；

其四，19 世纪初，亚历山大一世赢得了对拿破仑的战争，但他的士兵也从欧洲带回了崇尚自由反对专制的观念，引发了十二月党人革命；

其五，1917 年十月革命让在俄罗斯帝国废墟中出现的苏联成为世界上举足轻重的超级大国……

除以上人们熟知的重大历史转折事件外，不少史学家提到，由于俄罗斯属于

欧洲，处于"先发的欧洲"和"后发的亚洲"之间，因此它在向东方拓展时尽享先占先得的优势。譬如，近现代国际法体系是伴随欧洲 1648 年威斯特伐利亚和约而出现的，仅仅时隔 40 年，俄罗斯就在远东与当时的中国满清王朝签订了《尼布楚条约》，这是亚洲史上第一个边界领土条约，标志着东亚开始进入近现代民族国家的进程。伏尔泰在 1760 年的《彼得大帝在位时期的俄罗斯帝国史》一书，提到，当时的中国"是个以道德风尚闻名于世的国家"，"根本不知道国际公法为何物"，相比之下，谈判桌前的俄罗斯成员则熟谙发源于欧洲的国际法规则，在谈判的知识准备和条约文本表述上都处于有利地位。这一史实也说明俄罗斯从"横向传统"影响中实在获益匪浅。

俄罗斯"横向传统"研究不仅包含来自君士坦丁堡和西欧的影响，还包含一个重要维度，即受到远东和中亚各民族文化的影响。俄罗斯三四百年来不断拓展的外部政治建构，必然会对俄罗斯整体的精神文化建构产生影响。别尔嘉耶夫在《俄罗斯的命运》提到，"俄罗斯民族心理"具有很多"二律悖反的谜题"，此后在《俄罗斯的思想》又说，"俄罗斯精神所具有的矛盾性和复杂性可能与下列情况有关，即东方和西方两股世界历史潮流在俄罗斯发生碰撞，在俄罗斯精神中，东方和西方两个因素永远在相互角力"。不难看到，欧亚主义对俄罗斯内在精神史的实际上是对俄罗斯帝国不断向外拓展的政治建构进程的合法化。笔者有时在想，如果俄罗斯没有在 1867 年将阿拉斯加卖给美国，并同时停止活跃了半个世纪的俄罗斯美洲公司的殖民贸易活动，那么"俄罗斯心理"是否还会包括美洲维度呢？"欧亚主义"会不会写成"欧亚美主义"呢？双头鹰标志还能否继续使用呢？

（李河：中国社会科学院哲学研究所　研究员）

附　录

Российская Федерация

俄罗斯联邦法律
俄罗斯联邦文化立法原则

（2014 年 7 月 21 日修订）

（自 2015 年 1 月 1 日起生效）

唐静义/译　　祖春明/校

本法案根据以下法律做出修订：

1999 年 6 月 23 日第 115 号联邦法律（俄罗斯报，第 124 期，1999.07.02）（自 2000 年 1 月 1 日起生效）；

2000 年 12 月 27 日第 150 号联邦法律（俄罗斯报，第 245/246 期，2000.12.28；第 247 期，2000.12.29；第 248 期，2000.12.30；第 1 期，2001.01.04；第 3 期，2001.01.06；第 4 期，2001.01.10）；

2001 年 12 月 30 日第 194 号联邦法律（俄罗斯报，第 256 期，2001.12.31）；

2002 年 12 月 24 日第 176 号联邦法律（议会报，第 246/247 期，2002.12.28；第 248/249 期，2002.12.31；第 3 期，2003.01.09）；

2003 年 12 月 23 日第 186 号联邦法律（议会报，第 239 期，2003.12.27；议会报，第 240/241 期，2003.12.30；议会报，第 242/243 期，2003.12.31；议会报，第 1 期，2004.01.06）；

2004 年 8 月 22 日第 122 号联邦法律（俄罗斯报，第 188 期，2004.08.31）（生效程序参见 2004 年 8 月 22 日第 122 号联邦法律第 155 条）；

2005 年 12 月 31 日第 199 号联邦法律（俄罗斯报，第 297 期，2005.12.31）（生效程序参见 2005 年 12 月 31 日第 199 号联邦法律第 35 条）；

2006 年 11 月 3 日第 175 号联邦法律（俄罗斯报，第 250 期，2006.11.08）（生效程序参见 2006 年 11 月 3 日第 175 号联邦法律第 10 条）；

2006 年 12 月 29 日第 258 号联邦法律（俄罗斯报，第 297 期，2006.12.31）（生效程序参见 2006 年 12 月 29 日第 258 号联邦法律第 29 条）；

2008 年 7 月 23 日第 160 号联邦法律（俄罗斯报，第 158 期，2008.07.25）（自 2009 年 1 月 1 日起生效）；

2009 年 12 月 21 日第 335 号联邦法律（俄罗斯报，第 247 期，2009.12.23）；

2010 年 5 月 8 日第 83 号联邦法律（俄罗斯报，第 100 期，2010.05.12）（生效程序参见 2010 年 5 月 8 日第 83 号联邦法律第 33 条）；

2013 年 4 月 22 日第 63 号联邦法律（法律信息官方互联网门户网站 www. pravo.gov.ru 2013.04.22）（自 2014 年 1 月 1 日起生效）；

2013 年 7 月 2 日第 185 号联邦法律（法律信息官方互联网门户网站 www. pravo.gov.ru 2013.07.08）（生效程序参见 2013 年 7 月 2 日第 185 号联邦法律第 163 条）；

2013 年 9 月 30 日第 265 号联邦法律（法律信息官方互联网门户网站 www. pravo.gov.ru 2013.10.01）；

2014 年 5 月 5 日第 102 号联邦法律（法律信息官方互联网门户网站 www. pravo.gov.ru 2014.05.05）；

2014 年 7 月 21 日第 256 号联邦法律（法律信息官网互联网门户网站 www. pravo.gov.ru 2014.07.22）（生效程序参见 2014 年 7 月 21 日第 256 号联邦法律第 8 条）；

2014 年 7 月 21 日第 216 号联邦法律（法律信息官方互联网门户网站 www. pravo.gov.ru 2014.07.22）（自 2015 年 1 月 1 日起生效）。

俄罗斯联邦议会遵循俄罗斯联邦宪法（基本法）、联邦条约、国际法准则，承认文化在个人发展和自我实现、社会人道化、保持民族独特性及民族尊严等方面的原则性作用，考虑到创造和保护文化价值观与号召所有公民投身于社会经济进步、民主发展、巩固俄罗斯联邦领土完整和主权统一之间存在不可分割的联系，彰显致力于发展民族间文化合作、推动本土文化融于世界文化的努力，为此，议会通过该文化立法原则（以下简称原则），并将其视为保护和发展俄罗斯文化的法律原则。

第一章　总则（第1~7条）

第1条　俄罗斯联邦文化立法任务
俄罗斯联邦文化立法任务如下：

保障和维护俄罗斯联邦公民从事文化活动的宪法权利；

为由俄罗斯联邦公民、民族和其他种族群体组成的团体开展独立文化活动提供法律保障；

制定文化活动各主体之间关系的原则和法律准则；

明确国家文化政策的原则、国家支持文化的法律准则及确保国家不干涉创作过程。

第2条　俄罗斯联邦文化法律
俄罗斯联邦文化法律包括本立法原则、俄罗斯联邦及俄罗斯联邦各主体关于文化的法律（部分参见自2005年1月1日起生效的2004年8月22日制定的第122号联邦法律——参见先前版本）。

2004年8月22日制定的第122号联邦法律的部分自2005年1月1日起失效。

在本原则和其他俄罗斯联邦文化法律法规规定的情形下，颁布俄罗斯联邦文化领域规范性法律文件（参见2004年8月22日第122号自2005年1月1日起生效的联邦法律）。

第3条　基本概念
在本原则中使用的术语释义如下：

文化活动——保存、建构、传播和践行文化价值的活动。

文化价值——道德理想、行为准则和榜样、语言、方言和土语、民族传统和风俗、历史地名、民间创作、工艺手艺、文化和艺术作品、对文化活动进行科学研究的方法和成果、具有历史文化意义的建筑物、物品和技术，独特的历史文化地域和设施。

文化公益——由各机构单位、法人和自然人提供用以满足公民文化需求的条件和服务。

创作活动——文化价值的创造及其阐释。

创作人员——创造或者阐释文化价值的自然人，不管是否签有劳动协议或是否作为某创作工作者协会的成员，无论是否被承认或者需要被认定为创作人员

（列入世界版权公约，保护文学和艺术作品伯尔尼公约，保护表演者、音像制品制作者和广播组织罗马公约范围之内的人员都属于创作工作者），都将自己的创作性活动视为自己人生不可分割的部分。

各民族和种族群体的文化尊严——认可并尊重其文化价值。

俄罗斯联邦各民族的文化遗产——历史上创造的物质和精神财富，以及那些对于保护和发展俄联邦及其所有民族的独特性具有重大意义，并对世界文明做出贡献的历史文化区域和设施。

俄罗斯联邦各民族的文化财产包括文化价值观、具有全民族（全俄罗斯）性质的文化组织、机构和企业。正因如此，它们独属于俄罗斯联邦及其主体，不得将其转让给任何其他国家，以及那些俄联邦加入的国家联盟。

文化方面的发展规划——社会经济、科学技术和其他发展规划，它们实施的结果会对文化的保护和发展产生影响，文化本身也会对这些规划的结果产生影响。

国家文化政策（国家在文化发展领域的政策）——国家在保护、发展和传播文化活动中遵循的原则和规则，以及国家的文化活动。

第4条　俄罗斯联邦文化立法原则适用领域

本原则对以下领域中的文化活动做出规定：

历史和文化古迹的鉴定、研究、保护、修复及使用；

文学、影视、舞台艺术、造型艺术、音乐艺术、建筑和设计、摄影艺术及其他艺术形式；

民族手工艺和民族文化表现形式，诸如语言、方言土语、民间创作、风俗仪式、历史地名等；

自发的（业余）艺术创作；

文物鉴赏和收藏；

图书出版、藏书，以及其他与出版物创作、传播及使用相关的文化活动，文献整理搜集活动；

构建和传播文化价值的电视、广播及其他视听手段；

美学培养，艺术教育；

[节选自 2013 年 7 月 2 日第 185 号联邦法律（自 2013 年 9 月 1 日起生效）]

文化研究工作；

国际文化交流；

为保存、建构、传播和践行文化价值所必需的材料、设备及其他工具的生产活动；

为保存、建构、传播和践行文化价值所进行的其他活动。

第 5 条　俄罗斯联邦文化主权

俄罗斯联邦在其领土范围内自主实施各种协议和其他决议，以协调在文化领域俄罗斯联邦与其他国家、国家联盟及国际组织之间的关系。

第 6 条　俄罗斯联邦各民族和其他种族群体具有平等的文化尊严、权利和自由

俄罗斯联邦承认所有居住在其领土范围内的各民族和其他种族群体具有平等的文化尊严、平等的文化权利和自由，促进构建保存和发展这些文化所需的平等条件，通过调整联邦国家文化政策，以及保护和发展文化的联邦国家规划等手段，保障和加强俄罗斯文化的完整性。

第 7 条　在国家发展规划、各行政机构的社会经济综合发展规划和纲要中必须包含文化方面

（名称参见 2009 年 12 月 21 日第 335 号自 2010 年 1 月 3 日起生效的联邦法律）

俄罗斯联邦国家权力机关，各主体国家权力机关应当在经济、生态、社会和民族发展的全部国家规划中考虑到文化方面。为此，俄罗斯联邦国家发展规划及联邦各主体与之类似的发展规划都必须接受由相应级别权力代表机关和权利执行机关联合委任的文化领域专家团所展开的独立公开的审查（参见 2004 年 8 月 22 日第 122 号自 2005 年 1 月 1 日起生效的联邦法律；2009 年 12 月 21 日第 335 号自 2010 年 1 月 3 日起生效的联邦法律）。

地方自治机关必须在由本行政机构制定的所有社会经济发展综合规划和纲要中涉及文化方面（参见 2009 年 12 月 21 日第 335 号自 2010 年 1 月 3 日起生效的联邦法律补充）。

第二章　公民文化权利及自由（第 8~19 条）

第 8 条　每个人不可剥夺的文化权利

俄罗斯联邦全体公民均享有不可剥夺的文化权利，与其民族和社会阶层、语言、性别、政治和宗教及其他信仰、居住地、财产状况、教育水平、职业种类等无关。

第 9 条　人权优先于国家、组织和团体权利

在文化活动领域，人权优先于国家及其各机关、社会和民族运动、政治党派、民族协会、信仰团体和宗教机构、职业协会及其他机构在这个领域的权利。

第 10 条　创作权

全体公民均有权根据各自的兴趣和特长，从事所有形式的创作活动。

无论专业或非专业（业余），均有权从事创作活动。

专业和非专业的创作工作者享有平等的著作权与邻接权、知识产权、技术秘密保护权、自由支配劳动成果权，以及获得国家支持。

第 11 条　保有个人文化独特性的权利

国家要确保全体公民均有自由选择道德、美学及其他价值观来捍卫自己文化独特性的权利。

第 12 条　享用文化价值的权利

全体公民均有分享文化价值，使用国家图书馆、博物馆、档案馆及其他文化设施的权利。保密文化设施使用限制或者特殊使用制度由俄罗斯联邦法律进行规定。

所有未满 18 岁的公民享有每月免费参观一次博物馆的权利。接受基本职业培训的人员享有每月至少一次免费参观国家和地方博物馆的权利。俄罗斯联邦政府授权的联邦权力执行机关制定博物馆免费参观制度。

（参见 1999 年 6 月 23 日第 115 号自 2000 年 1 月 1 日起生效的联邦法律补充；2014 年 5 月 5 日第 102 号自 2014 年 5 月 16 日生效的联邦法律）

第 13 条　美学培养和艺术教育权

教育法规定，所有公民均享有接受美学培养和艺术教育的权利，有权选择接受美学培养和艺术教育的形式。

（参见 2013 年 7 月 2 日第 185 号自 2013 年 9 月 1 日起生效的联邦法律）

第 14 条　文化财产权

所有公民均享有文化财产权。财产权适用于所有具有历史文化意义的物品、收藏、建筑物、组织、机构、企业及其他对象。

文化财产的获取程序、拥有条件及使用支配须在俄罗斯联邦法律规定范围内。

第 15 条　成立文化组织、机构及企业的权利

所有公民在俄联邦法律规定范围内，均有权成立组织、机构和企业（以下简称组织），以生产、推广和传播文化价值和福利，以及从事文化中介活动。

第 16 条　创办文化领域社会团体的权利

所有公民均有权在社会协会法律规定范围内创办联合会、创作协会、行业协会或其他文化团体。

第 17 条　向海外推介创作活动成果的权利

所有公民在俄罗斯联邦法律规定范围内，均有权在海外展示，或用其他形式介绍，甚至销售自我创作活动的成果。

第 18 条　在国外从事文化活动的权利

在不违反所在国法律的前提下，俄罗斯公民有权在外国从事文化活动、成立文化组织。

第 19 条　外国公民及无国籍者的文化权

外国公民及无国籍者与俄罗斯联邦公民享有同等的文化权。外国公民及无国籍者在俄罗斯联邦从事文化活动的特殊条件只由联邦法律规定（参见 2004 年 8 月 22 日第 122 号自 2005 年 1 月 1 日起生效的联邦法律规定）。

第三章　民族及其他族群的文化权利和自由（第 20~24 条）

第 20 条　保护和发展民族及其他族群民族文化特性的权利

俄罗斯联邦境内的各民族及其他族群享有保护和发展本民族文化特性的权利，享有维护、恢复及保存已有历史文化生存环境的权利。

即使土著民族保存、创造和传播文化的政策经国家民族机构的认可，也不应破坏生活在该地域的其他民族及族群的文化。

第 21 条　民族文化自治权

俄罗斯联邦保障所有聚居在自己民族共和国之外或尚未成立自己民族共和国的族群享有民族文化自治权。

民族文化自治是指，上述群体可根据居民整体意愿或者某公民的倡议建立民族文化中心、民族团体和同乡会来自主实现其文化特性。

民族文化中心、民族团体和同乡会有权开展以下活动：

制定并向相关国家权力和管理机关提交保持和发展民族文化的建议；

举办联欢节、展览会及其他类似活动；

协助民族方志机构，促进保护历史文化古迹和建设民族博物馆；

成立民族俱乐部、艺术工作室和艺术团体，组建图书馆、民族语言研究小组和工作室，建立全俄、地区及其他协会（参见 2004 年 8 月 22 日第 122 号自 2005 年 1 月 1 日起生效的联邦法律）。

民族文化中心、民族团体和同乡会及其在全俄和其他地区的协会享有法人地位，并可根据各自地位进行注册。

某族群行使自己的民族文化自治权时不得损害其他族群权益。

第 22 条　国家对少数民族文化的关税保护政策

俄罗斯联邦通过在社会经济、生态、民族和文化发展的联邦规划中所规定的保护和促进等特别措施，以确保自己在保护和重建少数民族文化特性方面的关税保护政策。

第 23 条　俄罗斯联邦海外侨胞成立民族文化组织

俄罗斯联邦会向其海外侨胞成立的民族文化中心、民族团体、同乡会、协会、培训及其他组织提供道义、组织及物质方面的帮助，并采取措施缔结与之相关的国家间协定。

第 24 条　外国在俄罗斯联邦境内成立民族文化组织

俄罗斯联邦根据国家间协定，规定国外政府向其居住在俄联邦境内的侨胞所成立的民族文化中心、民族团体、同乡会、协会、培训及其他组织提供帮助的条件，并保障上述组织的法律权益。

第四章　俄罗斯联邦各民族文化成就及文化遗产（第 25~26 条）

第 25 条　俄罗斯联邦各民族文化成就

俄罗斯联邦各民族文化成就名单（目录）由俄联邦政府根据各主体的呈文编制。俄罗斯联邦法律规定（参见 2004 年 8 月 22 日第 122 号自 2005 年 1 月 1 日起生效的联邦法律），俄联邦各民族文化成就适用于特殊保护和使用制度。

变更占有、使用及支配俄罗斯联邦民族文化遗产中具有特殊价值的对象所属权时，须由俄联邦政府征得其所有者的同意后方可实施（当俄联邦不是所有者时）（参见 2004 年 8 月 22 日第 122 号自 2005 年 1 月 1 日起生效的联邦法律）。

独立专家委员会须考虑历史性收藏及其他藏品的完整性，保存条件，俄联邦公民中更大范围的受众群体及其出处等因素做出结论，并作为决策的依据。

某些文化遗产（历史及文化古迹）的对象可以成为俄罗斯联邦主体和市级单位的财产，与其历史—文化价值范畴无关（参见 2005 年 12 月 31 日第 199 号自 2006 年 1 月 1 日起生效的联邦法律补充部分）。

第 26 条　全俄图书馆、博物馆、档案馆及其他储备地点

国家保障全俄图书馆、博物馆、档案馆、电影、摄影及其他类似储备地点的完整；确保其存续、运行及发展。

所有处于国家（市级）文化机构有效管理之下的俄罗斯联邦博物馆物品、图书馆及档案馆文件，均应属于国家（市级）文化机构极其珍贵的流动资产（2010年 5 月 8 日第 83 号自 2011 年 1 月 1 日起生效的联邦法律补充部分）。

第五章　创意工作者条例（第 27~28 条）

第 27 条　国家与创作者的地位

俄罗斯联邦承认创作者在文化活动的独特作用，承认其自由，承认他们的道德、经济和社会权利。

俄罗斯联邦在以下方面保障创作者的地位：

促进创作者旨在提高人民生活质量、保护和发展文化的活动；

保障创作者的劳动和就业条件，以便使得他们有潜心创作的机会；

扩大社会及个人对创作产品的需求，使创作者拥有更多获取报酬的机会；

根据 2004 年 8 月 22 日第 122 号联邦法律，原规定自 2005 年 1 月 1 日起失效；

对从事传统和民族文化活动的创作者给予物质保障、自由和独立性；（参见 2004 年 8 月 22 日第 122 号自 2005 年 1 月 1 日起生效的联邦法律；2013 年 7 月 2 日第 185 号自 2013 年 9 月 1 日生效的联邦法律）

根据 2004 年 8 月 22 日第 122 号联邦法律，原规定自 2005 年 1 月 1 日起失效；

促进创作者扩大国际交流；

增加妇女参加各种文化活动的机会；

根据联合国《儿童权利公约》规定，重视儿童从事创作活动的特点；

据 2004 年 8 月 22 日第 122 号联邦法律，原规定自 2005 年 1 月 1 日起失效。

第 28 条　国家和创作者组织

俄罗斯联邦促进成立创作者组织及组织活动，如协会、工会、行会，甚至这些组织的联合会，以及创作者国际团体的分支机构等。

国家确保代表创作者的组织参与制定文化领域的政策，并与其协商制定文化艺术人员培训、就业、劳动条件措施，国家不干涉创作活动，俄罗斯联邦法律另有规定的除外（参见 2004 年 8 月 22 日第 122 号自 2005 年 1 月 1 日起生效的联邦法律；2013 年 7 月 2 日第 185 号自 2013 年 9 月 1 日起生效的联邦法律）。

在同国家关系层面上，任何创作组织没有凌驾于其他组织之上的优越性。

据 2004 年 8 月 22 日第 122 号联邦法律，原有规定自 2005 年 1 月 1 日起失效。

在法律、社会经济及其他方面，国家以同等的方式支持创作协会成员和非协会成员。

第六章 国家在文化领域的职责（第 29~36 条第 1~2 款）

第 29 条 俄罗斯联邦文化保护和发展的国家规划

俄罗斯联邦政府制定文化保护和发展国家规划，以体现国家文化政策及其实施措施（参见 2004 年 8 月 22 日第 122 号自 2005 年 1 月 1 日起生效的联邦法律）。

第 30 条 国家确保公民参加文化活动、享用文化成就及文化福利的职责

国家有责任确保所用公民可以参加文化活动、享用文化成就和文化福利。

为确保所有公众可以参加文化活动、享用文化成就和文化福利，国家权力机关、管理机关及地方自治机关在职权范围内应当完成以下工作：

鼓励公民让孩子参与创作和文化发展，进行自学，从事自己喜欢的艺术和手工艺的活动（参见 2004 年 8 月 22 日第 122 号自 2005 年 1 月 1 日起生效的联邦法律）。

主要通过支持和发展根据教育规划在文化艺术领域从事教育活动的组织，为美学培养和艺术教育创造条件，并确保居民免费享有公共图书馆的基本服务（参见 2013 年 7 月 2 日第 185 号自 2013 年 9 月 1 日起生效的联邦法律）。

据 2004 年 8 月 22 日第 122 号联邦法律，原有规定自 2005 年 1 月 1 日起失效。

促进发展文化领域慈善、赞助及资助事业；

对社会经济弱势群体及阶层实施文化保护措施；

每年向公众公布社会文化情况。

第 31 条 国家保障所有文化活动主体自由独立的职责

俄罗斯联邦权利代表机关、执行机关及司法机关要确保所有文化活动主体的权利和自由，通过立法和其他法律活动，通过制定实施国家文化发展规划，通过取缔破坏文化权利和自由的行为等方式保护各主体权利和自由（参见 2004 年 8 月 22 日第 122 号自 2005 年 1 月 1 日起生效的联邦法律）。

国家权力管理机关及地方自治机构不得干涉公民个人及其协会、国家和非国家文化组织的创作活动，但宣传战争、暴力、虐待，种族、民族、宗教、阶级及其他歧视和色情活动的情形除外。

如果某种文化活动违反法律规定，只有法院可以禁止其实施。

第 32 条 国家消除文化垄断的职责

国家权力机关、管理机关及其负责人以不当方式妨碍产生文化活动新主体的

行为可被视为垄断，并受到俄罗斯联邦反垄断法的制约。

为了消除在文化价值的创造和传播领域中的垄断，国家权力和管理机关应当支持建立多样化的文化组织、企业、协会、工会、行会及其他文化团体。

第33条 国家有职责创造自我才能实现的条件

国家权力和管理机关有责任在向青年人才、创意青年、初学者和新创团队提供保护的同时，不损害其创作的独立性。国家的文化保护与发展规划应明确提供保护的内容、形式及方法。

第34条 国家有职责确保俄罗斯联邦民族文化的优先条件

国家为民族文化、艺术、文学及其他文化活动提供保护。

据2004年8月22日第122号联邦法律，章节自2005年1月1日起失效。

第35条 国家保护历史文化古迹的职责（自2005年1月1日起失效）

据2004年8月22日第122号联邦法律，该条自2005年1月1日起失效。

第36条 国家进行文化统计的职责

国家权力机关要对俄罗斯联邦全部文化资料进行官方统计，应确保统计的有效、及时和公开（参见2004年8月22日第122号自2005年1月1日起生效的联邦法律）。

第36条第1款 文化组织服务质量的独立评估

对文化组织服务质量进行独立评估是社会监督的形式之一，旨在向公民提供有关文化组织服务的质量信息，并提高其活动质量。

按照如下标准对文化组织的服务质量进行独立评估：包括文化组织信息的公开性和普及性；服务条件的舒适度和方便度；获得服务的等待时间；文化组织工作人员是否友善、礼貌和称职以及对服务质量的满意度。

对文化组织的服务质量进行独立评估须根据本条例的相关规定。开展独立评估时应使用文化组织向社会公开的信息。

主要面向以下单位开展服务质量独立评估：包括俄罗斯联邦、俄联邦主体或市级机关成立的文化组织，俄罗斯联邦、俄联邦主体或市级机关占注册资本50%以上的文化组织，以及提供国家和市级文化服务的非国有文化组织。

文化组织服务质量的独立评估不针对于文学艺术作品的创作、演出和阐释。

为开展文化组织服务质量的独立评估须创造以下条件：

制定和实施国家文化政策及文化领域规范法规的联邦权力执行机关（以下简称授权联邦权力执行机关）会同文化专家和文化社会组织、消费者社会组织（协会、工会）（以下简称社会组织）成立开展文化组织服务质量独立评估的公共委员会并批准其条例。不接受独立评估的文化组织名单由授权联邦权力执行机关同公共委员会事先讨论决定。

俄罗斯联邦各主体国家权力机关同社会组织成立公共委员会，对其主体境内文化组织的服务质量进行独立评估，并批准委员会条例。

地方自治机关同社会组织成立公共委员会，对其辖区内的文化组织服务质量进行独立评估，并批准委员会条例。

对本条第 4 款中的文化组织服务质量开展独立评估的指标由授权联邦权力执行机关同公共委员会讨论决定。

根据授权联邦权力执行机关、俄联邦主体国家权力机关或地方自治机关的决议，开展文化组织服务质量独立评估的公共委员会的职能可以由现有的附属公共委员会承担。在这种情况下，不再成立开展文化组织服务质量独立评估的公共委员会。

开展文化组织服务质量独立评估的公共委员会的成立应避免产生利益冲突。公共委员会委员由社会组织代表组成。委员数量不得少于 5 人。公共委员会委员义务开展工作。公共委员会活动信息由其所属的国家权力机关及地方自治机关公布在信息通信网络（以下简称互联网）官方网站上。

由公共委员会组织的文化组织服务质量独立评估不得多于一年一次，不得少于 3 年一次。

开展文化组织服务质量独立评估的公共委员会须进行以下工作：

确定文化机构对象名单。

对收集、总结和分析文化机构服务质量信息的单位（以下简称操作者）制定技术任务提供建议，参与审议购买服务的文件草案，以及联邦权力执行机关、俄联邦主体国家权力机关或地方自治机关同操作者签订的国家及市级合同草案。

如有必要，制定文化机构服务质量评估指标（对本条规定的通用指标进行补充）。

基于操作者提供的信息，对文化机构的服务质量进行独立评估。

相应地向授权联邦权力执行机关、俄联邦主体国家权力机关、地方自治机关提交对文化机构服务质量进行独立评估结果，并提出改善其工作质量的建议。

根据《俄罗斯联邦为国家及市政需要进行商品供应、实施工程及提供服务合同制度法》的规定，签订对文化机构服务质量进行信息的收集、总结和分析的国家及市级合同。授权联邦权力执行机关、俄联邦主体国家权力机关及地方自治机关根据所签署的国家和市级合同，决定负责开展文化机构服务质量独立评估的操作者，甚至在必要时向操作者提供国家和部门统计报告中这些机构的公开活动信息（当信息没有公布在机构官方网站上时）。

授权联邦权力执行机关、俄联邦主体国家权力机关及地方自治机关在收到文化机构服务质量独立评估结果后，应当在一个月内进行审查，并在此基础上制定完善文化机构活动的措施。

文化机构服务质量独立评估结果分别通过以下途径进行公布：

授权的联邦权力执行机关在国家市政机构信息官方网站上公布。

俄联邦主体国家权力机关和地方自治机关在各自官方网站和国家市政机构信息官网上公布。

由俄联邦政府授权的联邦权力执行机关来确定公布在国家市政机构信息官方网站上文化机构服务质量独立评估结果的信息内容和公布程序。

根据俄罗斯联邦法律实施对文化机构服务质量开展独立评估的过程监管。

（2014 年 10 月 21 日对 2014 年 7 月 21 日第 256 号联邦法律进行补充）

第 36 条第 2 款　文化机构的信息公开

本原则第 36 条第 1 款第 4 部分中列举的文化机构应确保以下信息的公开和普及：

文化机构成立的日期、创始人、文化机构及其分支（若有分支机构）地点、工作制度和进度表、联系电话、地址及邮箱；

文化机构的管理结构及部门；

文化机构所提供服务的种类；

所提供服务的物质技术保障；

文化机构章程的副本；

由俄罗斯联邦法律批准的文化机构金融经营活动计划副本或预算（所提供服务规模的信息）副本；

提供付费服务程序的文件副本；

按照文化机构自行决议公开的信息，以及根据俄罗斯联邦法律必须公开的信息；

授权的联邦权力执行机关所确定开展文化机构服务质量独立评估所必需的其他信息。

按照授权的联邦权力执行机关规定的信息形式和内容要求，本条第一部分所述的信息须在联邦权力执行机关、俄联邦主体国家权力机关、地方自治机关和文化机构的官方网站上进行公布。

授权的联邦权力执行机关、俄联邦主体国家权力机关、地方自治机关及文化机构应在技术上确保服务的使用者可以在其官方网站上表达对文化机构服务质量的意见。

（本条系 2014 年 10 月 21 日对 2014 年 7 月 21 日第 256 号联邦法律的补充）

第七章　联邦国家权力机关、俄联邦主体国家权力机关、地方自治机关在文化领域的权力（第 37~40 条第 1 款）

（参见 2004 年 8 月 22 日第 122 号自 2005 年 1 月 1 日起生效的联邦法律）

第 37 条　联邦国家权力机关在文化领域的权利

（参见 2004 年 8 月 22 日第 122 号自 2005 年 1 月 1 日起生效的联邦法律）

联邦国家权力机关在文化领域的权利包括（参见 2004 年 8 月 22 日第 122 号自 2005 年 1 月 1 日起生效的联邦法律）：

保障公民的文化权利和自由；

制定联邦文化政策的原则，审议通过联邦文化立法和联邦文化保护发展规划（2004 年 8 月 22 日第 122 号自 2005 年 1 月 1 日起生效的联邦法律）；

通过法律调节俄罗斯联邦文化遗产所属权、经营活动原则及支配程序；

制定联邦文化方面的支出预算（2004 年 8 月 22 日第 122 号自 2005 年 1 月 1 日起生效的联邦法律）；

根据 2004 年 8 月 22 日第 122 号联邦法律，自 2005 年 1 月 1 日起失效；

协调对外文化合作政策；

规范文化价值的输入和输出；

据 2004 年 8 月 22 日第 122 号联邦法律，自 2005 年 1 月 1 日起失效；

确定国家在文化艺术人才培养、就业及工资等方面的政策原则，规定那些经由俄联邦政府批准的联邦文化机构所支付的最低著作权奖励标准（2004 年 8 月 22 日第 122 号自 2005 年 1 月 1 日起生效的联邦法律；2013 年 7 月 2 日第 185 号自 2013 年 9 月 1 日生效的联邦法律）。

创建统一的俄罗斯联邦文化活动国家信息保障制度；

进行文化领域的官方统计；

据 2004 年 8 月 22 日第 122 号联邦法律，自 2005 年 1 月 1 日起失效；

监督俄罗斯联邦文化法律的执行情况；

保护、开发和普及联邦所属的文化遗产设施（历史文化古迹）；对联邦级文化遗产设施（历史文化古迹）实施国家级保护。以上遗产名录经由俄罗斯联邦政府确定（2005 年 1 月 1 日对 2004 年 8 月 22 日第 122 号联邦法律补充；2006 年 12 月 29 日第 258 号自 2008 年 1 月 1 日起生效的联邦法律）；

按照俄联邦政府授权的联邦权力执行机制定的程序，保护俄罗斯联邦珍贵民族文化遗产设施（2005 年 1 月 1 日对 2004 年 8 月 22 日第 122 号联邦法律补充；2008 年 7 月 23 日第 160 号自 2009 年 1 月 1 日起生效的联邦法律）。

编制和传播俄罗斯文化状况年度报告（2014 年 1 月 1 日对 2013 年 4 月 22 日第 63 号联邦法律补充）；

规定文化组织服务质量独立评估开展条件（2014 年 10 月 21 日对 2014 年 7 月 21 日第 256 号联邦法律补充）。

第 38 条　俄罗斯联邦国家权力机关及管理机关、俄联邦共和国、自治州、自治区、边疆区、州、莫斯科和圣彼得堡国家权力机关及管理机关在文化领域的共同职责（据 2004 年 8 月 22 日第 122 号联邦法律，该条自 2005 年 1 月 1 日起失效）

第 39 条　俄联邦各主体的国家权力机关在文化领域的权利

俄联邦各主体的国家权力机关在文化领域的权利包括：

保护、开发和普及属于俄联邦主体的文化遗产设施（历史文化古迹）；对地方文化遗产设施（历史文化古迹）进行保护（2005 年 12 月 31 日第 199 号自 2006 年 1 月 1 日生效的联邦法律）；

为俄罗斯联邦主体居民提供图书馆服务；

建立和扶持国家博物馆（经由俄联邦政府规定的联邦国家图书馆除外）；

建立和扶持文化艺术机构（经由俄联邦政府授权联邦权力执行机关规定的联邦文化艺术机构除外）（2008 年 7 月 23 日第 160 号自 2009 年 1 月 1 日起生效的联邦法律）；

支持民间手工艺（经由俄联邦政府授权联邦权力执行机关规定的民间艺术组织除外）（2008 年 7 月 23 日第 160 号自 2009 年 1 月 1 日起生效的联邦法律除外）；

支持区域及地方的民族文化自治（2013 年 7 月 2 日第 185 号自 2013 年 9 月 1 日起生效的联邦法律）；

为开展文化组织服务质量独立评估提供条件（2014 年 10 月 21 日对 2014 年 7 月 21 日第 256 号联邦法律补充）；

俄联邦主体的国家权力机关有权对以下行为提供资金支持：保护和宣传属于联邦的文化遗产设施（历史文化古迹）、保护联邦级文化遗产项目（历史文化古迹)、改建(包括修复、技术改造和翻新)俄联邦主体范围内的遗产(遗产归联邦所有其经营管理权属于联邦主体的马戏团)等。

(2006年1月1日对2005年12月31日第199号联邦法律补充;2006年12月29日第258号自2008年1月1日起生效的联邦法律;2013年9月30日第265号自2013年10月12日起生效的联邦法律)

第40条　地方自治机关在文化领域内的权利

地方自治机关在文化领域内的权利包括:

为当地居民提供图书馆服务,充实并保障居民点图书馆的馆藏资源(2007年1月1日对2006年12月29日第258号联邦法律补充);

为组织当地居民的休闲活动和保障他们获得文化组织的服务创造条件;

保护、开发和普及属于居民点的文化遗产项目(历史文化古迹),保护居民点范围内的地方(市级)文化遗产项目(历史文化古迹);

据2006年12月29日第258号联邦法律,自2007年1月1日起失效;

为地区传统民间团体的发展创造条件,保护、振兴和发展本地区的民间手工艺。

市级地方自治机关在文化领域的权利包括:

为当地居民提供图书馆服务,充实并保障居民点图书馆的馆藏资源(2007年1月1日对2006年12月29日第258号联邦法律补充);

据2006年12月29日第258号联邦法律,自2007年1月1日起失效;

为组织当地居民的休闲活动和保障他们获得文化组织的服务创造条件;

为所辖范围内传统民间创作发展创造条件。

市区地方自治机关在文化领域的权利如下:

为当地居民提供图书馆服务,充实并保障居民点图书馆的馆藏资源(2007年1月1日对2006年12月29日第258号联邦法律补充);

为当地居民提供图书馆服务,充实并保障居民点图书馆的馆藏资源;

保护、开发及普及市区文化遗产项目(历史文化古迹),保护市区范围内的地方(市级)文化遗产项目(历史文化古迹);

据2006年12月29日第258号联邦法律,自2007年1月1日起失效;

为市区传统民间创作发展创造条件,保护、振兴和发展市区民间手艺;

市区地方自治机关在俄联邦主体—联邦级城市莫斯科和圣彼得堡的文化权利由俄联邦主体—联邦级城市莫斯科和圣彼得堡法律确定(2005年12月31日第199号自2006年1月1日生效的联邦法律)。

第 40 条第 1 款　俄罗斯联邦文化状况年度报告

俄罗斯联邦文化状况年度报告旨在客观系统地分析文化发展的现状及趋势。

俄罗斯联邦文化状况年度报告应在第二年的 9 月 1 日前由俄联邦政府提交至俄联邦的联邦议会，公开文化发展现状的信息，并允许出版和公开讨论。俄罗斯联邦文化状况年度报告的编制、传播及公布程序由俄联邦政府确定。

在俄罗斯联邦会议国家杜马大会上听取由俄联邦政府代表所做的俄联邦文化状况年度报告（2014 年 1 月 1 日对 2013 年 4 月 22 日第 63 号联邦法律补充）。

第八章　文化领域经济调节（第 41~55 条）

第 41 条　文化组织创建、重组及撤销总则

根据俄罗斯联邦法律制定文化组织创建、重组及撤销的总则。按照俄罗斯联邦法律的规定，文化组织的创始人可以是俄罗斯联邦、俄联邦主体、市政机构及法人和自然人（2004 年 8 月 22 日第 122 号自 2005 年 1 月 1 日起生效的联邦法律；2010 年 5 月 8 日第 83 号自 2011 年 1 月 1 日起生效的联邦法律）。

如果重组或撤销国家（市级）机构时涉及保护和使用俄联邦博物馆物品以及俄联邦档案馆及图书馆文件，所做出的决议须按照本联邦法律、其他联邦法律及俄联邦政府的规定进行审批程序（2011 年 1 月 1 日对 2010 年 5 月 8 日第 83 号联邦法律补充）。

第 41 条第 1 款　文化组织管理特点

文化管理机构的结构特点、文化组织职权、文化组织成立程序及活动实施程序由俄联邦法律及组织章程规定。

由自治形式的文化组织提议，其创始人可以决定废除监事会。届时，按照联邦关于自治机构的法律规定，监事会职能将由创始人履行。

按照文化组织的章程规定，成立集体领导机构（监督委员会、监事会、艺术委员会及其他），并确定其职能（2007 年 1 月 8 日对 2006 年 11 月 3 日第 175 号联邦法律补充）。

第 42 条　文化组织创始人权利和义务（自 2005 年 1 月 1 日起失效）

据 2004 年 8 月 22 日第 122 号联邦法律，自 2005 年 1 月 1 日起失效。

第 43 条　文化领域的财产权（自 2005 年 1 月 1 日起失效）

据 2004 年 8 月 22 日第 122 号联邦法律，自 2005 年 1 月 1 日起失效。

第 44 条　文化领域私有化

俄罗斯联邦各民族的文化遗产，包括保存在国家和市级博物馆、档案馆、图书馆、画廊、艺术产业研究室及传统民间工艺室中的文化遗产，及其所在的房屋和建筑物均不得私有化。

按照俄联邦法律规定的程序，在以下条件下，文化设施可实现私有化：

文化保护是其主要活动形式；

提供专门的保护服务；

组织服务优待人群；

保障现有的工作岗位数量及员工社会保障（1年内）。

第 45 条　文化及文化活动的拨款（自 2005 年 1 月 1 日起失效）

据 2004 年 8 月 22 日第 122 号联邦法律，自 2005 年 1 月 1 日起失效。

第 46 条　文化组织金融资源

文化组织的支出来源包括创始者资金、自身活动收入及俄联邦法律准许的其他收入。

以事业单位和自治机构形式创建的文化组织，其创始人（2011 年 1 月 1 日对 2010 年 5 月 8 日第 83 号联邦法律补充）须履行以下责任：

为事业单位和自治机构履行职责、服务消费者等活动提供资金保障，创始人义务或部分获取报偿（2011 年 1 月 1 日对 2010 年 5 月 8 日第 83 号联邦法律补充）；

按照俄联邦法律规定，须为维护、保持及补充俄联邦博物馆、图书馆、档案馆的国有部分，保护和开发按照联邦法律移交给事业单位和自治机构的文化遗产项目而产生的所有开支提供资金支持（2011 年 1 月 1 日对 2010 年 5 月 8 日第 83 号联邦法律补充）。

文化组织接受俄罗斯及国外法人和自然人、国际组织无偿捐助（礼物、补助）的权利不受限制。

资金的使用应符合俄联邦法律及文化组织章程（2006 年 11 月 3 日第 175 号自 2007 年 1 月 8 日生效的联邦法律）。

第 47 条　国家及市级文化组织的盈利活动

（盈利的名目参见 2010 年 5 月 8 日第 83 号自 2011 年 1 月 1 日起生效的联邦法律）

在俄联邦法律允许范围内，国家及市级文化组织有权开展盈利活动（2004 年 8 月 22 日自 2005 年 1 月 1 日起生效的联邦法律；2010 年 5 月 8 日第 83 号自 2011 年 1 月 1 日起生效的联邦法律）。

据 2004 年 8 月 22 日第 122 号联邦法律，自 2005 年 1 月 1 日起失效。

第 48 条　文化领域投资政策（自 2005 年 1 月 1 日起失效）

据 2004 年 8 月 22 日第 122 号联邦法律，自 2005 年 1 月 1 日起失效。

第 49 条　保障农村及北极附近地区的文化发展（自 2005 年 1 月 1 日起失效）

据 2004 年 8 月 22 日第 122 号联邦法律，自 2005 年 1 月 1 日起失效。

第 50 条　文化发展的物质技术保障（自 2005 年 1 月 1 日起失效）

据 2004 年 8 月 22 日第 122 号联邦法律，自 2005 年 1 月 1 日起失效。

第 51 条　文化领域的对外经济活动

文化组织须按照俄联邦法律规定的程序来开展对外经济活动和专业贸易，包括拍卖艺术作品、民间手工艺品、表现艺术品及古董等。

据 2004 年 8 月 22 日第 122 号联邦法律，自 2005 年 1 月 1 日起失效。

销售现代造型、装饰及其他艺术形式的作品所得，在以自由流通货币结算国家中的表演活动所得，须由作者、表演者和中介按其缔结的合同进行分配，并按照俄联邦税法交税。

按照俄联邦法律规定的情形和程序，文化组织可从国有和外国银行贷款，销售和购买外汇（2005 年 1 月 1 日对 2004 年 8 月 22 日第 122 号联邦法律补充；2010 年 5 月 8 日第 83 号自 2011 年 1 月 1 日起生效的联邦法律）。

保存在国家及市级博物馆、画廊、图书馆、档案馆及其他国家文化组织的文物不得用以贷款抵押。

第 52 条　文化领域价格及定价

文化组织自行决定付费服务和产品的价格，包括票价。

在付费服务方面，文化组织可向学前儿童、学生、残障人士、士兵及服过兵役的人员提供优惠。联邦所辖的文化组织优惠程序由俄联邦政府授权的联邦执行权力机关确定；俄联邦各主体所辖的文化组织优惠程序由俄联邦主体国家权力机关确定；地方自治文化组织优惠程序由地方自治机关确定。

（2004 年 8 月 22 日第 122 号自 2005 年 1 月 1 日起生效的联邦法律；2008 年 7 月 23 日第 160 号自 2009 年 1 月 1 日起生效的联邦法律；2013 年 7 月 2 日第 185 号自 2013 年 9 月 1 日起生效的联邦法律）

据 2004 年 8 月 22 日第 122 号联邦法律，自 2005 年 1 月 1 日起失效。

第 53 条　文化组织与其他领域组织的关系

文化组织享有以下特权，即将自身标志（正式及其他名称、商标和徽标）用以广告及其他目的，甚至经约定后允许其他法人和自然人使用自身标志。

在获得所有者及本人正式许可后，企业、机构及组织可以制作和销售带有文化遗产项目图像、文化活动家肖像的产品（包括广告）。

图片使用费由合同确定。未经许可而使用图片时须参照俄联邦法律规定。

仅在与文化机构、文化组织缔结合同的基础上，法人和自然人可在文化设施内开展旅游游览活动。

据 2010 年 5 月 8 日第 83 号联邦法律，自 2011 年 1 月 1 日起失效。

据 2004 年 8 月 22 日第 122 号联邦法律，自 2005 年 1 月 1 日起失效。

如需将文化组织所在场所移交给其他企业、机构和组织（包括宗教组织），实施移交的国家机关必须事先向文化组织提供价格相同的其他场所。

第 54 条　文化工作者劳动关系及劳动报酬原则（自 2005 年 1 月 1 日起失效）

据 2004 年 8 月 22 日第 122 号联邦法律，自 2005 年 1 月 1 日起失效。

第 55 条　社会对文化工作者的支持

（支持名目参见 2004 年 8 月 22 日第 122 号自 2005 年 1 月 1 日起生效的联邦法律）

据 2004 年 8 月 22 日第 122 号联邦法律，自 2005 年 1 月 1 日起失效。

为向相关文化工作者提供社会支持，创作协会、联合会、工会及其他社会组织可成立促进就业的部门和设立专门基金（2004 年 8 月 22 日第 122 号自 2005 年 1 月 1 日起生效的联邦法律）。

根据俄罗斯联邦退休保障法为文化组织工作者提供退休保障（2004 年 8 月 22 日第 122 号自 2005 年 1 月 1 日起生效的联邦法律）。

创作协会及联合会的成员，甚至以版权为唯一收入来源的非创作协会成员，在向俄罗斯联邦退休基金缴纳保险费后，有权享受养老保险。

（2014 年 7 月 21 日第 216 号自 2015 年 1 月 1 日起生效的联邦法律）

据 2004 年 8 月 22 日第 122 号联邦法律，自 2005 年 1 月 1 日起失效。

第九章　俄罗斯联邦与国外的文化交流（第 56~61 条）

第 56 条　国际文化交流的主体

俄罗斯联邦促进扩大国际文化交流的主体范围，鼓励个人、文化组织、机构和企业直接自主地参与文化交流。

第 57 条　国际文化交流的政策及优先方向

由俄联邦国家规划以及俄罗斯联邦与其他国家签订的协议确定俄联邦国际文化交流的政策及优先方向。

俄联邦国际文化交流的优先方向包括：共同构建文化价值和福利、修复独特的历史文化古迹、培养文化艺术领域人才；在文化活动中开发和采用新工艺、技术手段和设备；交流教学课程、教学法和教材。

第 58 条　与海外同胞的文化合作

俄罗斯联邦通过与海外同胞和其后代保持联系、成立文化中心与同乡会共同举办文化活动等方式促进俄罗斯文化在海外的发展。国家为海外文化活动家回归祖国创造条件。

第 59 条　俄罗斯联邦境外的俄罗斯文化和历史遗产

俄罗斯联邦对非法出境的文物实施针对性的返还政策。

所有非法出境的文物，无论其现处何地，出运时间和情形如何，都是俄罗斯民族的文化财富，应当回归祖国。

国家制定和实施措施用于保护境外俄联邦民族文化遗产及海外同胞墓地。

第 60 条　海外文化中心

在拥有和使用海外文化中心及其他文化组织方面，俄罗斯联邦是苏联的合法继承者，有权与其他国家共同确保其维护和使用；促进法人和自然人基于文化目的使用自己的财产，鼓励俄联邦各共和国在海外和苏联前加盟共和国境内创建文化中心。

第 61 条　加入国际文化组织

在俄罗斯联邦领土范围内，国际文化组织机构可自由成立分支机构。按照国际文化组织章程规定的程序，任何法人和个人都有权加入国际文化组织。俄联邦文化组织有权招募外籍员工，并自行支配来自其他国家、国际组织和个人的专项收入。

第十章　违反文化法律责任（第 62 条）

第 62 条　违反文化法律责任

由俄罗斯联邦法律规定违反文化法律责任（2004 年 8 月 22 日第 122 号自2005 年 1 月 1 日起生效的联邦法律）。

（唐静义：北京第二外国语学院，在读研究生；

祖春明：中国社会科学院中国文化研究中心俄罗斯中亚文化政策研究部

主任　副研究员）

2030 年前俄联邦国家文化政策战略

秦 星/译 祖春明/校

俄罗斯联邦政府令
2016 年 2 月 29 日，莫斯科

1. 确定实施《2030 年前国家文化政策战略》（以下简称《战略》）。

2. 联邦行政机关在制定和实施俄罗斯联邦国家规划和其他规划时应遵循《战略》规定。

3. 建议俄罗斯联邦主体行政机关在制定和实施俄罗斯联邦主体的国家规划和其他规划时遵循《战略》规定。

4. 俄罗斯文化部与相关行政机关应向俄联邦政府提交为期三个月的《战略》实施活动方案。

俄罗斯联邦政府总理

梅德韦杰夫

《2030 年前国家文化政策战略》

I 总章程

《国家文化政策战略》（以下简称《战略》）是对《国家文化政策基本条例》的修订，旨在实现其目的和任务。上述基本条例是由 2014 年 10 月 24 日第 808 号俄联邦总统令《关于实施国家文化政策的基本条例》（以下简称《国家文化政策基本条例》）所确立的。

战略是在俄罗斯联邦宪法，俄联邦参与的国际条约、协议和公约，《俄联邦国家安全战略》《俄联邦 2020 年前社会经济长期发展条约》《国家文化政策基本条例》及目标框架内其他战略计划文本的基础上制定的。

在制定《战略》时参考《2025 年前俄联邦国家民族政策战略》《俄联邦对外政策方略》《2025 年前俄联邦教育发展战略》《2020 年前俄联邦创新发展战略》，《2020 年前俄联邦就俄罗斯哥萨克问题的国家政治发展战略》《儿童补充教育发展方案》《2025 年前俄联邦家庭国家政策方案》《2025 年前俄联邦青年国家政策基本条例》《儿童信息安全方案》《俄联邦国际文化人文合作领域基本方针》，以及基于行业方针和区域方针框架下的其他战略方案。

在制定《战略》时参考以下俄联邦国家规划的条例和目标指数，包括："文化与旅游发展（2013~2020）""信息社会（2011~2020）""对外政治活动""科学和技术发展（2013~2020）""教育发展（2013~2020）""俄联邦公民爱国教育（2016~2020）"及其他规划性并对国家文化政策有所影响的战略规划文件。

在制定《战略》时参考《2020 年前俄联邦戏剧事业长期发展方案》《2020 年前俄联邦马戏事业发展方略》《2020 年前俄联邦古典音乐领域音乐会发展方略》，以及文化活动不同领域的其他概念性文件和规划。

《战略》是在跨领域方针框架下制定的战略规划文件，是基于《国家文化政策基本条例》。根据该条例国家文化政策被定义为广泛的跨领域现象，涵盖以下国家和社会生活领域：各类文化活动、人文科学、教育、国际关系、俄罗斯文化在国外的传播、国际人文和文化合作，还包括公民教育和自我教育、基础教育、儿童和青年发展以及国家信息空间形成等。

根据《国家文化政策基本条例》，文化获得民族优先发展权，被认为是提升生活质量和社会和谐最重要的因素，是保持统一文化空间和俄联邦领土完整的保证。

II 《战略》实施的现状和方案

1. 国家文化政策的现状和主要问题

过去 25 年间，俄联邦国家（地方）文化机构的网络得以加强和巩固（与苏联同期指数相比）——剧院数量增长了 1.7 倍（从 1990 年的 382 座增长为 2014 年的 661 座），博物馆数量增长了 2 倍（从 1990 年的 1315 座增长为 2014 年的 2731 座），乐团和自由音乐组织的数量也出现了实质性增长。与此同时，在 1990~2014 年，文化娱乐中心数量从 73200 所减少到了 36900 所。由于人口数量减少，其中包括农村居民人口减少，加之娱乐形式家庭化的普及、信息交流技术的发展，以及预算改革框架下的预算网络优化过程等原因，图书馆数量也有所减少。

在过去 20 年间，尽管文化娱乐中心数量有所减少，俱乐部的数量却增加了 1.3 倍（从 1995 年的 305100 所增加到了 2014 年的 414000 所），参与俱乐部的人数也增加了 1.3 倍，与 1995 年的 460 万人相比，2014 年的人数是 620 万。

从事文艺工作的人员，包括在联邦和地区文化机构中工作的人员，（与苏联同期指数相比）从 1990 年的 668300 人增加到了 2014 年的 778400 人。在剧院、音乐团体、儿童艺术学校、博物馆工作的人员数量也有所增加，但是在图书馆工作的人员数量有所减少，原因在于图书馆资源逐渐电子化，以及建立了地区性多功能活动中心，可以保证电子形式图书资源的普及。

从事文艺工作的人员在过去 15 年间有所增加，按每千人来计算，从 1990 年的 4.52 人增加到了 2014 年的 5.42 人，同时与每 1000 个从事经济领域工作的人相比，从事文艺工作的人员从 1990 年的 9.27 人增加到了 2014 年的 11.49 人。由此可见，从事文艺工作的人员数量出现了实质性的增长。

在《2020 年前俄联邦社会经济长期发展方案》中，文化被定义为人力资本形成的主导因素，而人力资本又是形成知识经济所必需的。

在《俄联邦总统关于 2012~2014 年预算政策的预算咨文》中，多年来首次优先支持文化领域。因此，2014 年文化和影视的支出在俄联邦延期偿还的预算中达到 4100 亿卢布，比上一年增加了 330 亿卢布。

2012 年 5 月 7 日颁布的以下俄联邦总统令，对于规划和制定国家文化政策，乃至提高管理效率而言都是最重要的文件，它们分别是：第 597 号"国家关于社会政策实施措施"总统令,第 599 号"国家关于教育和科学领域政策的实施措施"总统令,第 602 号"关于保障民族间和谐"总统令,第 605 号"关于俄联邦外交方针的实施措施"总统令,第 606 号"关于俄联邦民主政策的实施措施"总统令。由于这一系列总统令的实施,文化领域从业人员的薪资从 2012 年经济领域从业人员平均薪资的 55%增长到了 2015 年的 74%(前三季度),达到 24514 卢布。与此同时,在 2000~2014 年,文化和艺术领域从业人员的薪资名义上增加了 19 倍左右(实际上在过去 15 年增加了 3 倍)。

俄联邦在以下方面实施国家和联邦目标纲领,包括保证各种文化活动、发展旅游业,加强俄罗斯各民族团结和民族间关系和谐,支持在国外的俄罗斯文化,促进国际人文文化合作,发展教育和人文科学、基础教育、公民教育和自我教育,促进儿童和青年发展,建立国家医学和信息空间,开展青年爱国教育和扶持俄语等。

为居民了解文化价值提供更广泛渠道。俄联邦博物馆展览数量和博物馆参观人次有所增加。保证 16 岁以下公民免费参观国家和地区博物馆,而国家博物馆中还要对接受基本专业教育的大学生免费开放(每月一次)。

为普及和拓宽民众了解国家文化遗产的渠道:

建立多媒体网站和服务,其中包括建立"Культура.рф"网站;

实现从模拟电视向数字电视的更新换代;

每年从联邦预算中拨出资金用以支持出版 700 多种具有重要社会意义的书籍,其中包括出版多卷本《大俄罗斯百科全书》《东正教百科全书》,出版专门针对残疾人的文学作品和定期纸质出版物,特别是针对盲人的出版物;

实施旨在提高国外对俄语和俄罗斯文学需求的战略。

为了实现最快和最全面地了解信息,也为了保存图书馆中的民族文化遗产,建立国家电子图书馆,其电子文档超过了 160 万册。国家电子图书馆涵盖 100 多所地区图书馆,以及档案馆资源和博物馆资源。

我国古典音乐依旧在世界音乐文化中发挥主导作用,为俄联邦赢得民族荣誉和自豪。我国音乐家长期在知名国际比赛中获得较好名次,在世界各大音乐会舞台上都有他们的身影。国家支持优秀音乐团体和戏剧团体在国外举办巡回演出,举办大型国际音乐比赛、戏剧比赛和艺术节(例如,П.И. 柴可夫斯基音乐比赛、"白夜之星"艺术节、"贝加尔湖之星"艺术节、А.П.契诃夫国际戏剧节等)。正在成功实施的"大型巡回演出"项目,旨在促进俄联邦国家戏剧巡回演出的发展,保证全国各地民众能够观看到优秀的国家戏剧表演,并资金支持各种形式的文化活动的创作项目，其中包括音乐、戏剧和创新等领域。

在修复历史文物方面投入大量资金：2014 年，对境内 172500 多座文物进行维护和修复，共花费 436 亿卢布，其中国家预算中共拨出 234 亿卢布。

根据《国家文化政策基本条例》，要想在短期内实现国家经济和社会的现代化，走向快速发展的道路，并且保证国家和社会能够应对当代世界的挑战，没有对公民个人合理持续的投入是不可能实现这些目标的。没有这些投入，在未来可能会面临人文危机的威胁。

俄联邦未来可能面临的最危险的人文危机包括：

社会知识和文化水平的降低；

丧失共同认可的价值和价值观扭曲；

攻击和偏执趋势加剧，反社会行为的出现；

历史虚无主义，负面评价国家历史的重要时期，关于俄联邦历史性落后问题的错误认识；

社会疏离——社会关系（朋友关系、家庭关系、邻里关系）的断离，个人主义和忽视他人权利的现象增多。

威胁国家文化领域安全的现象包括：对传统俄罗斯精神—道德价值观的侵蚀，通过对外文化和信息扩张（包括低俗大众文化产品的传播），以及对绝对自由、暴力、种族、民族和宗教歧视的宣传来削弱俄联邦多民族国家的统一，甚至降低俄语在世界上的作用以及在俄联邦和国外传授俄语的质量，试图篡改俄罗斯和世界的历史，以及非法侵犯文物等。

为了预防上述风险和威胁的发生，必须克服各部门、各方面和各地区之间在文化发展问题方面的矛盾，还要打破资源保障方面的既有限制。

在俄联邦文化经费系统中，直接的财政拨款仍然占大部分，而位于国外的文化机构仍然缺少其他的资金来源。在 2000~2014 年，文化支出和影视支出在国内生产总值中所占的百分比从 2000 年的 0.39% 增长到了 2014 年的 0.57%。与此同时，世界金融经济危机（2008~2009 年）对文化和影视领域的国家支出总量造成了消极影响。

文化和影视支出在俄联邦的整体支出中占据的分量在 2000~2014 年从 1.36% 增加到了 1.48%（占比最多的是 2005 年的 1.89%）。从绝对意义上来说，在俄联邦国家整体支出中，文化和影视支出名义上或者现行物价在该时间段内增加到了 14.5 倍左右（从 2000 年的 285 亿卢布增加到了 2014 年的 4100 亿卢布）。文化和影视的人均支出在 2000 年到 2014 年从 194 卢布增加到了 2853.2 卢布。

但是，根据人均文化和影视支出指数显示，俄联邦总体上仍然落后于欧洲国家的同期指数。欧洲统计局数据（截止到 2013 年）显示，在经济合作和发展委员会的欧洲成员国之间，俄联邦（从人均文化支出每年 57 欧元这一方面来说）仅超过了葡萄牙、罗马尼亚、保加利亚和希腊。就人均文化支出这一项指数来说，挪威是俄罗斯的 8 倍左右（447 欧元），法国是其 4 倍以上（252 欧元），德国是其 2.5 倍（145 欧元）。

根据联邦国家企业"俄联邦文化部主要信息计算中心"数据（截止到 2014年）显示，在文化和艺术机构获得的国家财政支出中，在剧院整体收入中占73.1%，博物馆占 80.2%，音乐团体占 78.6%，文化娱乐设施（包括文化公园和休闲公园）占 91.2%，儿童艺术学校占 91.1%，图书馆占 98%。

必须考虑到的是，文化机构中非预算收入增长的可能性十分有限（机构的输入和产出能力有限，价格的增长可能导致大多数居民缩减文化支出）。除此之外，为了直接从文化机构网络中取得最大限度的非预算收入，要使文化活动的价值构成尽可能地实现平均化。同时，慈善捐赠和赞助的资金在国家文化和艺术机构的整个金融进项中的份额却不多（剧院占 1.2%，博物馆占 2.2%，音乐机构占0.9%，文化娱乐机构占 1%，儿童艺术学校占 5.1%，图书馆占 0.6%）。有必要为鼓励那些支持科学艺术的资助活动建立相应的法律和制度保障。马斯林基剧院、大剧院、艾尔米塔什博物馆等其他闻名世界的国家文化机构，它们都成功得到了民间资助，这表明这种文化资金的来源具有很大的潜力。

在多渠道文化资金来源系统的特定经济条件下，借用国内外先进经验有利于吸引大量的非预算资金，在现代条件下保证文化的稳定发展。

分析文化政策领域的现状有助于发现一系列风险。

其中一个主要的风险是由于各种原因，俄罗斯文化在世界上的表现力和影响力正在逐渐降低（这也是苏联解体的后果之一）。在 20 世纪 90 年代，国家对文化在国外传播的经济支持力度有所下降。在各独联体国家（即苏联加盟共和国）纷纷制定教育和文化政策的背景下，在这些国家伴随而来的是削减传播俄罗斯文化和俄语的基础设施，学习和会讲俄语的人群数量也有所下降。这所造成的后果是随之而来的大批移民的适应能力较低。尽管他们来到了俄罗斯，但并不能熟练掌握俄语，也不了解俄罗斯的历史和文化。但是，俄联邦移民法中也做出了相应的修改，要求移民必须通过俄语、俄罗斯历史和俄联邦基本法的考试，这也成为移民学习以上课程的刺激因素。除此之外，近年来，政府也致力于通过运用电子学习形式和远程教育技术来促进开放教育系统的发展。

由于一系列原因，其中包括地缘政治因素，由境外俄罗斯文化机构组织的国际巡回演出和展览项目有所减少。俄罗斯经典文学作品和当代俄罗斯文学的翻译规模也有所缩小。篡改俄罗斯历史、推翻历史结论的图谋从没有停止过，其中包括试图重新评价第二次世界大战。在这样的条件下，施行有效的文化政策就成为加强俄罗斯国际文化软实力最重要的因素。

由于未能将文化作为俄联邦社会经济发展，国家安全和领土完整的重要因素而加以充分运用的话，统一文化空间正面临威胁。文化中包含着巨大潜力以建构和强化民众的身份认同，保证俄罗斯民族团结，保持俄联邦文化和语言空间的统一。有必要采取相关措施以保证和加强俄语作为官方语言和各民族交流语言的重要作用。为此，必须考虑到俄联邦的联邦制度，在联邦、地区权力机关与地方自治机关之间的权力划分，以及民族文化多样性。在政府服务、文化支出和基础设施建设方面的地区间差异也会对统一的文化空间造成威胁。存在鼓吹和宣传种族、民族和宗教歧视的威胁，其中包括通过大众传媒和"互联网"信息通讯网络的社会网站等媒介，在人文、文化和虚假宗教活动的外衣下实施极端主义的活动，有些活动的组织者来自国外。

同时，俄罗斯的信息环境也面临挑战。所谓的信息环境是由大众信息纸媒、电视传媒、广播传媒和"互联网"信息电信网络，以及借助这些媒介得以传播的信息、文字材料和音频材料（这些信息和材料来自数字档案、图书馆、有编号的博物馆储备等）组成的总和。在应对上述威胁中，信息环境发挥的作用十分有限，这是因为俄联邦居民的信息文化水平较低，即他们为获取、评价和使用信息所必需的知识、能力和素养水平较低。这些能力需要在职业和教育机构或者校外的学习过程中获得。

除此之外，俄联邦现行的战略纲领性文件并没有充分考虑到文化潜力的战略意义。

文化发展中出现的地区差异取决于能否保证文物的保护和财政支出，以及广大居民群体能否获得文化便利。近年来，尽管从占比方面来说，文艺方面的支出在地区生产总值中所占百分比的地区差距在逐渐缩小（从 2010 年的相差 10 倍缩减到了 2013 年的 6.5 倍），但是在基础设施建设和优化方面的地区间差别仍然很大。比如，2012 年以 1000 人为基数，访问剧院和音乐会人数的地区差异高达 17倍。再如，与莫斯科和圣彼得堡的同期指数相比，其他地区参观人数只有其 1/50。

莫斯科和圣彼得堡两大城市人才过剩，而在其他地区则人才短缺。相当数量的俄联邦交响乐团的指挥并不在他们的工作地居住。在古典艺术领域中也存在严峻的人才短缺问题：艺术总监和芭蕾舞导演均显不足。

尽管地方上剧院的数量有所增长，但是并不是在俄联邦所有地区的各类文化机构都符合社会标准和居民数量供应标准。比如，在 41 个地区没有青年剧院，在 6 个地区没有话剧剧院。在 43 个人口超过 80 万的俄联邦主体中没有歌剧和芭蕾舞剧院。在人口超过 10 万的 165 个俄联邦城市中，有 36 个城市的剧场大厅座位数量不符合社会标准，有 33 个城市根本没有剧院。

根据社会标准，音乐厅的座位数量应该设置为每一个城市居民 2~4 个座位。实际上这一指数却只有 1.14 个座位，如果再加上农村居民，每 1000 人只有 0.84 个座位。

自古以来，农村文化在保存传统文化和非物质文化遗产中发挥着重要作用，但也处境复杂，亟须进行系统的战略调控。根据数据显示，2014 年在农村地区共有文化设施 72000 座左右（占俄联邦文化设施总量的 80%）。同时，与 1990 年相比，农村俱乐部数量减少了 23%（14200 所），这是因为：

在缩减人数少于 2000 个的农村居民点数量的背景下（从 1989 年的 25000 个减少到了 2010 年的 23400 个），在地方自治改革框架下，农村居民点正在进行扩建和合并；

农村居民点的数量在过去 20 年间减少了 1500 个；

通过将俱乐部、博物馆和图书馆整合为统一的多功能机构的方式来改组部分农村文化设施。

同时，绝大部分属于市政府的农村文化设施，其物质—技术基础形成于 20 世纪 70~80 年代，42% 的该类设施没有得以更新。1/3 的农村文化设施建筑不符合标准，32% 的建筑需要大修，设备的平均磨损程度高达 70%。

在一些俄联邦主体中的小城市也面临文化基础设施供应失衡的问题。根据 2010 年全俄人口普查数据显示，俄联邦有 781 个人口不到 5 万的小城市，这里的居住人口不到全俄联邦人口的 25%（小城市的特点就是有规律的劳动力迁移）。

绝大多数俄联邦小城市汇聚着独一无二的文化和自然遗产，是文化体验旅游的中心。在俄联邦扶持农村地区和小城市发展规划框架下，2014 年共拨款 30 亿卢布用以促进文化机构的全面发展，38 个小城市获得资金用以重建和保护历史遗迹，超过 1500 座文化机构获得了现代设备和音乐设施。

目前，俄联邦境内共有 44 个居民点成为联邦级别的历史文化名城。保护历史文化名城的主要原则是划分保护范围，在其范围内建立遗迹保护项目。历史文化名城的地位为在已确立的疆域范围内展示其建筑物的历史文化价值提供了机会，可以将其作为城市建筑中的强大因素，并摆脱单一型城市发展模式，给城市居民提供一条新的发展道路，即保存自己的历史独特性，树立城市的正面形象，这也是吸引资金和移民的主要因素。

包括历史文化名城在内的大多数小城市并不能独立解决城市经济发展过程中的大量问题。在这些居民点中，相当一部分历史和文化文物需要修复或者封存，而大多数作为民用和公用建筑的历史建筑物需要实现现代化，社会的基础设施建设也不够完善。

目前，历史建筑物的重建工作正与历史文化名城的经济利益和预算状况相矛盾。为了实现历史文化名城的稳步发展，有必要制定高品质的城建规划。为促进旅游业发展，需要考虑基础设施建设，规划新的旅游线路和能够体现建筑物历史价值的方案，因此，这类居民点主要规划的内容和结构都需要重新审查。需要拟定试验项目，旨在发掘历史文化名城的旅游潜力，还要制定经济机制用以保证税收优惠，并获得其他或者额外拨款。

人们尚未充分认识文化对调节社会和谐关系的潜力，这也构成一个风险。尽管大量非营利性组织在从事文化问题研究，但是社会机构在实施文化政策过程中的积极性和参与度仍然不高。因此，尽管用于创作项目和实施民众倡议的资金补贴每年都在递增，文化领域也吸引了预算外资金，但是相当一部分社会倡议仍然是靠预算资金来实现的。包括残疾人在内的社会弱势群体需要特殊的文化支持措施。

家庭和家庭关系在俄联邦公民价值体系中的作用逐渐削弱，这导致社会联系（朋友关系、家庭关系、邻里关系）的断裂，个人主义的强化和离婚率的上升。比如，在2014年俄联邦登记结婚的122万对夫妻中，有69万对解除婚姻关系。俄罗斯是世界上离婚率最高的国家之一，这表明这一重要社会制度在俄罗斯公民价值体系中的作用正在不断削弱。所有这些现象不利于俄罗斯传统价值观、准则、习俗和风俗的代代相传，破坏了在文化、民族传统和知识代代传承方面的稳定联系。文化支出在家庭消费结构中的比例越来越小。

只有在保证以优秀民族传统为基础进行价值观教育的条件下，教育对社会的功用才能发挥出来。大众文化培养消费者，但并不是文化过程的积极参与者。甚至文化领域的职业教育基础设施有所缩减，这也成为一个问题。

在俄联邦的很多地区都出现了削减儿童艺术学校的趋势，而儿童艺术学校是现行国家三级文化人才培育系统中的第一阶段，也是最重要的一环。另一个趋势是对儿童艺术学校进行改组，其方式是将儿童艺术学校与普通教育机构进行合并，以及将儿童艺术学校移交给俄联邦主体负责实施教育领域国家管理的行政机关。近十年来，在儿童艺术学校的数量减少了293所（2015年不足5262所）的情况下，在儿童艺术学校的学生数量增加了234000人，达到了150万。

由于现代化和基础设施建设发展缓慢，以及用于保护的文化遗产的资源有限，保护各种形式和类型的文化遗产单位就成为我们的主要任务。这是功在当代、利在千秋的事业。

截止到2014年12月31日，俄罗斯境内共有大约172500座文化遗产保护单位，其中具有国家意义的有102500座左右（其中考古遗迹有80800座），地区意义67800座，地方（市属）意义的有2000座左右。除此之外，还有大约83000座文化遗产保护单位尚未被列入俄联邦统一的文化遗产保护单位（历史和文化文物）国家清单中。

归俄联邦所有的、保护状态良好的文化遗产保护单位数量占全部文化遗产保护单位总数的39%。因为地区所属的文化遗产保护单位现状更令人担忧，破败或者不符合保护标准的地区文物数量呈逐年递增趋势。

在保证文化遗产保护单位完整的条件下，需要采取措施来保护类似的无主文物和遭受破坏的文物，并对它们进行修复，吸引新用户和所有者。同样令人担忧的还有木质建筑文物的保护现状。它们是俄罗斯建筑遗产中最原始和独特的部分。19世纪大部分的俄罗斯村镇、俄罗斯北方，也包括省城的建筑都属于这种风格。另一个问题是考古遗迹的保护，其中包括防止出现掠夺式的考古发掘。最后，最严峻的问题是建立文化遗产单位的保护区，这也是保护所有历史文物的最重要条件。

在俄罗斯许多地区文化基础设施更新换代速度缓慢，建筑、技术和专业设备的无形与物理磨损都需要支持基础设施建设的额外资金。

在马戏方面，尽管某些指数表明马戏艺术的发展趋势良好，但仍受到20世纪90年代的不良影响，其物质技术基础已经落后。近30年来，并未对马戏场进行大修和修复。与此同时，马戏团的组织形式和法律机制也参差不齐。

只有20%左右的音乐厅符合举办古典音乐会的现代声学要求，且大多数都位于莫斯科和圣彼得堡。据不完全统计，36%的音乐会组织方需要租用场地，21%的音乐厅需要大修或者处于危房状态。有必要通过建设至少容纳800人的现代音乐厅来促进古典音乐会的发展。

电影产业是最重要的创意产业之一，它与大众传媒一起对现代人世界观的形成产生深刻的影响。大多数先进国家采取关税保护措施以保护本国电影业，针对外国影视作品制定限额，采取税收政策和其他刺激手段来促进本国电影市场的发展。一方面，这些举措不利于俄罗斯影视作品在国外市场的传播；另一方面，在国内影视市场上，外国公司会对本国影视业造成压力。

2. 文化政策的当代模式

在俄联邦（区别于苏联时期的文化政策模式，在这种模式中国家是关键和唯一的文化政策的主体）存在由权利规范确定的多个文化政策主体。

与此同时，国家仍然是文化和文化机构的主要战略投资者。近年来，这种情况并没有发生实质性的改变。一方面，这使得国家仍然是重要的文化政策主体，有责任制定明确的投资目标，并于价值导向的方法相一致。另一方面，在现行的预算和资源受限的条件下，要求提高在人力资本、文化和文化基础设施建设方面投资的有效性和精准度。因此，在不同的条件下国家扮演不同的角色：

作为投资者，最重要的是投资效率和文化机构的管理效率；

作为资助者，对文化活动给予资金支持，是为了价值导向的目的而不要求经济回报（文化是一种价值观和社会福祉，而不是服务）；

作为俄联邦各主体全权支出的共同投资者，其补贴机制和预算间的使用机制主要着眼于支出的效率和精准；

作为在公私合营框架下的共同投资者和战略伙伴，主要促进投资流入重要的国家和社会领域（文化遗产的保护、旅游业和电影业）；

作为投资者，要将自己的部分职责和功能移交给社会机构（举例来说，这类文化投资项目包括为非营利性组织实施创意方案提供津贴，资助创意和职业协会以及其在各个地区的分部、分支，资助戏剧和其他机构。由于这些津贴，比如提供给戏剧家协会的津贴是用来促进戏剧活动的发展，这也意味着，戏剧家协会发挥着发展机构的作用，承接了国家和地区层面支持、发展、促进戏剧事业的部分功能）。

与此同时也应该考虑到，脱胎于苏联模式的庇护主义在其反向联系上也有自己特殊的问题，即部分文化政策主体形成了对国家责任的依赖思想。在这样的条件下，在国外司空见惯的投资者做法，即评价和监督投资效率（从资金使用、资金支出的目的性、将来资金支出的可能性优化等经济合理性角度出发），却被视为干预创作活动和资源竞争。但是，世界上通用的规则是创意项目的竞争。在文化活动的某些方面，其中包括创意产业领域，在争取国家投资方面的竞争会一直存在。

俄罗斯有着地区和民族文化的多样性，这是历史传统。这使得部分权利和功能向更高层级的权利部门移交变得自然而然。在某种程度上，社会组织也存在类似情况。按照分权原则，这些社会组织可以承接某些功能。

对文化较为狭隘的理解已成为人文领域现代方法的特点，甚至出现将文化看作是服务业的功利性理解。这导致文化的社会地位越发低下，因此违背了《国家文化政策基本条例》中制定的法规，也不符合俄罗斯的战略利益。

保证文化政策有效实施的最重要条件是要为逐步拓宽非预算资金来源的渠道而创造条件。已有的世界经验，包括国外先进的吸收非预算和其他资金来源的文化支持系统的经验，都表明多渠道的资金来源系统可以包括以下元素（作为对现有渠道的补充）：

制定预算拨款的定额；

设立文化领域的全国博彩；

实行有效的税收优惠政策；

建立专门的预算机构；

设置特种税；

为不同的文化活动设置专用基金（捐款基金）。

不同国家的预算定额不同，但都规定了文化支出在国家预算系统各个层次所占据的最小份额，以保证广大民众能够享受到文化福利。

在国外吸引非国家额外资金的实践中，文化类博彩是一种非常普遍的机制。从文化类博彩中筹得的款项可以用于实施很多文化领域的社会、人文、基础设施项目。

国外已经建立了行之有效的系统，以鼓励私人和企业资助文化活动。这使非国家投资在文化总体支出中占据很大比例。世界上鼓励文化资助活动的通用做法是采取税收优惠政策。这种税收优惠政策主要为那些对文化捐款的自然人、国有和非国有文化组织和商业组织而设置。这样做可以吸引私有投资和混合投资到文化领域中。

设立专门的预算机构也可以吸引额外的资金到文化领域，即通过立法的方式赋予每个纳税人以权利，使他们有权选择将自己所缴纳所得税的1%~2%用于文化发展资金。

设置特种税就是直接从具体的税收名目中收取税费，其税收名目清单由俄联邦立法机关确立。根据国外的经验，这样的特种税包括酒精和烟草税收、赛马赌博税、赌注登记处税收等。

建立专项基金是为支持文化实现可持续发展而积累资金的有效方法。很多国家设立的联邦和地区层面的专项资本基金（捐款资金）都经常会从专门预算机构和特种税中获得进款。

构建文化政策新模式的合理性还面临其他风险和问题，其中包括在文化发展问题上各部门互相协作的复杂性，文化基础设施不足以应对新时代挑战，文化资金的短缺与资金来源的单一，发展机构系统的不完善，还必须在众多战略规划文件中优先考虑《国家文化政策基本条例》与《战略》及其目的和任务，其中包括已经确定的计划和规划。

3.《战略》的实施方案

常规《战略》实施方案是要保存文化领域的主要发展趋势，拨款问题和层次（通过所有渠道，包括非预算渠道在内，用于文化支出的资金总和占国内生产总值的 0.57%）。通过这些措施，文化领域的情况变得相对稳定，然而要想达到《国家文化政策基本条例》中规定的质变和量变以及基础设施的改变，其资金和机制仍显不足。同时，2018 年前文化领域与经济领域的平均工资水平应完全持平。在 2025 年左右，为了促进慈善事业和文化资助活动，可能会实行法律条例和部分税收政策。

尽管如此，已有的资源和地区基础设施并不能作为经济繁荣的基础来保证文化和人文的优先发展。因此，与 2015 年相比，到 2030 年左右，从事文化领域工作的人数很可能会减少 12%~15%。

常规实施方案并不能从根本上改变包括文化基础设施发展和保护文化遗产在内的文化现状。对文化基础设施和文化遗产造成严重物理磨损的因素具有长期循环往复的特点。因此，与 2014 年相比，到 2030 年联邦所属的文化和艺术机构中符合标准的机构数量占比仅会上升 16%，而联邦级文化遗产保护状况符合标准的占比只可能增加 11%~12%。

与此同时，在保持现有拨款规模和措施不变的情况下，处于良好和合格状态的文化保护单位数量仍呈减少趋势。如果用于文化遗产保存和国家保护方面的资金没有本质性的增长，可能预示着文化遗产现状的进一步恶化，进而造成无法弥补的损失。

常规方案在整体上不会对国家戏剧和音乐机构产生影响，并且有助于举办一系列的巡回演出活动。但在区域教育和地方教育中，常规方案的实施将会使文化娱乐机构和图书馆网络进一步优化，特别是在农村地区。地方文化机构符合标准的占比在 40% 左右，处于破败和不合格状态的地方文化保护单位的比例将会有所增加，地区失衡将呈上升趋势，专业人才将持续从农村地区和中小城市流入中心地区。

《战略》的创新实施方案规定要快速实现文化社会地位的实质性改变，为实现《战略》的第 I 阶段提供了立法保障和资源支持。方案还规定要通过各种资金渠道来扩大文化领域的资金支出（根据《2020 年前俄联邦社会经济长期发展方案》的规定，到 2020 年，用于文化领域的支出应达到国内生产总值的 1.5%），其中非预算资金份额将有所增加，其渠道来源包括国营私企合作，文化资助活动及其他文化资金来源。

创新方案的突出优点包括：向发展人力资本和职业教育系统投入大量资金，这保证俄罗斯的职业教育在世界上的领先地位；国家和私人投入大量资金用于促进国家和地区文化机构的物质技术基础和基础设施建设；实施数额巨大的投资项目（其中包括在国营私企合作框架下实施的项目，为此需要提供法律保证和刺激因素）乃至增强国内外对文化投资的吸引力。

在这一方案的实施过程中，到 2030 年左右，联邦所属的、符合标准的文艺机构占比应达到百分之百，而地区符合标准的文化保护单位占比应达到 90%。同时从事文化工作的人数应有所提高。

这一方案的实施可以在几乎所有重要问题方面实现突破性进展，极大地改变了包括俄联邦各地区在内的文化遗产保护和文化基础设施建设的现状，到 2030 年左右，提高俄联邦各主体不同地区保障文化组织的标准，考虑到人口变化、社会经济发展及地区差异的不断缩小等因素，从根本上拓宽文化和艺术机构网络（包括职业教育），乃至保证俄语和俄罗斯文化在世界范围内的广泛传播。

基础方案的实施取决于以下因素：保持现有良好势头的发展，已有问题的逐步解决，通过各种资金渠道来增加文化支出（到 2030 年占国内生产总值的 1.4%，其中非预算资金份额将不断上升），提高国家管理的有效性，鼓励文化政策的其他主体参与到国家文化政策的实施中来，保证文化和人文领域的优先发展等。

尽管在基础方案实施过程中，文化并不会获得突飞猛进的发展，但是将文化发展作为国家战略的优先发展领域，集中已有资源并逐渐整合多渠道资金系统中的元素用以优先发展领域，这将促进文化的显著发展，提高人力资本的质量和物质技术基础的现代化。

如果 2020 年前通过各种资金渠道将文化总支出提高至国内生产总值的 0.8%，那么，基础方案就很可能会实现。类似的方案还可能到 2030 年左右将联邦所属的合格的国有文化艺术机构占比提升至 90%。同时，联邦所属合格的文化保护单位的占比到 2030 年应提升至 59%。到 2018 年初，我们还将实现俄联邦各民族统一的国家文化遗产（历史和文化文物）名录信息的电子化。

基础方案将促进战略性法律条例的完善，以激励国有私营企业合作，从根本上增加用以支持文化遗产保护的资金。同时，方案可能会提供拯救那些破损和损坏的文化遗产的解决方法，增加处于良好和合格状态的文化遗产保护单位的数量，相应地减少那些处于不良状态文物的数量。

到 2020 年，应确定 40%文化保护单位的界限和对象，确定在联邦层面上实施的文物保护措施，建立 80%具有国家意义且列入联合国教科文组织世界文化遗产名录的文化遗产保护区，确立 75%具有国家意义的历史文化名城及文物保护对象，拟定具有珍贵历史意义的城建方案目录清单，还应该增加被列入联合国教科文组织世界遗产名录的文物遗迹，增加至 32 项。

到 2030 年，在实施基础方案过程中有望取得以下成果：

成为联合国教科文组织世界遗产名录列入文物最多的 5 个国家之一；

促进独联体国家的跨境文物遗产列入联合国教科文组织世界遗产名录；

确定所有联邦层面的历史文化名城的疆域界限；

通过确定文化保护单位的疆域界限和保护对象为所有文化保护单位提供国家保护；

为了保证儿童的必要教育，到 2018 年的短期目标是必须增加儿童艺术学校的数量和学生数量，使之覆盖全国儿童数量的 15%左右（与 2015 年的 11.8%相比）。到 2030 年，在儿童艺术学校学习的儿童人数应不少于 18%。

在马戏艺术方面，基本方案要求到 2020 年应做到以下几点：

应实现联邦马戏机构完全意义上的自负盈亏；

应新增马戏节目和演出数量 40%；

拥有现代物质—技术基础的国有马戏场应增至国有马戏场总量的 50%；

合格的文化与艺术机构的数量应增加至总量的 68%。

到 2030 年，马戏艺术应做到以下几点：

应新增马戏节目和演出数量至 90%；

保证所有国有马戏场都拥有现代化物质—技术基础；

马戏演出数量应增加 60%，观看人数应增加 70%。

在文化基础设施建设方面，基础方案要求到 2030 年应做到以下几点：

合格的文化与艺术机构在机构总量中的比例增加至 90%；

保证俄联邦 80%~90%的地区拥有符合社会规范和标准的文化组织；

实施支持农村和中小城市文化基础设施建设的系列规划措施；

保证现代艺术基础设施的发展，包括建立国家现代艺术中心分支机构；

在俄联邦的所有主体中建立虚拟戏剧广场，虚拟音乐大厅和虚拟博物馆。

在支持和促进俄语及俄罗斯所有民族语言发展方面，基础方案要求做到以下几点：

增加接受过专门培训的专家数量，以翻译俄联邦各民族语言的文学作品，并到 2018 年专家数量应增加 50%，到 2030 年则增加 2 倍；

应增加"互联网"信息通信网络中优质资源数量，以保证人们学习俄语，了解俄语、教育和俄罗斯文化的信息，且到 2018 年资源数量应增至原来的 10 倍，到 2030 年则应为 20 倍；

增加国外获得定向支持的俄语学校（班级）数量，包括向不同母语学习者提供教学材料，到 2018 年俄语学校（班级）应增加 50%，到 2030 年应增加 1.5 倍；

俄罗斯人均书籍购买量应从 2014 年的 3 本增加至 7 本，书店数量应从每百万人 14.5 增加至 38.2，定期出版物零售量从 31000 本增加至 50500 本。

在影视业方面，基础方案规定如下：

俄罗斯影片在国内市场的占比到 2018 年应增加 25%，到 2030 年应增加 30%；

电影屏幕到 2030 年应增加 5000 个；

人均每年电影观看次数应从 2012 年的 0.35 次增加至 2020 年的 0.8 次。

从 2016 年起，开始启动国有私营合作机制，以促进在低于 10 万人口的城市建立电影院网络。

《战略》可以借助各种经济、法律规范条件，从而实现三大方案中的某一个方案。与此同时，基础方案是文化领域最务实、最应保证优先发展的方向。

Ⅲ 《战略》实施的目的、任务和优先发展方向

根据《国家文化政策基本条例》，国家文化政策的主要目的包括以下方面：

促进个人的全面发展；

通过促进文化和人文优先发展来加强俄罗斯社会的统一；

为公民教育创造条件；

保护历史和文化遗产，并用作教育目的；

促进俄罗斯社会的传统价值观、道德标准、传统习俗的代代相传；

为发掘每个人的创作潜力提供条件；

保证公民有机会掌握知识、信息和文化价值。

由于国家文化政策是《俄联邦国家安全战略》中不可分割的一部分，因此，从俄联邦体制角度出发，《战略》的实施遵循以下原则：

保持文化空间统一性（包括语言、教育、信息空间）；

在国家文化政策方面，划分俄联邦国家权力机关、俄联邦各主体国家权力机关、地方自治机关的权限范围；

国家支持并保护俄联邦各民族的语言和文化；

在实施国家文化政策时，国家和地方权力机关应与公民社会组织相互合作。

国家文化政策的主要方向和任务应在下列领域中实现：

俄联邦各民族文化遗产；

促进所有类型文化活动的发展，并发展相关产业；

人文学科；

俄语，俄联邦各民族语言和俄罗斯文学；

拓宽与支持国际文化与人文交流；

启蒙教育；

基础教育；

儿童与青年教育；

创建有利于个性发展的信息环境。

考虑到《国家文化政策基本条例》的目的、任务、主要方向以及现存问题，确立了《战略》的跨领域优先发展方向，在实施过程中需要考虑各部门之间、各层级之间的相互协作。

《战略》的优先发展方向包括以下方面：

加强与拓宽俄罗斯文化在国外的影响力；

保持统一的文化空间，将之作为俄罗斯国家安全和领土完整的重要因素；

积极发掘各地区的文化潜力，缩小地区差异；

提高公民社会组织作为文化政策主体的作用；

提高家庭作为社会组织的社会功能，以保证启蒙教育，并促进俄罗斯文明传统价值观和道德标准的代代相传；

促进个人全面发展，使之积极参与到国家文化政策实施中来；

保护文化遗产，为文化发展创造条件；

形成文化政策新模式。

为了加强与拓宽俄罗斯文化在国外的影响力，应该做到以下几点：

拓宽俄语在世界上的学习和普及范围；

　　为拓宽俄罗斯文化和俄语在国外的影响范围，包括促进俄语学校活动和文化中心活动，构建良好的机制环境；

　　促进边境和各地区间的文化合作；

　　反对各种歪曲俄罗斯历史和篡改俄罗斯历史及其在世界历史中的作用和地位的行径；

　　为了国际合作的全面发展而发掘俄罗斯文化潜力；

　　通过促进俄罗斯电影、电视剧（包括动画片）、文学和音乐在国外的发展建立俄罗斯的国际形象，将其树立为拥有丰富历史传统和不断发展的现代化文化国家；

　　在国际组织和国外捍卫俄联邦各民族保留传统精神道德价值观的权利；

　　增强俄罗斯的旅游吸引力，为发展入境游提供基础设施条件；

　　为在国外开展学习和展示俄罗斯文化、历史和文学合作项目，乃至开展教育和共同创作项目方面的合作，加强专门科学和文化团体、机构和组织之间的合作；

　　支持在国外的专家开展俄语、俄罗斯文学、俄联邦其他民族语言领域的活动；

　　推动海外侨胞组织开展各种旨在保护和发展俄罗斯精神、文化、语言环境的活动；

　　充分利用互联网和社会网站用以展示俄罗斯文化、艺术和民间创作；

　　支持包括社会组织、高等职业教育的联邦国家预算教育机构"普希金俄语学院"以及其他国家或非国家教育中心实施的网络教育项目；

　　为外国读者提供广阔的渠道以了解俄罗斯媒体和当代俄罗斯文学；

　　推动俄罗斯文化组织与国外文化组织的合作。

　　为了保持统一的文化空间，并将其作为俄罗斯国家安全和领土完整的重要因素，需要做到以下几点：

　　推动文化成为国家优先发展的领域；

　　强化公民身份认同，加强俄罗斯多民族国家的统一；

　　国家应促进并鼓励对俄罗斯社会传统的道德价值观、民俗风俗进行创造性反思和发展的文化活动；

　　促进并鼓励实现《国家文化政策基本条例》和《战略》中规定的国家文化政策的目的和任务。

　　为了积极发掘各地区的文化潜力，缩小地区差异，应做到以下几点：

　　通过保障文物水准和资助水平，以及将文化福祉惠及更广泛人群的方式来平衡地区差异；

要充分发掘那些拥有民族文化多样化和文化特色地区的文化和旅游潜力；

为发展境内游、入境游，其中包括体验游、民族地区旅游、名人瞻仰旅游等，形成地区品牌并创造条件；

制定并实施支持中小城市和农村地区文化基础设施纲要，以促进城乡文化环境的发展；

通过在联邦层面上准备和开展各类俄联邦各主体纪念日和优秀文化活动家纪念日的庆祝活动来发掘文化潜力；

为保证代际间的深厚联系和传承而形成各地区的参与感；

为当地民众提供文化领域的工作岗位，并发展民间创作和创意产业；

举办巡回演出活动，为各地区居民提供接触文化成果的平等机会。

为提高公民社会组织作为文化政策主体的作用，应该做到以下几点：

提高隶属于国家权力机关的各类专业协会、团体、专业创作自组织和社会委员会的作用；

在做出关于支持创意活动决定的过程中，提高专家委员会和社会检验的作用；

通过在竞争原则基础上从国家和地区预算中获得资助的方式，进一步完善机制以支持社会经验丰富的非营利组织；

鼓励和促进代表文化政策对象利益与权利的公民社会机构参与文化活动；

为提高文化福祉、文化遗产和创意产业成果的普及程度，使用创新型信息通信技术；

根据《2020 年前俄联邦戏剧事业长期发展规划》《2020 年前俄联邦马戏事业发展规划》《2008~2015 年俄联邦文化艺术领域教育发展纲要》《2025 年前俄联邦古典音乐领域音乐会发展规划》以及文化活动领域的其他纲领文件所规定的任务来实施本《战略》。

提高家庭作为社会组织的社会功能，以保证启蒙教育，并促进俄罗斯文明传统价值观和道德标准的代代相传，为此应该做到以下几点：

恢复家庭教育的传统，在社会意识中确立传统的家庭价值观，提高家庭的社会地位，增强多子女家庭的社会形象，广泛开展代际间的对话；

为普及和强化父母在家庭教育中关于法律、经济、医学、心理等问题的知识创造条件；

学校传授家庭文化的基础；

普及家庭体验游和名人瞻仰游；

通过打折和优惠等方式促进家庭参观博物馆、剧院及其他文化机构；

通过研究档案资料等方式来促进并普及学习家庭和氏族的历史；

鼓励娱乐爱好型和专业型的家庭创作，培养文化领域的世家；

实施符合《2015 年前俄联邦教育发展纲要》的相应方案。

为了鼓励个人全面发展，促进其积极参与国家文化政策的实施，应该做到以下几点：

为个人的全面发展、创作的自我实现和持续教育而创造条件，提供机会；

促进各种特长才能的发展；

支持价值导向的启蒙教育、高等教育和文化活动；

促进个人作为国家文化政策主体参与文化政策的实施；

根据《国家文化政策基本条例》和《战略》的规定，保证在中学和高等教育系统中实施包括俄语、俄罗斯民族语言、俄罗斯文学与民族文学、历史及其他人文课程在内的普通教育纲领；

创造条件并鼓励完善俄罗斯标准语和俄罗斯历史知识，发展理解与评价艺术和文化的能力；

根据不断变化的情势、公民的年龄特点，各部门、各领域相互协作的必要性以及国家与社会相互合作等因素，完善和发展公民爱国教育的表现形式和方法，发展伴随公民爱国教育的科学和方法；

促进公民的军事爱国教育，提高在俄联邦武装力量和执法机关中服务人员的地位；

鼓励年轻人自愿掌握国家历史文化知识，了解在伟大卫国战争中牺牲烈士的不朽功绩，从事档案修复工作，学习民间口头故事和民间创作；

利用俄联邦各主体的博物馆、多功能文化中心和俱乐部机构等资源，在青年人中间开展爱国教育和军事爱国教育；

通过大众传媒等方式，普及包括军事史、俄罗斯民族史和俄罗斯哥萨克史在内的国家文化史和国家历史；

发展儿童课外教育机构的网络（各种艺术类型的儿童艺术学校）；

通过提高混杂在大众传媒和"互联网"信息通信网络中材料的信息质量等方式来加强公民的信息和谐性；

提高在国家电视频道和广播产品中所宣传的道德、美学价值；

支持书籍买卖（书籍普及）和大众信息纸媒传播组织的发展；

在各种电子书籍、档案、博物馆资源库的基础上形成俄罗斯统一的知识信息空间，这些资源库被收录在国家电子图书馆和国家电子档案中，涵盖了各类知识和创作活动的不同领域；

建立包括"互联网"信息通信网络信息在内的俄罗斯国家电子信息保护系统。

为了保护文化遗产，促进文化发展，要求做到以下几点：

采取立法和鼓励措施，以吸引私有资本投入文化领域，用于文化保护单位的修建和维修，文化遗产的修复和重建，支持教育和启蒙项目等；

鼓励法人和自然人对文化遗产保护的兴趣，以实现文化遗产的使用（租赁）和私有化；

提高文化遗产使用者和所有者的责任感，使其不违反俄联邦法律有关保护文化遗产保护的规定，如果违反规定，可能无偿收回（没收）其所有的遗产项目，或者单方面解除使用（租赁）合约；

在文化遗产保护方面，促进公私合作项目的实施机制，其中包括通过以合同规定的管理模式建立历史—文化保护区，以吸引额外资源来保护和整修历史文化区域，并发展文化体验旅游；

促进文化遗产保护区的规划和实施工作，包括确定其界限的特殊关节点，明确区域用途规范，制定在已有文化遗产保护区内的城建规则等；

确定历史文化名城名单，制订历史文化名城保护计划，明确其疆界和保护对象；

保证对文化遗产状态进行实时监测；

制定文化遗产保护的地区专项规划，包括清点登记，状态监测，文化遗产修复和确立区域规划及保护区；

包括在青年人之间广泛宣传俄罗斯文化遗产；

保护传统，促进所有类型民间艺术和创作的发展，扶持民间艺术创作和工艺；

促进专业教育系统的发展（包括古典音乐、歌剧艺术、芭蕾艺术、话剧领域），保证俄罗斯艺术家在国际上的高水准和竞争力；

完善文化、教育和大众传媒领域的预科系统，提高相关领域专家的水准（包括历史文化文物保护机构的专家）；

根据战略规划的行业文件和俄联邦各主体的战略规划文件要求（其中包括俄联邦各主体的社会经济发展战略），以及缩小地区差异并保证重要文化机构基础设施发展的必要性，促进文化基础设施的发展；

通过各种公私合作的机制来吸引私人资金投入文化领域，这些机制包括：为签订文化领域知识和创作活动的协议确立规范基础，为使文化遗产适用于现代用途而进行修复和复原工作，为吸引私人资本提供法律保障条件，为投资者提供具有潜力的项目信息，需要私人资本的注入才能实现这些项目的建设、修复和改建工作，当然也要遵循公私合作的原则；

促进音乐文化的物质技术基础发展，包括改建旧的和修建新的规模宏大的专业声学音乐厅，提高音乐活动的经济效益；

促进古典音乐在国内的巡回演出活动；

促进大中小城市电影艺术网络的发展，同时扩大国产影片在国内市场的比重；

通过包括建立动画片产业核心的大型动画制片厂，鼓励动画片创作，拓宽和保护动画产品的销售渠道，加强与相关领域（教育、文化、体育、技术基础发展）的合作以及加强技术基础等方式来支持动画影视的发展，将其视为电影行业增长最快的领域；

创造条件恢复俄罗斯马戏艺术在国际舞台上的领先地位，到2020年要实现马戏团组织的自负盈亏；

在公私合营基础上，实施投资项目，促进多功能文化教育中心和大型国家博物馆和戏剧机构地区分支的建立；

制定并实施一系列相关措施来保护文化遗产，其中包括制定历史文化名城保护计划，确立历史文化名城保护疆界和保护对象，实现工程网络和公共设施现代化，发掘旅游、文化和基础设施潜力，在历史文化名城中创造良好的生活条件，引进投资，制订历史文化名城可持续发展战略计划，以确立将历史环境作为居民区发展资源的经济保护机制。

为了构建新的文化政策模式，需要做到以下几个方面：

在实施国家文化政策时，保证各部门、各层级和各地区之间的相互合作；

实现价值导向的国家文化政策，宣传俄罗斯社会传统价值观；

促进文化领域发展机构的建立；

扩大非预算投入在文化总支出中的比例，包括通过公私合营，促进慈善活动、文化资助活动和其他文化拨款机制等方式；

促进文化产业的发展；

实现国家安全、统一文化空间与国家民族文化多样性的和谐统一；

建立检测系统以及数量和质量指数系统。

IV 《战略》实施的目标指数

《战略》实施的目标、任务和优先发展方向须根据以下目标指数来确定：

文化支出在国内生产总值中的比重（符合《俄联邦国家安全战略》）；

从非预算渠道中获得文化资金的规模；

文化领域工作人员的薪资水平与经济领域薪资水平之间的对比关系；

俄联邦公民对国家和政府提供的文化服务质量的满意程度；

能够积极评价民族关系的公民所占的比重；

增加"互联网"信息通讯网络中所提供的俄语学习和获得俄语、教育和俄罗斯文化信息优质资源的数量；

提高定向支持（包括为不同母语者提供学习方法资料）的国外俄语学校（班级）数量在国外俄语学校总量中的比重；

增加在国际文化比赛和文化节中俄罗斯获奖者的数量；

保证俄联邦各主体的文化机构数量（符合社会规范和标准）；

按照信息发展积分指数来区分俄联邦主体的水平；

按照人均文化艺术消费指数区分俄联邦各主体的水平差异；

参加爱国教育活动的青年人（14~30 岁）在青年总人数中的比重；

儿童、青年和教育节目在全国必须开通的播出渠道中的比重；

合格的文化艺术机构在文化艺术机构总量中的比重；

合格的文化遗产在包括国家意义、区域意义和地方（政府）意义的文化遗产总量中的比重；

增加国家级别和区域级别的历史文化名城的数量；

符合文化遗产保护法律规定的城建要求的历史文化名城在国家级别和区域级别的历史遗迹总量中的比重；

国产电影在俄联邦国内电影市场中的比重；

俄罗斯人均书籍销售量。

V 《战略》的实施机制

保证《战略》实施的主要来源是俄联邦国家纲领《2013~2020年文化和旅游发展》及其他与具体文化领域相关的国家文件。与此同时，俄联邦国家纲领《2013~2020年文化和旅游发展》《2011~2020年信息社会》《对外政治活动》《2013~2020年科学与技术发展》《2013~2020年教育发展》及其他对国家文化政策产生影响的战略计划文件（包括文化、教育、俄语、民族关系、爱国教育、旅游等领域的国家纲领）中的措施、指数和参数必须根据《国家文化政策纲领》和《战略》加以调整。

为了向国家元首提供文化和艺术领域的信息，保证其与创作协会、文化艺术机构、创作阶层代表之间的互动，并为俄联邦总统提供有关国家文化艺术政策现实问题的建议，建立隶属于俄联邦总统的文化艺术委员会。

有关文化、教育、大众传媒、青年政策、民族关系、民众精神状态、爱国教育和公民权利等跨行业和跨层级问题，需要与俄联邦总统下属的其他咨询机构（科学和教育委员会，俄语委员会，民族关系委员会，宗教组织互动委员会，哥萨克事务委员会，公民社会与人权发展委员会，2012~2017年儿童利益国家战略合作委员会）共同讨论。

按照《国家文化政策基本条例》的规定，必须保证各部门和各层级间的相互合作。为了达成这种合作需要建立合作机构，其职权范围在《国家文化政策基本条例》中有所规定。

国家文化政策发展机构实施的是国家支持的正在实施或已规划的国有、非国有结构，其活动主要是发展文化（广义的文化概念和狭义的文化概念）基础设施，吸引合资和私人投资，打破文化基础设施限制，消除地区发展差异，促进公私合作发展。

社会和经济扶持国产电影联邦基金的任务包括支持国产电影艺术发展（包括国产电影制片人和出品人），强化大众电影的生产结构，吸引俄罗斯国内外投资者，提高国产电影的质量和竞争力等。

在俄罗斯经济宏观指数走向良好和（或）一系列制度及法律措施得以实施的情况下，这为建立其他的发展机构提供了可能。这些机构用以实施（资金支持）大型私有或公司合营的基础设施项目及综合项目，积累资金保护文化遗产以及城市和农村的历史环境，乃至促进文化体验旅游的发展。

完善和实施国家文化政策的必要条件是制订与《国家文化政策基本条例》和

《战略》的目的、任务、方向和优先选择相一致的俄联邦法律。

2016~2020年，为了保证《国家文化政策基本条例》和《条例》的规范实施，必须通过以下法令：

关于创造条件以促进文化领域公私合作和文化资助活动机构进一步发展的法令；

关于促进书籍出版、书籍普及，普及定期出版物，完善阅读设施，以保护和发展俄罗斯统一文化空间的法令；

关于保护俄联邦各民族文化遗产的法令，其中包括授权给俄联邦文化部对文化价值库进行例外巡回检查的权利；

关于加强旅游市场参与者的责任感，提高入境游客权益保护水平的法令；

关于在俄罗斯境内电影节期间允许没有出品许可证的电影放映的法令。

在2020~2030年，将进一步完善俄联邦法律，其中包括为增加非预算资金提供条件，以及为实施《战略》所必需的其他法律和规范措施。

实施《国家文化政策基本条例》和《战略》，要求采用科学方法制定和通过国家、区域、地方层面的管理决定。

科学研究机构与科学中心以及高等教育机构研究部门要进行基础研究和实用研究，其中包括在国家和联邦目标纲领框架下，依靠为非营利组织创作项目提供的津贴而开展的研究，还包括国家定制和其他科研与教育活动框架下的研究项目。

为了提高文化领域人才的质量，构建联邦和区域层级的人才潜力体系，包括国家机关职位（领导班子）和国家文化机构领导职位的遴选体系。培训和提高人才后备力量的专业水平。除此之外，部门下属机构专家要提高自己各方面的专业水平。

通过制定（采用新的）联邦国家教育标准，或教育机构自主制定并确立的教育标准，从文化机构对人才专业水准和职业标准出发，采取措施缩小职业教育和行业需求之间的差距。

为了评价国家文化政策实施的状态并监测其实施效率，建立国家文化政策实施的联邦信息分析监控系统，并根据监控结果编制俄联邦国家文化政策实施报告。

上述系统为评价文化活动的结果提供了新的标准，甚至文化、教育、科学、青年政策等领域领导人效率关键指数的新标准。

《战略》将文化领域的职业协会和社会组织纳入国家文化政策的实施过程中，

包括培育人才和提高专业技能问题。

这里所说的职业协会和团体，首先是指那些长时间与国家权力机关相互协作，具有相当多数量的专业人才，能够代表相当一部分专家团体的利益和立场的团体和协会，比如俄联邦戏剧活动协会、俄联邦电影艺术协会、俄罗斯艺术家协会、俄罗斯作家协会、俄罗斯作曲家协会、俄罗斯建筑师协会、俄罗斯记者协会、俄罗斯乐团协会、俄罗斯博物馆协会、艺术和文化教育机构协会和音乐教育机构协会等。

形成了文化政策新主体，如俄罗斯文物修复者协会，乃至倡导社会意义的大型全国性团体和活动，以及强调传统精神价值观的文化项目，如全俄合唱协会。

全俄国家—社会组织"俄罗斯战争—历史协会"的活动是在历史教育、爱国教育和反法西斯国家历史教育中国家与社会合作的例子。

必须制定国家权力机关移交部分职能的机制，这些职能包括鉴定、专家研究、资源共同管理、鼓励原创（包括在俄联邦各主体中），提高公民社会创作机构职业代表的专业技能。

VI　《战略》实施步骤

《战略》将分为两阶段实施：第一阶段为 2016~2020 年；第二阶段为 2021~2030 年。

第一阶段确定《战略》实施计划，按照战略规划文件和实施文件进行实施，采取立法和规定措施，按照《国家文化政策基本条例》和《战略》，完善联邦法律和俄联邦各主体的法规法案，修正相应的俄联邦国家纲领和俄联邦各主体的国家纲领。

在国家文化政策实施问题上，保证各部门、各层级之间的相互合作。制定和采用《战略》实施效率的质量指数和数量指数系统。制定并运行国家文化政策实施的信息分析检控系统。有效运用联邦层面和区域层面的人才潜力系统。

采取纲领性措施以缩小地区间的基础设施差异，发展农村文化基础设施建设。为发展创意（创作）产业提供资源条件和法规条款。

第二阶段要采取法律和法规措施，主要通过公私合作的方式从根本上提高文化资源的物质保障，建立发展机构，还要采取必要的组织措施和财政措施，以期达到《国家文化政策基本条例》和《战略》的目标、任务和优先发展方向。

VII 《战略》实施的预期结果

《战略》的实施将有利于形成国家文化政策价值导向的新模式，其中包括符合俄联邦国家制度的地区措施。

有利于到 2030 年，依靠所有拨款来源获得的文化资金总额扩大到国内生产总值的 1.4%；

有利于保证非预算的文化投资在文化总支出中的比例不低于 25%；

将有利于合格的联邦所属文化和艺术机构在联邦所属的文化和艺术机构总量中的比重增加至 90%；

有利于均衡中小城市和农村地区居民获得服务的条件，以及基础设施现代化和供应水平标准化；

有利于将俄联邦各地区符合社会标准和规范供应水平的文化组织提高至 80%~90%；

有利于建立有效机制，吸引私人投资注入文化领域，其中包括公私合作形式；

建立有效的资源保证系统，用以保护文化遗产，逐步减少处于不合格或破损状态的文物数量所占的比重；

有利于使俄罗斯成为列入联合国教科文组织世界遗产名录中文化遗产项目最多的 5 个国家之一，同时通过确立文化遗产界限和保护对象的方式来实现国家对遗产项目的完全保护；

有利于发挥历史和文化遗产对未成年人的教育作用；

有利于扩大俄语、俄罗斯文化和俄语教育在国外的影响空间；

有利于加强俄语在独联体成员国国家教育体系中的地位；

有利于将"互联网"信息通信网络中用于俄语学习，以及获取关于俄语教育和俄罗斯文化的优质资源数量扩大至 2015 年的 20 倍；

有利于将国外获取定向支持的俄语学校（班级）（包括为各母语者提供教学材料）数量在国外俄语学校（班级）总量中的比例提高至 2.5%；

有利于将俄联邦人均书籍销售量从 2014 年的 3 本扩大至 7 本；

有利于到 2030 年使国产电影占据国内电影市场的 30% 份额；

有利于将文化领域的专业团体、协会和社会组织纳入到国家文化政策实施中来。

（秦星：北京市第二外国语学院，在读研究生；祖春明：中国社会科学院中国文化研究中心俄罗斯中亚文化政策研究部　主任　副研究员）

"俄罗斯文化（2012~2018）"联邦发展规划

祖春明/译

一、规划所要解决的问题

现阶段俄联邦发展的基本特征是人们开始关注文化。根据 2008 年 11 月 17 日俄联邦政府颁布的第 1662 号命令所确定的《2020 年前俄联邦长期社会经济发展构想》，文化应在人力资源的形成中发挥主导作用。

今天，文化已成为现代社会的核心概念和国家调控的重要领域。由于它是一个复杂而多层次的系统，因此，要想解决文化问题需统筹安排，考虑多种相关因素，整合不同政府部门、社会机构及商业部门的力量。

国家文化政策旨在解决以下问题：

培育年轻一代的法制民主的精神、公民意识及爱国主义精神，鼓励他们参与文化创新和自由创造；

发展各民族的创造潜能，保证全体社会阶层广泛接触国内和国际文化价值；

保存俄联邦各民族的文化价值和传统，保护俄罗斯物质与非物质文化遗产，并将其作为精神财富和经济发展资源来进行开发与利用；

保持俄罗斯文化在海外的良好声誉并加强国际文化合作。

俄联邦具有巨大的文化潜能，但至今没有获得足够的开发。近十年来有效运转的国家措施尚未对改变文化发展现状产生决定性的正面影响，毕竟文化曾在20 世纪 90 年代遭到过严重的破坏。根据 2009 年 5 月 12 日颁布的第 537 号总统令所确定的《俄联邦 2020 年前国家安全战略》，国家在文化领域所面临的最大安全隐患是操控大众文化产品以满足少数社会阶层的精神需求。

联邦文化规划已经成功实施了近 15 年。虽然国内和国际经济动荡，但由于实施了《俄联邦文化艺术保护与发展规划（1997~1999）》《俄罗斯文化（2001~2005）》《俄罗斯文化（2006~2011）》，成功克服了文化发展的急剧下降，扩展了国家和社会支持文化发展的形式和规模。

如果停止采取规划的方式以发展文化，可能会产生以下不良后果：

扰乱文化领域的联邦行政机构、各联邦主体行政机构及自治区行政机构的行为，缩小这些机构的职权范围，进而不能系统地解决国家所面临的文化领域问题；

不能有效使用预算经费，不能更好地吸引预算外资金的投入；

文化机构的基础设施不能得到很好的维护，从而降低了俄罗斯公民的文化消费质量；

文化领域的人才培养水准下降；

俄联邦多民族的自主性文化及其精神价值的发展将陷入停滞；

削弱俄联邦多民族统一的精神文化整体；

限制国家对俄罗斯文化整体现状的影响；

不利于为公民创造性的自我实现提供条件。

今天尚没有出现能够替代国家规划的文化发展方案。当然，俄联邦政府也会有针对性地出台一些文化发展措施，有些措施甚至是由某个部门制定的。但这些措施的局限性和特殊性迟早会损害国家文化政策的完整性，导致预算经费不能被有效使用，削弱俄联邦各地区之间的联系，不能很好地应对在文化现代化和引入新机制以激发市场条件下文化潜力过程中所可能出现的复杂问题，并最终削弱俄罗斯多民族统一的精神文化整体，限制国家在俄联邦文化事务方面的影响力。

为了解决文化领域中所存在的问题，我们考察并分析了《"俄罗斯文化（2012~2018）"联邦发展规划》（以下简称《规划》）的两种方案。

第一种方案（现实的）依照《俄罗斯文化（2006~2011）》的方式，并在逻辑上是它的延续。拨款的基础归结为解决目前存在的问题及采取的相应措施，只增加了一些新的举措以满足当下文化发展的现代性要求。

第二种方案（乐观的）以实现国家的战略目标和解决文化发展问题的必要性为基本出发点，以此确定并论证了现代艺术、艺术教育、文化信息化等优先发展方向，制定了相应的规划措施，进而确定了财政拨款的规模。与此同时，对方式方法创新、科研以及在文化领域推广信息—交互技术等方面给予了特别关注。

第一种方案最可能的风险是因现有资源有限而减少文化领域支出的规模。

为避免出现不良后果在起草规划时遵循了以下原则：

为系统解决国家文化政策实施问题，需要建立文化领域所有主体和参与者（其中包括国家政府机关、地方自治机关、社会和其他非国有机构）广泛合作的框架；

《规划》关于保护和发展民族文化和文化遗产的措施应以社会效益为导向；

《规划》应优先支持创新和投资项目，鼓励文化机构采用现代管理、信息和其他新技术；

《规划》应根据俄罗斯文化发展领域不断变化的内部条件和外部条件及时调整方案和措施；

应确保《规划》的各种方案和措施适应条件改变成为常态；

应确保《规划》的各项措施的效用最大化，衡量效用最大化的方式是得到的结果与产生的费用之间的比例关系。为保证效用最大化，可在第二套方案中通过加速文化方案的实施和制定区域间文化规划，以及提升文化服务质量等方式来实现。

二、《规划》的基本目标和任务、实施阶段及评估指标

《规划》的基本战略目标是保存俄罗斯文化的独特性，为每个个体平等地获得文化服务，并发展和实现自己的文化与精神潜能创造条件。

为实现上述目标需解决以下问题：

为提升文化艺术领域的服务质量及其多样性创造条件；为文化机构实现现代化创造条件；

保证所有俄罗斯公民平等的文化权利与实现文化艺术创造潜能的权利；

实现文化领域信息化；

实现艺术教育体系和文化艺术领域人才培养体系的现代化，以满足俄罗斯最优秀的传统文化保护和适应现代性的双重要求；

发掘、保护和传播俄联邦各民族的文化遗产；

树立俄罗斯在世界共同体中的正面文化形象；

《规划》拟从以下几方面实现战略目标和解决以上问题：

为提升文化艺术领域服务质量及其多样性，乃至实现文化机构的现代化，需要加强文化艺术领域的教育工作，增加文化领域的投资和物资—技术投入。

为了实现以上目标确定了以下基本指标和参数：

联邦所属文艺机构中表现较好的机构数量在所有联邦所属文艺机构中所占的比例（计划到 2018 年该比例增加至 72.8%）；

与基准年相比剧院和其他演出活动的票房有所增加（计划到 2018 年实现环比增长 4.2%）；

国产影片在所有联邦本土放映的影片中所占比例（计划到 2018 年增加至 28%）；

参加文化娱乐活动的人数环比有所增加（计划到 2018 年增加至 7.2%）；

出版盲文图书（计划每年出版 61 种）。

为了实现文化领域信息化，需要在文化领域推广信息—交互技术并实现全领域信息化，甚至在文化遗产保护方面应用信息化手段。

目前，在文化领域推广信息—交互技术和实现文化领域信息化的趋势正在形成，这与俄联邦总统和政府所提出的建立信息化社会并以此为基础提高公民生活水平的目标是相关的。信息化技术应在最大程度保证俄联邦公民文化权利方面发挥最为重要的作用，使所有公民都可以参与到社会文化生活中来，无论他们的收入状况如何、社会地位如何，也无论他们居住在哪里，特别是要保障残障人士的文化权利。

我们需要根据以下指数来评估上述目标的实施情况：

拥有自己信息平台的文化机构在所有文化机构中所占的比例（计划到 2018 年这个指数可以达到 94%）；

数字化图书馆收录图书资料的数量环比增长情况（计划到 2018 年这个指数达到 2.3%）；

相关信息被国家唯一的俄联邦各民族文化遗产名录数据库所收录的文化遗产（历史文化遗迹）在所有文化遗产中所占的比例（计划到 2018 年这个比例增加至52%）；

为保护和发展俄罗斯独特的三阶段创意人才（其中包括音乐家、演员、指挥家、建筑师、艺术家、雕塑家、设计师和电影艺术工作者等）培养体系需采取一系列措施。应特别重视培养现代新型艺术的人才，重视儿童艺术学校的硬件设施建设和现代化，重视文化教育机构的现代化并加强基础设施建设。

为实现上述目标需确定以下基本参数：

具有现代化基础设施的文化教育机构数量（包括儿童艺术学校）在所有文化教育机构中所占的比例（计划到 2018 年该比例增加至 20.5%）；

在儿童艺术学校中学习的儿童数量占儿童总数的比例（计划到 2018 年该比例增加至 12%）。

要在文化遗产保护的框架内实现对俄联邦各民族文化遗产的发掘、保护和开发工作。为实现这一目标需采取一系列发掘、保护和开发文化遗产的措施，这些文化遗产包括可动和不动的俄罗斯历史文物，乃至保护考古遗址，保存和扩充博物馆馆藏，发展档案事业和增建图书馆。

实现上述目标的参数和指标包括：

保存完好的联邦所属文化遗产的数量在所有联邦所属文化遗产数量中的占比

情况（计划到 2018 年该比例增加至 45.3%）；

对各民族文化遗产保护对象（历史文物）进行持续监测和开发的联邦主体数量在联邦主体总体数量中的占比情况（计划到 2018 年该占比达到 100%）；

以各种形式呈现给观众的博物馆藏品数量在所有藏品中的占比情况（计划到 2018 年该比例增加至 34%）；

博物馆的访问量（计划到 2018 年博物馆的访问量增加至人均每年 0.9 次）；

保存完好的（可以保证长期乃至永久保存的）国家档案资料在所有国家档案资料中的占比情况（计划到 2018 年该比例增加至 24%）；

提高图书馆馆藏图书的供给水平（以每千人 1 册为基准，计划到 2018 年该比例增加至 92%）；

图书馆的访问量（计划到 2018 年图书馆访问量增加至人均每年 46 次）。

为在世界共同体中树立立俄罗斯文化的正面形象需要参与到国际文化进程中来：规划拟支持本国团体在国外举办各种巡演和展出活动；在主要的国际图书博览会上展示当代俄罗斯文学及其他出版物；支持把俄罗斯国内作家的作品翻译为其他国家语言；鼓励其他有助于宣传俄罗斯专业创作作品、俄罗斯文化和我们多民族国家民族文化成就的活动。

为实现上述目标需不断增加在国外举办的文化活动的数量（计划到 2018 年同比增长 22%）。

《规划》拟于 2018 年年底实现上述战略目标，按照两个阶段实施：

第一阶段（2012~2014 年）是准备阶段，计划根据全国宏观经济形势在文化领域采取必要的金融稳定措施。扶持专业性较强的艺术门类，鼓励创作新的现代作品和最有效率的文化发展方向，发展相对薄弱的文化领域，开展必要的修复工作，实施文化发展计划，加强文化机构的基础设施建设，以保证国民基本文化权利和服务的质量。在文化遗产的保护方面将首次突出考古文物的保护和研究工作，以及特别扶持俄罗斯的对外文化发展。

第二阶段（2015~2018 年）是发展阶段，计划增加对文化和艺术领域创新活动的财政拨款。在文化的不同领域实施重大项目，积极促进俄联邦各主体的文化发展，在文化领域大规模推广信息—交互技术，对文化遗产进行必要的修复工作，并在俄联邦各主体进行文化艺术设施建设。

《规划》制定了一系列措施以保证联邦、地区和私人等不同性质的文化、艺术、教育和电影拍摄等机构的专业设备、交通、乐器、系统的材料和资料。《规划》拟扩大定向扶持创意团队、个体、执行者和其他艺术创造活动参与者的资助方式，如设立课题。

为资助各联邦主体用来促进文化机构发展所必需的各种费用，联邦财政为各联邦主体提供和分配津贴，但其中不包括资助资本建设的津贴。

为资助各联邦主体加强当地文化基础设施建设，其中也包括《规划》所规定的地区档案馆的建设，联邦财政为各联邦主体提供津贴。

《规划》的实施要保证所有俄联邦主体所采取措施的连续性，尤其是在支持巡演活动、青年创意、修复工作、基础设施建设和文化领域信息化等方面的措施。要根据科研结果来逐渐扩大文化领域的工作规模。

三、《规划》的实施办法

《规划》拟采取最为重要和有效的方案和措施以解决戏剧、音乐、造型艺术、杂技、现代艺术和电影领域的艺术产品生产问题，乃至完善艺术人才培养体系，使他们可以掌握现代艺术领域中的新技术。《规划》拟在推广信息—交互技术、加强物质—技术基础建设和其他方面开展积极工作，以及在俄联邦各主体中扩大文物的修复工作的规模。《规划》具体项目和措施的遴选条件是它们与规划预期的目标相一致。这些项目的实施者以及文物修复工作的对象是通过公开竞标的方式产生的。

在为重大投资项目遴选资本建设对象时应对每个对象相应的文物保护机构的技术状态进行鉴定。

规划规定了国家对地区投资项目的支持，这些项目主要用于资本建设、长期资本回报率的文物修复工作，并采取由联邦财政向各俄联邦主体财政提供补助的方式来实现。

为细化文化领域中的主要任务和目标，以及确定本规划中参数的数量意义而采用了规范化方法。指导文化领域发展方向的标准，部分是由文化管理领域的专家研究得出的，部分是由国际组织推荐的，其中包括联合国教科文组织文化遗产评估指标和图书馆馆藏图书配置标准。与此同时，广泛使用文化发展监测数据，其中包括由实地获得的关于文化遗产状况的详细信息。

四、《规划》实施的资源保障

《规划》实施的经费来源主要为联邦财政、各联邦主体的财政以及财政外的其他经费来源。

《规划》拨款总额为一千九百二十八亿六千三百零三万卢布 （192863030000

卢布），其中包括：

联邦财政拨款一千八百六十五亿一千三百五十七万卢布（186513570000卢布）；

各联邦主体拨款三十八亿五千八百九十八万卢布（3858980000卢布）；

财政外拨款二十四亿九千零四十八万卢布（2490480000卢布）。

拨款范围如下：

资本投入：一千一百五十四亿九千一百五十八万卢布（115491580000卢布）；

科研和实验—设计工作投入：九亿一千五百六十五万卢布（915650000卢布）；

其他投入：七百六十四亿五千五百八十万卢布（76455800000卢布）。

文化的发展离不开财政外资金的投入，离不开有效的市场运行机制，也离不开国家和私人机构的实际参与和积极合作。规划拟促进所有权力机构、商业部门、科研和社会组织的有效互动，以便实施在以下领域的重大文化项目和规划：发展某些文化门类；文化遗产的保护和开发；增加地区文化吸引力和提高文化领域服务质量。

在最近几年内，在联邦、地区、地方等层面上通过实施相应的文化规划有效保障了各方面的积极参与。

其中，大部分俄联邦主体都相应制定了文化发展方案、战略和地区性规，规定了共同的财政支出和参与实施联邦文化发展战略的一系列措施。文化领域的地区性发展方案需为中长期规划。目前，在使用规划的方式进行文化管理方面已积累了某些成功经验。这种方式采用了国家—私人合作的机制，它可以有效地协调不同层级行政机构、商业部门和其他利益相关方的活动，提升了文化服务市场的竞争力。

吸引财政外投资有利于戏剧、音乐和杂技等领域艺术作品的生产与传播，也有利于扶持电影制作。这些财政外资金被用于扶持现代艺术领域年轻作者的创意项目，组织和举办全俄表演比赛，年轻作者和表演者处女秀活动，乃至民间艺术创作领域的其他项目。财政外投资将在俄罗斯参与国际文化活动、扶持国内表演者的国际巡演以及邀请国外主要创作团体参加俄罗斯艺术节及其他活动方面发挥重要作用。

计划继续在国家—私人合作框架中加强各参与主体的互动。为实现以上目标，吸引财政外投资将有利于未来的文化发展取得更为丰硕的成果。

五、《规划》的实施机制

实施《规划》的领导者是俄联邦文化部部长，他对《规划》的实施、最终成果、有效地使用规划拨款以及规划实施管理的方式和方法负有全责。

俄联邦文化部作为国家采购者—调配员，负有以下职责：

负责协调所有国家采购者为准备和实施《规划》的各项措施而进行的活动，分析和合理使用财政内及财政外拨款；

按照既定程序起草各种方案，以应对俄联邦政府做出的关于修改和提前终止实施规划的决定；

在自己职权范围内制定实施《规划》所需的各种规定和法规；

针对《规划》实施的进展情况进行季度总结；

对《规划》的实施进行季度财务核算；

负责审核由不同国家采购者制订的年度计划和《规划》实施的财务情况，以及各种用于监测各项措施实施情况的目标参数和指标；

《规划》的其他国家采购者包括联邦档案署、联邦出版与大众传媒署、联邦国家拨款文化机构"国家埃尔米塔施"、联邦国家拨款文化机构"俄联邦电影国家基金"，以上采购者负有以下职责：

参与起草关于《规划》实施进展、取得成果和拨款使用效率等问题的报告；

每个季度对《规划》的实施进行财务核算；

每年按照既定程序制定下一财年规划的具体措施，明确规划各种措施的支出以及规划实施机制；

制定用于监测规划各项措施实施情况的目标指数；

负责通过竞标的方式遴选规划各项措施的实施单位和产品的供货商；

与《规划》的主要参与单位协商实施各项措施的可能期限、拨款的额度和来源；

向国家采购者—调配员上报关于《规划》各项措施实施情况的统计、咨询和分析数据；

在《规划》实施管理和各项措施进展管控方面组织推广信息技术；

组织收集关于《规划》实施的进展和结果、《规划》各项措施的拨款情况、吸引财政外投资情况、为参与《规划》实施而举行的竞标活动以及投资者情况的信息（包括电子形式）；

《规划》实施前，俄联邦文化部负有以下职责：

确定《规划》实施的管理现状，并制订《规划》实施的组织—拨款计划；

建立《规划》各项措施的矫正机制，确定《规划》实施过程中的资源保证情况；

建立信息公开程序，以确保关于《规划》实施的指数和参数的意义、规划实施情况监测结果、参与规划竞标的条件、竞标活动以及确定中标标准等方面的信息可以实现公开化。

六、《规划》的社会—经济以及生态效果评估

文化的基本特征表现为文化活动最为重要的成果会逐渐积淀并显现出社会效果，表现为智力潜能的扩大，个体价值导向和行为规范的改变，并最终引起社会功能基础的改变。

《规划》中所使用的指标和参数体系，只能反映文化活动的当下结果。因此，《规划》中的具体方案可以包含自己独特的结果评估参数。由《规划》的国家采购者和国家采购者—调配者对规划及其每个具体方案的实施效率进行评估。

实现《规划》的主要社会—经济效果表现为提升文化在俄罗斯公民生活中的社会作用，相应地，提升俄联邦的生活质量，巩固俄罗斯作为伟大的文化强国的地位，为实现国家现代化方针营造良好的社会氛围。这种效果是随着时间不断积累的，并表现为以下方面：

在保持各地区文化多样性的同时，加强国家统一；在保持俄联邦境内各民族独特性的同时，保持俄罗斯国家完整。

为创意活动创造良好条件，保证公民可获得多种文化服务和文化艺术信息。

为俄罗斯文化发展与世界文化进程的对接与融合创造良好条件，为掌握文化交换的新形式和新方向创造良好条件。

加速文化产业发展，增加文化领域非国有资源的规模。

保证青年创意人才在自由的劳动力市场（包括国际市场）中的竞争力，加强青年人的审美教育。

发展文化与保护环境是紧密联系在一起的。这种联系通常表现在保护文化景观和名胜古迹方面，也表现在博物馆—文物保护区等方面。建立名胜古迹和历史—文化保护区体系与解决生态和自然遗产保护问题直接相关。因此，《规划》拟在密切关注环境保护的基础上来解决文化发展问题。

需根据实际达到规定的目标参数和指数的程度来评估规划的实施效果。

《规划》的各种措施提高了联邦文化资产的利用率。

《规划》的经济效益将与文化领域所吸引的投资相关，这是由于国家—私人

合作框架的建立，为商业部门创造了富有吸引力的经济条件。规划的经济效益还将与加强历史领土上文化的作用相关，与文化和旅游基础设施建设相关。基础设施建设可以创造更多的就业岗位，补足相应水平的预算，保证国内生产总值的增加。

（祖春明：中国社会科学院中国文化研究中心俄罗斯中亚文化
政策研究部主任　副研究员）

俄罗斯文化政策概述

[俄] **T. 费德洛娃**/著　　**王鑫鑫等**/译

一、历史视角：文化政策与手段

20 世纪 90 年代，俄罗斯文化领域中具有重大历史意义的事件是文化政策模式从苏联模式转向一种新的模式。苏联时期文化政策是苏联共产党实行的"马克思—列宁主义"意识形态政策的组成部分，这种意识形态政策也广泛采用教育和启蒙等手段并为党的目的服务。这个体系基本形成于 20 世纪 20 年代和 30 年代。在 20 世纪 40 年代，它逐渐演变并强调对历史认同感的强化。尽管期间有过几次改革，但仅流于表面，这一体系直到 20 世纪 80 年代末基本没有发生任何改变。它的基本内容包括如下：

形成了一个具有强大教育功能的国家文化机构所组成的巨大网络；

形成了一个森严的、集中化的行政体系和意识形态管控体系；

设定相应的调控机制；

支持经典或高雅文化，并且这种文化在内容上是忠诚或中立的。

广播、电影和新闻出版等具有最大信息播报潜力的文化手段获得了优先发展权。从 20 世纪 60 年代开始，政府越来越重视电视这种媒介。为了适应苏联共产党的需要，"苏联作协"体系覆盖了主要的艺术形式。它的主要任务是管辖艺术团体和知识分子，并组织他们的专业活动。

1953 年，苏联的各加盟共和国先后成立了文化部。文化部的建立结束了与政府整体系统相对应的一整套文化部门的官僚机器。尽管存在这样的制度，但国家的文化生活却是多元的和多样的，因为文化政策的目标之一是使民众参与到官方组织的文化活动中来。一旦管控逐渐松动，之前潜在的趋势就会显现出来。20 世纪 50 年代末到 60 年代初，赫鲁晓夫的改革和所谓的"解冻"激发了人们对自由的渴望，其中也包括在文化生活领域。但随之而来的是勃列日涅夫时期的"停滞"，并且创造了一个新的身份认同口号——"苏联人民"。

20 世纪 80 年代中期，戈尔巴乔夫发起了真正的变革，削弱了强加在大众传媒上的意识形态压力和文化教育机构上的行政管控。知识分子、艺术家和文化工作者成为了"改革"运动最热心的支持者。1990年《新闻和其他大众传媒法》的颁布废止了国家审查制度,这部法律宣告意识形态管控的废除。到了20世纪90年代初期,国家仍在减少参与文化事务的管理。伴随着经济和政治危机日益走向高潮,国家不再关注文化方面的问题……随即苏联解体了。

1991年12月,新的独立国家俄罗斯联邦成立了,苏联人民代表大会被重新命名为杜马(这个名称在沙俄帝国晚期曾被使用过),但是原来苏联复杂的联邦结构被保留了下来。在这段时期,政治、社会和经济领域的激进改革逐渐展开,这段时期后来被描述为"文化动荡的十年"。

起初,联邦文化政策的主要目标是保证民众的表达自由、保护文化遗产和确保国有文化机构整个网络的正常运行。1993年6月,俄联邦政府提出的这些目标构成了《俄联邦文化和艺术发展与保护规划(1993~1995)》的基础。国家倾向于缩减文化领域的投入,希望各文化机构可以通过自主行为、市场规律和接受赞助渡过难关。直到20世纪90年代,俄罗斯通过接受资助的方式发展起来,但此时在文化的各个领域的经济问题已经相当严重了。重建文化领域的法律基础的任务被提上日程。

20世纪90年代中期,一项旨在解读《国家文化政策报告》的工作帮助俄罗斯的文化发展优势能够与欧洲发达国家相媲美。1997~1999年的联邦文化发展规划将社会与政治目标更多地侧重于发展而非保护,但由于俄罗斯持续不断的政治和经济危机,这些目标特别是那些发展目标仍未完成。不过,文化生活却变得日益多样化,文化倾向和文化消费的模式也发生着变化。

公众讨论的焦点集中在文化的极高社会地位与文化部门拨款不足之间的矛盾。文化预算几经缩减,仅限于发放文化机构工作人员的工资,以至于大家为优先资源相互争夺。1999年文化预算第一次达到要求,它标志着文化发展转向稳定。尽管如此,人们对文化和艺术特别是对高雅文化和艺术质量的崇尚却急剧减少了。高雅艺术逐渐被作为商业活动的大众文化和娱乐所取代。

21世纪初,众所周知的是,仅仅通过放弃意识形态管控和保证表达自由的方式并不足以支撑文化发展。公众对文化政策的讨论总是集中在截然相反的两个极端:其一,国家应增大对文化产品和各类承担重要社会—文化功能的文化机构的支持力度;其二,国家应减少国有文化机构、各类博物馆等的数量,并改变它们的法律地位,甚至不排除将它们实现私有化。

从2003年开始,联邦政府倡导更加透明和高效的预算支出的精神:

通过将更多权力下放到地区和地方层面的方式实现三级行政部门之间分权;

引入预算使用的绩效考核和预算分配的竞争机制；

为非营利组织建立新的法律形式，以促进文化部门的机构重组（改变以前国有文化、教育和研究机构的法律地位）；

在社会—文化部门加强公私合作和私有化进程，包括重建宗教机构。

2004 年，俄罗斯政府机构在行政改革框架下进行了重组。联邦职能部门被归为三个层面：政策制定部门（部委）、强力部门（履行监督职能）和行政机构（代理机构）。

优秀文化部门的管理目标是明确其管理范围和相关职责。至于职责，俄联邦文化部在不同时期也曾负责管理旅游业和大众传媒；在地区层面，各文化事务管理处也可能负责管理青年政策、大众传媒、旅游业和民族事务等。从另一方面来说，上文提到的行政改革已经在不同层级的管理主体间重新分配了权责。管理文化机构整个网络的权力已经下放到地区层面和地方层面，因此，文化拨款也主要依靠当地的财政预算。

二、文化政策的总体任务和原则

（一）当代文化政策模式的主要特征

根据 1992 年的《文化基本法》，国家文化政策（或国家在文化发展领域的政策）是指国家在文化保护、发展和传播过程中以及从事各类文化活动中应该遵循的原则和规范。

在过去的十年间，文化政策的重点已从国家对文化机构的管理和拨款（主要是进行遗产保护）转向更加多元的文化事务管理方式和原则。相应地，文化政策模式也从中心化的、以国家管控为主的模式转变为更加复杂和商业化的模式。新的文化政策制定主体已经形成，包括地方自治政府和私人。文化产业和文化管理变得越来越复杂。

由于国家仍是文化政策的基本主体，因此，一般性的政策和行政手段仍会对文化部门产生深刻的影响。权力下放，加大地区和地方文化政策制定主体的权力比重，支持文化机构和遗产保护单位的转企改制，发展当代艺术、传媒文化、文化产业和娱乐业，这些措施将独立于国家文化政策，并使文化领域变得更加多元和不确定。

在地区层面上，人们试图对文化政策模式进行创新，以增强文化机构的竞争力，提高文化生活的普及度和参与度（可参见彼尔姆边疆区的做法）。但随着意见的分化和 2012 年彼尔姆边疆区领导人的更换，创新项目和实践也随之减少。

然而，争取捐赠和财政支持对于文化政策的制定来说变得越来越重要。

（二）文化的国家定义

国家对文化的理解主要是基于文化在社会和民族问题中所起的基础性作用的高度认同感。这种观念是由俄罗斯知识分子提出的，并且它作为一个传统话题被大众所接受并被引入到政策话语中。俄罗斯作为一个具有多元文化的当代民主国家，文化的主要作用被广泛认为是代表精神和伦理的基本方向，它象征着社会凝聚力和民族理念，并且它又是民族诚信的基础。

尽管如此，在《文化基本法》中并没有"文化"的定义，虽然在第三条中提到了与之相关的各种定义，包括文化价值、文化产品、文化活动、文化古迹、文化资产、文化政策和创意工作者，但唯独忽略了对"文化"的定义。尽管 2010 年在对《俄联邦文化基本法》进行修订时曾试图仿照联合国教科文组织提出的"文化"定义并对其进行更宽泛的"人类学"定义，但却没有成功。

最近，在官方层面，文化和文化遗产被用来指整个价值体系。这一体系是民族认同的基础，它影响着社会的各个领域，并且它是民族自豪感和爱国精神的源泉。在大众的观念中，文化也被理解为一种公共性产品和公共责任，也包括把大众传媒当作一种宣传手段。实现文化机构和文化古迹转企改制的观念并没有在民众和文化工作者那里获得广泛的认可。这些观念的产生是由于人们对非政府组织和私人企业并不太认同。

（三）文化政策的任务

文化政策的目标是行使俄罗斯公民的宪法权利。按照欧洲议会和联合国教科文组织官方文件中提出的理念和原则制定了文化发展方案。这一方案在俄罗斯国内和欧洲专家关于俄罗斯文化政策的报告以及其在 1996 年在欧洲议会文化委员会的陈述中获得了广泛好评。从此以后，在官方文件中所出现的文化政策的目标就是突出强调古典文化和民族文化传统的重要性，重视创造性和保护性活动，强调如何获得文化和艺术教育。

2008 年，俄联邦经济发展部制定了《俄联邦经济社会长期发展理念》（2008~2020)，它又简称为《战略 2020》。《战略 2020》指出，在向创新型经济转型的大背景下，文化政策的主要任务是发展和实现个人和社会的文化潜能。其基本原则如下：

保证俄罗斯公民平等地获得文化产品和服务，以及平等地接受文化和艺术教育的权力；

保证文化服务的质量和普及；

保护和开发俄罗斯各民族的文化古迹；

发掘文化潜力以提升俄罗斯的国际形象；

改善文化领域的管理、金融和法律机制。俄联邦政府的《战略2020》提出要创新性加强在急需的人力资源方面的大额投资，并且推动教育、科学与文化的普遍发展。它同时也制定了衡量文化机构使用率和相关设施质量的标准和一系列指标体系，以实现国有文化机构网络的现代化以及文化产品和服务的普及。

《俄联邦文化目标计划》（2012~2018）旨在增加在传统文化管理领域中最为重要活动的资助，其目标如下：

保存俄罗斯民族的文化独特性，保证民众可以平等获得文化产品，保证个人文化和精神发展的可能性。

提供文化艺术领域高质量和多样性的服务，实现文化机构的现代化。

实现文化领域信息化。

考虑到保护俄罗斯学校的需要和应对当代挑战，要实现艺术教育和文化职业培训现代化。

保护与开发俄罗斯各民族的文化遗产。

改善俄罗斯在国际社会中的形象。

最新的《俄联邦文化与旅游业发展规划》（2013~2020）正在讨论中。其基本目标为：使得文化成为个人和国家精神与道德以及国家诚信基础，并为此发挥文化的战略作用。为实现此目标需要完成以下三项主要任务：

保护文化和历史遗产，保证文化产品的普及和文化生活的参与，激发民族创造力和创新潜力；

提高国内外旅游业的服务质量和普及率，将旅游业作为提升和展示民族文化和自然遗产的有效工具；

保证文化和艺术领域的可持续发展。

三、政策制定和管理主体

（一）机构设置

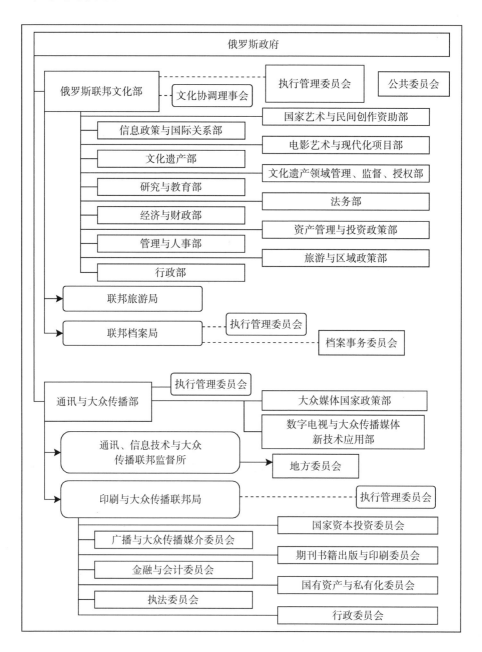

（二）机构的整体描述

在俄罗斯，国家仍然是文化政策的主要制定者，而在文化管理的结构框架中，行政机关发挥着重要的作用。作为国家元首的俄罗斯联邦总统，他可以任命俄联邦文化部长，并且他对议会负责来制定国家政策的基本法则和优先事务。1996 年成立的俄罗斯总统文化和艺术委员会成为俄罗斯总统的顾问团，其成员由俄罗斯总统任命，他们包括杰出的文化管理者、艺术家和艺术家代表联盟。委员会负责向国家元首汇报文化和艺术事务，与创意团体和文化组织积极互动，并协助制定文化和艺术的国家政策。该委员会还负责对国家级的文学奖、艺术奖以及人道主义活动奖进行提名；2012 年，国家"文化"频道授予其值得信赖的委员会称号。2012 年，该委员会会议的主题是关于当代文化政策议题，支持创新举措，资助文化历史遗产的保护和使用，支持年轻一代的人文性和创造性发展，并推进国际文化合作。该委员会成立了四个政府间委员会，分别针对文化政策、教育、遗产和国际合作。

国家杜马和联邦委员会构成俄罗斯联邦议会（立法机关），该议会通过以下几个方面影响联邦的文化政策：

- 制定并通过联邦立法，包括一般法（市场经济法、劳动法、社会福利法等）和文化部的特殊法；
- 批准政府起草的联邦预算，包括文化拨款。

联邦议会主席设有国家文化政策的顾问委员会，它主要用来分析政策问题和预测联邦议会的发展前景，并且它提议修订关于俄罗斯联邦人民文化保护、协调不同地区文化发展和文学艺术资助活动和企业赞助活动的相关立法。

通过与文化部的合作，国家杜马成员对文化部及其专业人士和组织团体进行利益和需求的游说。它设有专门针对文化、民族关系和信息政策的专业委员会，相关的法律也为议会讨论提供保障。近年来，文化委员会工作组提出了文化政策的"路线图"，这是使用国家=私人合作制来解决部门现代化过程中存在的问题。在 2012 年的夏季，国家杜马主席建立了文化委员会，它旨在文化领域进行立法支持。

俄罗斯联邦文化部负责制定规章并管理国家财产，并提供有关文化、艺术、文化遗产、电影、档案、著作权及相关版权，以及旅游业的国家服务。该部门负责起草政府文化部门的法律条例，提出联邦预算的部门申请，管理国家登记注册、代码和目录，并研究司法实践和文化政策的效力。它还负责联邦目标计划"俄罗斯文化"（2012~2018）计划的实施。

2012 年，俄罗斯联邦文化古迹保护法律监督所撤销，它在古迹保护，关于图书馆、档案馆和博物馆馆藏的监管，关于文化产品出口、进口和流通的管理，著作权及相关权利的保护已经移交给文化部。同年，该部门开始负责旅游业领域，联邦旅游局移交俄罗斯联邦文化部。该机构管理国家财产和提供相关领域的国家服务，负责国内旅游企业的注册登记，推广国内外市场的旅游产品，它发展该领域的国家计划并支持中小型企业。

文化艺术协调委员会是一个由文化部管理的咨询机构，它为行政机关提供联邦和地区层面的相关的咨询服务。该委员会将文化部门的联邦当局和地区决策者之间形成统一整体。同时，该部门还有一个公共委员会，它是一个顾问机构，负责会议日程中相关议题的讨论和专家意见。目前的讨论是对文化部管辖的五个科研机构进行结构优化和内容优化。

文化部下属的联邦档案局针对档案馆的馆藏资料提供相关的国家服务，并为读者提供使用便利。它负责国家档案的保存和文件的出版；它是档案项目唯一的国家注册机关；它监督披露的信息，并进行资料的收购交易。联邦机构直接管理联邦档案局，并将大量资金用于馆藏保存的技术投入（藏馆、设施、复印等）。联邦档案事务服务委员会承担着协调相关国家和地区机构的功能。

2008 年，印刷与大众传播联邦总局（FAPMC）从文化部划出，并划归到通讯与大众传播部。后者制定了国家在信息通信、大众媒体、印刷和个人数据处理方面的政策。印刷与大众传播联邦总局主管出版业、出版社、印刷业和所有类型的媒体。联邦局负责组织电子媒体受众测量，分析平面媒体发行量，审查部门发展，为印刷材料提供合法赞助，并资助重要产品的出版。印刷与大众传播联邦总局管理全国的音像媒体（电影除外）和广播媒体。它还与强大的广播员团体、出版商和其他媒体演员展开合作。

通信与大众传播联邦监督所隶属于同一部门，它对大众媒体（包括电子媒体）、信息技术和个人数据领域施行国家保护和控制。它颁发广播和视听产品执照，进行国家媒体和相关许可证登记，提供频率范围服务，并颁发在俄罗斯境内传播外国印刷品的许可证。

区域发展部成立于 2004 年，它在俄罗斯的各联邦内负责社会和文化事务。它负责国际关系、国土开发和跨国界合作等国家政策的实施。下设的民族关系部负责民族文化发展、民族间的相互关系，以及哈萨克事务（一个特殊的民族和文化群体）。该部门支持关于民族交流的研究和社会学评论，资助有关民族文化、文化对话和宽容的会议、节日和论坛，也支持相关的大众媒体，例如使用俄罗斯联邦人民的语言建立一个专门的门户网站。

俄罗斯联邦包括 83 个行政区和区域单位（其中一些按照种族划分），并且它们享有不同的政治地位：共和国、边疆区（省）、州（区）、自治州、自治区、莫斯科市和圣彼得堡市。从 2000 年起，这些单位进一步划分为 7 个联邦地区，这些联邦地区提供了一个更大的文化项目框架，如中央联邦区的文化和艺术竞赛。这些地区的结构模式普遍地反映了联邦的统一性，并且这种模式对于地区文化部门非常重要。地区文化政策在优先权和资源配置方面具有很大的差异。地区文化行政部门的负责人是文化部文化协调委员会的成员之一。该委员会联合联邦和地区的决策者一道，他们共同推动和发展国家的政策决策进程。

2005 年，俄罗斯联邦公众院成立，填补了政府、地方自治政府、公共团体等机构的空白，并且将它们纳入到决策过程中。俄罗斯联邦公众院的工作由专门委员会和大会负责，其中，一些委员会更关注文化问题，尤其是文化政策、传播、言论自由、文化与精神古迹、民族关系等。其最大的影响力是有能力直接干预冲突，并在制定法律的过程中提出建议。同时，在地区同样建有公众院。

（三）国际文化合作

政府间合作是国家治理的基本原则之一。根据其章程，俄罗斯联邦文化部可以直接或通过其地区单位参与到其他联邦、区域和市政机关的合作。例如，俄罗斯联邦文化部和教育科学部的互动体现在艺术教育领域政策法规的详细制定方面，这种艺术教育作为大众教育机构是在政策和法规的管理范围内。

文化的跨部门合作是各种职能和机构重叠效应的结果。例如，财政部负责制定预算并提供资助，它规定了国家资助文化和大众媒体的形式和范围。同时，联邦海关负责管理文化商品的跨境流通。很多部门仍保留着自己的文化机构网络（例如，俱乐部、博物馆、图书馆、交响乐团、剧院等），而教育科学部也致力于儿童和青少年的艺术教育网络管理。

联邦目标计划（FTPS）包括那些致力于部门、地区或民族文化发展的计划，它们是协助组织各个部门之间活动的预算工具，其中包括一些文化内容的活动。文化部是"俄罗斯文化"（2012~2018）这一联邦目标项目的理事—协调员，由文化部及其机构和联邦印刷与大众传播局精心策划。文化部也参与其他 FTPS，包括截止到 2014 年的加里宁格勒地区发展，截止到 2013 年的远东和外贝加尔湖区域的社会经济发展等。

1. 主要结构和趋势

1990 年出现了国际文化合作的一个突破，一方面源于俄罗斯的边境开放旅游和交流，另一方面也源于所有政府层面的文化联系的加强。1996 年的《俄罗斯联邦文化政策政府报告》中，俄罗斯联邦获得欧洲理事会的成员资格，也标志着一个时期在文化领域的对于国际协定和公约的承诺，这加强了文化事务的法制化发展。2001 年，外交部部长（MFA）采用了海外文化推广的 MFA 概念，使得国际文化合作成为推进外交政策的一种手段。

2008 年，俄罗斯总统宣布了新的外交政策。它优先支持推广俄罗斯语言，这一举措促进俄罗斯的民族文化发展，并对促进世界文化和文明的多样性做出了贡献。独立国家联合体（独联体）的双边和多边文化合作的发展被列为第一优先地位。新的外交政策概念也将欧盟作为俄罗斯的主要合作伙伴之一，并致力于建立全欧洲共同的教育、科学和文化的空间。2010 年，俄罗斯总统通过了《俄罗斯联邦国际文化和人道主义合作领域政策》，作为新的外交政策概念的补充。文件阐明了文化外交的重要性和俄罗斯文化对海外的影响。2012 年 5 月的总统令提出了一项任务，"扩大俄罗斯文化的国际影响，加强俄罗斯语言的国际地位，发展俄罗斯科学文化中心网络"。

自 2004 年以来，国际关系中的文化因素得到更多的重视。文化因素也纳入俄罗斯与区域性组织的合作中，例如欧洲理事会、上海合作组织、北极理事会，巴伦支欧洲北极理事会，也在与波罗的海、黑海和里海地区的国际条约中有所体现。

文化合作通常是基于双边和多边协议，而更大规模的活动主要是传统双方互办"文化年"，例如在俄罗斯和相关的欧洲或亚洲国家。2013 年，"俄罗斯文化年"在希腊举行。大众媒体对外国观众进行着充满俄罗斯"正面形象"的传播，同时也表现出俄罗斯文化艺术活动，以及与之相伴的一系列重要外交和国际活动。

1999 年，俄罗斯联邦和白俄罗斯共和国签署了关于建立联盟国家的条约。保护和促进民族、文化和语言身份平等的文化发展和规定是联盟国际及其成员的共同责任。联盟十周年宣言（2009 年）中包括发展共同人文空间的规定。

2. 公共活动与文化外交

作为国家元首，俄罗斯总统对外交政策有决定作用，并在总统行政办公厅外交文化关系局的协助下，发起国际文化行动。联邦委员会为国际合作提供法律支持，并推进相关协议的进展。委员会成员在议会间合作委员会中工作。

外交部（MFA）负责制定总体策略，开展外交活动，提供国际文化合作发展框架，在国际组织（联合国教科文组织、欧洲理事会等）代表俄罗斯出席，并协调其他联邦政府部门的国际关系。外交部及其国外机构也参与国家的文化项目，支持联合国主持建立的文明联盟的发展，促进宗教间对话，资助"俄罗斯和平号"基金会的活动等。

2002 年，外交部成立俄罗斯国际科学文化合作中心。该中心在国外进行了机构网络的管理，提供俄语的常识和培训课程，促进俄罗斯文学和文化的对外传播。该中心的代表成员还支持俄罗斯和外国的非政府组织之间的联系，资助国外的俄罗斯语社群，为外国学生提供俄罗斯奖学金和教育课程等。2008 年，中心被纳入外交部下新成立的独联体事务、侨胞和国际人道主义合作联邦机构；独联体内的文化交流是该机构的主要事务。2012 年，该机构负责人提出，作为一种"软实力"建设，要发展和加强国外的办事处和俄罗斯科学文化中心。

文化部负责协商并实现双边文化合作的部门间协议，采用文化合作计划，"输出"俄罗斯文化艺术，管理在俄罗斯境内的国际文化活动，举办文化交流，资助俄罗斯参与国际艺术竞赛、节庆、论坛、展览和演出等。文化部部长是巴伦支海欧洲—北极地区以及波罗的海区域内文化部长会议的常任理事成员，并负责主持独联体成员国文化合作委员会。

区域发展部在民族文化、语言、民间艺术发展和身份保护等领域与国际组织合作，并负责监管区域性与跨境文化合作。2009~2010 年，区域发展部与欧洲理事会一起，联合欧洲理事会/欧盟委员会/区域发展联合项目部，呼吁推进"少数民族在俄罗斯——语言、文化、大众媒体和市民社会的发展"这一课题。该部门还在第二届俄罗斯联盟世界土著十周年国际庆典中举办活动。部门代表参加2007~2013 年立陶宛—波兰—俄罗斯跨境合作计划，在俄罗斯联邦立陶宛—波兰—加里宁格勒地区的睦邻友好计划框架下进行。

3. 欧洲：国际活动与项目

联合国教科文组织合作强调"总体信息"项目，发展文化领域、图书馆服务和网络文化的信息技术。在该项目中，文化部支持联合国教科文组织和联合国在俄罗斯推广塑造信息和知识社会的文件。2009 年联合国教科文组织大会采纳了俄罗斯联邦提出的关于"二战"期间流失文物的解决方案，并在联合国教科文组织的支持下，资助俄罗斯建立区域博物馆中心的倡议，加强博物馆事务的潜在力量。

加入联合国教科文组织的公约和其他协定，共同讨论有关规范和议题，这为俄罗斯带来了关于现代文化进程的更宽泛的了解。然而，俄罗斯并不是最新的文化公约的成员，文化部正着手准备批准《保护和促进文化表达多样性公约》《保护水下文化遗产公约》，以及《保护非物质文化遗产公约》。

这也适用于欧洲理事会文件，其中有些是在筹备工作期间获得俄罗斯联邦批准。俄罗斯联邦已经签署并批准了《关于建筑遗产的格拉纳达公约》；文化部正在为已签署的《1992 年考古遗产保护欧洲公约》做基础工作。俄罗斯—欧盟的文化合作建立在四大共同空间发展的路线图上，包括 2005 年文化路线图，其目标如下：

- 在扩大的欧盟和俄罗斯之间推进一种结构化的文化合作方式；
- 培养艺术家的创造力和流动性；
- 大力发展跨文化对话，了解欧洲各国人民的历史文化遗产，以及大众文化普及；
- 加强和提升欧洲地位，在"全欧洲无国界"建立共同价值观，以及文化和语言的多样性；
- 发展文化产业之间的合作，以增加其文化和经济影响。

由文化部与欧洲理事会下属的文化—文化遗产和自然遗产董事会主导的《文化合作和文化遗产的框架方案》（2009~2011），旨在加强和发展文化遗产的政策和活动。该框架计划主要包括：《国家文化政策评论》，参与《纲要》项目，俄罗斯加入欧洲遗产网络（HEREIN），参与到欧洲理事会和欧盟委员会的"跨文化城市"联合行动，以雅罗斯拉夫尔为模型的区域性项目等。

从区域层面来看，北纬地区取得的成效显著。俄罗斯联邦积极参与巴伦支海区域内文化活动。自 1993 年以来，有效的链接和现代区域性合作模式在卡累利阿共和国、摩尔曼斯克和阿尔汉格尔自治州以及涅涅茨自治区得以发展。2006年 1 月，在北极理事会的第一次文化部长会议在汉特—曼西斯克市召开，关注原住民传统文化的保存。"北极电子记忆"项目取得实际进展，这是一个关于区域历史、文化、科学和研究的开放式电子图书馆。

2007 年萨兰斯克市举办的第一届芬兰—乌戈尔节和 2008 年在俄罗斯举办的第五届世界芬兰—乌戈尔代表大会，芬兰、匈牙利和俄罗斯的国家首领给予极大重视。此后，芬兰—乌戈尔文化项目中的国际合作很受欢迎，特别是在与会代表生活的区域。

独立国家联合体（独联体）内的双边和多边文化合作的发展仍然具有优先权，而且具有专门的体制结构。2006 年，人文合作委员会和相关的政府间教育、科学和文化合作组织（IFESCCO）建立，提供在文化、教育、科学等领域的多边项目。自 2008 年以来，IFESCCO 和联合国教科文组织在文化项目的开发商有诸多合作，包括 2009 年第一届和 2012 年第二届独联体地区会议在埃里温（亚美尼亚，参见 http：//www.policyforculture.org/）举行，国际学者汇聚，探讨文化性政策与关于文化的政策；以及 2010 年的另一个项目——独联体国家的艺术教育：21 世纪创造潜力的发展（2010）等。

4. 直接的专业合作

文化专业人员的直接合作是由国家主办的，包括演出、展览、收藏、参加会议和国际项目、节庆、比赛和其他文化活动的交流。长期的音乐和表演艺术项目包括在维特伯斯克举办的一年一度的"斯拉扬斯基集市"，作为文化交流的副产品，由俄罗斯联盟国家和白俄罗斯（参见 http：//festival.vitebsk.by/en/index.html）发起。

参与到国际文化活动的顶尖剧团和乐队，他们由文化部组织，然而许多独立艺术家需要通过私人旅行社出国，并承担所有的风险。俄罗斯政府游说取消俄罗斯艺术家和欧洲文化工作者的签证壁垒，以便于他们自由的国际流动，但这一举措尚未成功。

在独联体，直接合作也在职业工会的庇护下发展。例如，制片人工会联合会将独联体国家和波罗的海国家连接起来（参见 http：//www.kinoconfederacia.ru/index.php）。视觉艺术家联盟国际联合会（参见 http：//confederation-art.ru/en/）将阿塞拜疆、亚美尼亚、白俄罗斯、格鲁吉亚、哈萨克斯坦、吉尔吉斯斯坦、摩尔多瓦、俄罗斯、塔吉克斯坦、土库曼斯坦、乌兹别克斯坦、乌克兰、基辅、莫斯科和圣彼得堡地区的联盟集合在一起；也有拉脱维亚、立陶宛和爱沙尼亚工会的双边协议。联合会的宗旨是保护视觉艺术的连接空间和艺术家之间的关系。

自 2006 年以来，政府间教育、科学和文化合作组织（IFESCCO）每年举办一次艺术和科学知识界独联体论坛，该论坛旨在促进苏联艺术家和知识分子进行直接合作。2012 年在阿什哈巴德举办的第七届论坛，致力于人文合作的发展，挑战了其他各个领域的合作。IFESCCO 还发起建立了独联体国家青年交响乐团（参见 http：//youth-orchestra.su），在莫斯科首演，并在独联体国家巡演。

5. 跨国文化间对话与合作

跨国界文化项目在 20 世纪 90 年代初一批"富裕"地区发起，当时"去国家化"国际合作的不断扩展，跨境活动蓬勃发展。对于俄罗斯地区，由于在文化领域的财政赤字，他们具有特别的价值，因此为他们提供了特殊的资源，例如紧急文物保护。邻近地区的北欧国家尤其是发展的重点，例如阿尔汉格尔地区的木制建筑遗迹的重建。

几乎所有的边境地区都与邻国缔结了双边协定，并组织旅游活动和文化交流。2001 年，跨境合作概念被全面采用，它意味着：

- 实施投资项目时，保护建筑和文化遗产；
- 学习邻国的语言和文化，建立教育机构的直接伙伴关系；
- 促进旅游业发展，共同使用文化和艺术遗产，出版旅游指南。

在 2002 年、2008 年和 2012 年，俄罗斯批准了欧洲区域性社群和机构跨境合作框架公约及其协议；跨境文化对话已成为国家的优先事项，属于区域发展部的权限。2009 年俄罗斯—欧盟峰会期间，签署了跨境合作五项协议，包括欧洲睦邻和伙伴关系 "Kolarctic 项目"（参见 http：//www.kolarcticenpi.info/en），将文化和艺术工作者的直接合作作为工作重点之一。

2007 年 7 月，文化与大众传播部举行了一个专门会议，探讨俄罗斯边境地区的跨国界对话、发展可行的文化基础设施等议题。建议尽快提高文化机构和文化遗产资助，并在《边境地区经济社会发展的联邦目标计划》的文化层面引入法令性的指导意见。

使用特定语言或在特定文化区域举办的跨国民间节庆活动，是区域合作的一个常见形式，如区域发展部主办的 Altargana 节展示了布里亚特的文化、艺术、文学、电影和体育。第一次有组织的 Altargana 节在 2002 年举办，随后在联邦政府和布里亚特共和国政府、议会和文化与大众传媒部的资助下，每两年举办一次。它旨在加强跨境合作，吸引俄罗斯和外国游客，2010 年在蒙古国举行，2012 年在俄罗斯再次举行。更多信息可以参见跨文化对话部分。

6. 其他相关问题

支持海外的俄语社区，以及资助其文化身份的保护，最近获得了新的动力。根据使用者的数量，俄语是世界上第四大语言，相关的活动在联邦和地区都得到了支持。2007 年，为促进俄语的学习和使用，俄罗斯总统成立了 "俄罗斯和平号" 基金。此后，基金会在许多国家建立了分部，实施语言项目，颁发资助，以此支持俄罗斯的语言和文化、俄语大众媒体和俄语信息资源。

散居海外的俄罗斯人（估计为 35000000 人）被当作促进俄罗斯语言和文化的合作者。一个专门海外同胞政府委员会的建立，力图在海外同胞中支持俄罗斯民族的文化认同和知识。在俄罗斯，每年都举办一次海外同胞世界大会，每三年举办一次海外同胞代表大会，旨在加强相互联系，讨论俄罗斯有关国家政策的现状和可能的改进措施。

2009 年，普罗霍罗夫私人基金与俄罗斯前总统叶利钦合作，发起国际

TRANSCRIPT 项目，资助俄罗斯小说翻译成外文。叶利钦基金会设置最佳文学翻译奖，奖励俄英、俄法、俄意、俄德和俄西语言之间的翻译。

四、文化政策领域的当今问题与争论

（一）文化政策主要问题和重点

在 20 世纪 90 年代，文化政策在其领域的影响远低于一般的预算政策或整个经济形势。在 21 世纪到来之前，文化政策在"在政府预算内的文化机构网络上继续保留传统的国家预算资助"与"过渡到多元化的融资、支持和促进文化"的对立关系中更加明确和发展。但总体而言，文化部门被认为是最重要的"政治"。这就是为什么发展文化部门的关键问题仍然是：它明确地和有说服力地代表了一般社会、经济和技术进步的战略资源。

文化政策在实践中的侧重点与文化的一般发展趋势相联系，它包括如下内容：

- 在文化部门中推进技术进步。
- 改革那些受公共资金资助的文化机构网络，并缩减其数量。
- 减少国家文化预算，发展多元战略伙伴关系。

2007 年底，在《文化和俄罗斯的未来：新见解》报告中，公共文化发展委员会提出了一个对文化政策批判的观点。作者批判现行的"国家意识形态"并把支持文化发展当作一项"米西纳斯（文学艺术事业的慷慨资助者）形式"的繁重任务，并强调需要更充分地将其理解成一个战略发展的资源。2008 年，议会和总统选举后，政府承诺将在 3 年内将公共文化财政预算提高到将近于原来的两倍。2008~2010 年的国家文化支出是向上调整；但是，由于全球经济危机，2009 年第一次削减预算。

2009 年夏，政府应对危机规划得以启用，它强调制度改革的目标以提高人类和文化资本为方向。这个项目没有预设额外的资金，但是它能够持续保障那些参观性的文化机构的津贴，保留现有对创意团体尤其是其退休员工的支持资金数量。俄罗斯联邦文化部也提交一系列可能的措施来支持危机中的文化部门，其中包括对财政预算支持的文化机构免除税收、额外补贴地方文化预算加强对恢复和修复工作的投入、将文化工作者的工资提高 30%。然而，这些建议被政府驳回了。

在 2010~2012 年，整体经济环境得以重新建立，但俄罗斯联邦文化部预算呈现减少趋势。2012 年初，文化是在总统大选前的辩论主题，当时，特别强调的

一点是需要调整预算资助机构中文化专业人员和其他低收入工人的工资。

总统在就职典礼（2012年5月7日）后通过了"国家社会政策的实施办法"，为了保护和发展俄罗斯文化，政府将以下文化问题作为重点：

- 提高文化部门的工资水平。
- 在小城镇建立多功能文化中心。
- 发展文化机构的网络资源，包括虚拟博物馆。
- 提供免费互联网以便接入国家著名导演的电影和戏剧表演。
- 扩大国家在文化和艺术领域的预算分配的奖助学金和资助。
- 为国家大博物馆到中小城镇展出建立"巡展集合"，普遍发展会展项目。
- 扩大音乐艺术天才儿童的比赛活动范围。

新俄罗斯政府批判文化部门的运作方式，文化部门被认为需要"优化"和更好的管理。《2013~2020年俄罗斯联邦国家在文化和旅游业的发展计划》的草案正在讨论，其中预设了逐渐增大文化事件和活动经费，以及发展公私合作伙伴关系。

（二）专门的政策问题与讨论

1. 艺术政策的概念问题

宪法声明，国家艺术政策的一般目标是充分满足公民的文化权利，即创作的自由和参与文化生活的权利。整体上，文化部门计划要为"国家创造潜力的发展"在2010年分配预算的30%，2011年分配预算的36%，2012年分配预算的51%（约为32730.4亿卢布、34081.3亿卢布和298.77亿卢布）。

为了发展戏剧和音乐艺术，俄罗斯联邦文化部根据以下措施运作：

- 扩大社会参与程度和国家保护主义。
- 兼顾国家担保和向国家社会委员会的合同融资。
- 发展艺术机构领域的专业设施和设备，包括修复和维修工作。
- 支持当代艺术。
- 保持艺术比赛、节日、会展、会议等在俄罗斯国内和国际的水平。
- 对优秀企业、机构、艺术家、初学者、青年人才等给予资金资助。

文化部为新剧院演出和音乐节会供给资金，制作和购买艺术作品，支持音乐和戏剧公司国内外巡演、在俄罗斯和国外参与竞赛、艺术展和音乐节、戏剧节。

《2013~2020年俄罗斯联邦国家在文化和旅游业的发展计划》的一个细分目标是确保俄罗斯公民参与文化生活的权利，并且该计划将提供：

- 保护和发展表演艺术，支持当代视觉艺术。

- 保护和发展电影艺术。
- 保护和发展传统乡村文化和俄罗斯民间的非物质文化遗产。
- 支持从事创意活动的人员、创意团体、著名艺术家、文化工作者和机构。
- 组织致力于俄罗斯文化的重要事件。
- 发展文化合作。

在过去的 10 年里，政府转而支持当代创新艺术，甚至是那些惊世骇俗的传统审美。莫斯科现代艺术双年展（http：//3rd.moscowbiennale.ru/en/）就提供了一个很好的例子。总统在 2009 年的议会发表讲话时提出要为这些活动提供支持；同年，文化部计划在莫斯科成立了第一个国家当代艺术博物馆。然而，公众对当代视觉艺术的对抗出现在英国艺术家杰克和查普曼在圣彼得堡的冬宫博物馆的展览。圣彼得堡的检察官声称已经收到针对这次展览的控诉，控诉认为当代艺术"侮辱了游客的宗教感情"。

2. 文化遗产问题与政策

"保护和提高文化遗产利用率"的目标与宪法权利相关，它被列入政府 2009~2012 年的重点事项清单中。文化遗产政策通常处理非固定项目（博物馆、档案馆和图书馆馆藏）和固定项目。在 2010~2012 年，俄罗斯联邦文化部为"保护文化和历史遗产"的实际预算分别约为总数的 24%、29% 和 31%，但是实际预算的数目从 2010 年的 18028.5 亿卢布逐渐减少到 2012 年的 16262.4 亿卢布。"2013~2020 年俄罗斯联邦国家在文化和旅游业的发展计划"的一个细分目标旨在保护文化和历史遗产并扩大文化价值和信息的使用率。相关的任务如下：

- 提供用来保护和利用文化遗产的项目。
- 提高图书馆服务的利用率和质量。
- 提高博物馆服务的利用率和质量。
- 保证档案馆藏的保存、获得和利用。

在 20 世纪 90 年代，固定遗产成为文化部和更强大的国家机关或地方政府争抢的对象。加之责任不明确的问题，固定遗产遭受了巨大的历史和文化的损失（在过去十年共丢失 2500 件保存文物），这些固定遗产可以见证如莫斯科或其他城市的历史中心地位。另外，到 2010 年底，俄罗斯天然气工业股份公司（Gazprom）在处于历史核心地位的圣彼得堡建设城市塔项目之所以成为一个激烈的公共冲突问题，这主要是因为它的建设会破坏城市的全景，因此，这个项目被拒绝是一个体现相反趋势的典型案例。

在 2010 年，大约有 143400 件固定遗产处于国家保护之中（其中 36500 件是考古遗迹）。在俄罗斯联邦文化部有一个特殊的机构来对文化和历史遗迹进行管理和使用，其负责解决产权问题和监督相关的对国有固定遗迹的保护和使用情况。一般化行政改革改变了政府层面和地区之间持续存在的职责分工，各个地区获得了更多的权利，包括建立自己的遗产古迹保存库。2006 年，例如亚马尔涅涅茨自治区杜马（俄帝时代的国会）采用一项区域性《文化法律》，其中设有专门条目涉及北欧原住民的文化遗产的保存问题。

固定遗产（历史建筑和附属的土地）的私有化开始于 20 世纪 90 年代。在许多情况下，土地曾是（并将继续是）建筑遗产在私有化进程中最具吸引力的一部分，尤其是在城市。第二个私有化浪潮始于 2002 年，当时的想法是将私有化视为一种防止建筑遗产被损坏的手段，并且利用私人资金来修复它。它是基于新的法律基础而且有必要通过良好的二次调节保证遗产项目被它的新主人合理保护并提供公共访问服务。2008 年 1 月 1 日，官方取消了"文化和历史遗迹"私有化的禁令，但是潜在买家并没有明显的兴趣，因为不动产的负债。最近，为了刺激私有化，文化部长提出以非常优厚的条件降低受损遗迹的租金，以促进遗迹拥有者对其的修复和保护。

修复工作领域的主要活动总是与特定的事件有关，例如在喀山和雅罗斯拉夫尔的建城第一千周年纪念或具有"特别价值"的遗产对象：巨额投资于波修瓦、修道院、俄罗斯联邦的国家电影基金（Gosfilmofond）等。修复那些返还给教堂的建筑遗产的预算列在一个单独的条目中。随着最近修复工程总量的不断增加，这种翻新遗产的保护方式问题百出：之前的恢复系统几乎毁坏了，缺乏技术娴熟的专业人员和修复成果质量差明显地表明所有摆出的重建任务都与教育和组织架构相关。

在 20 世纪 90 年代，寻求宗教组织和文化机构之间的平衡成为各级文化政策制定的一个重要问题。例如在 1999 年，12 世纪的拜占庭艺术中著名的圣像和遗迹"弗拉基米尔"被莫斯科特列特亚科夫画廊陈列在特维尔州的 17 世纪的圣尼古拉斯教堂博物馆。一些属于东正教的圣物被划归到俄罗斯联邦的博物馆基金的名下。2008 年，文化部将 16~19 世纪的若干文物从克里姆林宫博物馆给了东正教会以作宗教使用。尽管遗产研究专家对此存在反对意见，在 2011 年，"以宗教意图的财产转让属于国家或自治区宗教组织法"在议会通过，并且在 2012 年，文化部组织了对复杂的技术、经济和组织方面进行遗产保存事项的专业研究，由宗教组织提供解决已经出现的实际问题。

　3. 文化创意产业：政策与项目

　据经济危机预测专家估计，以市场为导向的文化产业将在数量和回报率上实现增长。然而，在某种程度上，文化产业并不存在一个特定的生产领域，而且它总是被当作第二产业和第三产业对待。因此，综合性的国家规定为传统文化产业（大众媒体或电影）提供服务，而对抗危机的政府支持只提供给广播电视。然而，微不足道的萎缩已经证明了它们在危机中的相对可持续性，虽然有偿付能力的需求仍然是最重要的问题。

　文化部在行业内不具影响力，而影响力超越文化政策的制定。发展文化产业的创新方法在国际项目中形成，例如，文化政策研究所和欧洲委员会，因为他们积极参与国际交流。在 20 世纪 90 年代末，创意产业发展中心成立于圣彼得堡，它帮助那些处于"文化和商业的边界"的公共文化机构的非商业性创业，并提供相关的培训、咨询和专业知识。在 21 世纪，第一批"创意集群"成立于俄罗斯首都的前工业中心，即"Winzavod"莫斯科当代艺术中心（参见 http：//www.win-zavod.ru/eng/），ARTPLAY 设计中心（http：//www.artplay.ru/）和圣彼得堡阁楼项目 ETAGI（参见 http：//www.loftprojectetagi.ru/en/）。各个地区也越来越对这类项目感兴趣，而这类项目需要基于非比寻常的同国家经济和文化机构的合作。

　相关教育举措也用来支持文化产业发展，如"Strelka"是莫斯科的一家媒体、建筑和设计机构，它在 2009 年启动的国际项目中培养了新一代的专业人士以及通过当代创意项目了解公众（参见 http：//www.strelka.com/? lang=en）。专家认为，有必要对文化机构放宽政府控制，对于知识产权更开放的合理使用，减少盗版，设立种子资金和合理避税方式，使文化产业的发展更有效率。2011 年在克拉斯诺雅茨克市进行的文化产业研究已经表明，低需求，缺乏艺术环境和精英，缺乏专业管理和活动，缺乏市政当局的理解和金融的支持，是创意产业在该区域发展的主要障碍。

　4. 文化多样性与包容政策

　文化的多样性是俄罗斯的一个历史元素，其中可以找到世界上所有宗教和几乎所有类型的宗教信仰，以及说着几种不同语言的家庭和差异明显的自然环境。在 20 世纪 90 年代，俄罗斯兴起一个所谓的民族和宗教复兴，它试图重新建立一种曾经在苏联被忽视和限制的价值观和信仰，并且它再度将种族作为文化认同的基础。劳工移民开始于 20 世纪 90 年代，这使文化景观更加多样化和产生新的有影响力的侨民，例如在俄罗斯远东地区的中国人。

　根据 2010 年的人口普查，80.9%的人表示，他们是俄罗斯血统的人；然而，这也表明，大约 2600 万人属于其他 180 个民族。因此，多样性和种族一样最先被理解，这就是为什么文化事务通常是放置在一个"民族志"的框架下，并且与区域的特性相关。文化领域的主要政治文件《国家民族政策的理念（1996 年）》目前正在修改。根据杜马（2007）的提议，这个概念应该基于当代文化多样性和人权的概念，因此它实现了身份认同基础的现代化。同年，区域发展部提交《理念》草案提出把保护和发展民族文化的多样性作为一个政治目标。

国家支持民族文化团体的形式是多种多样的，例如在 2009 年有一个哈萨克事务委员会在俄罗斯总统的管理下，这是在国家对哈萨克族文化发展支持组织的一个常设委员会，为了建立他们的艺术团体和儿童的创造力（民间舞蹈、唱歌、手工艺品等）。联邦目标计划（FTPS）作为另一个手段支持民族文化社团和预设的民间工艺品的资金。2009 年，对 2008~2012 年俄罗斯在德国的社会经济和民族文化发展的 FTP 开展了包括对德国语言研究的支持、组织展览，在俄罗斯地区举办德国文化艺术节和文化日，为报纸 *sibirische Zeitung plus*（新西伯利亚）融资等。2009 年，"北方、西伯利亚和俄罗斯远东地区土著人民可持续发展的理念"的政策被采用以形成相关的策略，直到 2025 年。

2007 年，大约有 2300 个具有民族文化特征的组织，包括 662 个民族文化自治团体（NCA），在 2010 年后者的数量达到了 827 个。NCA 和其他类型的民族文化协会包括"北高加索罗马文化中心"和全俄公共运动命名的"俄罗斯乌格罗芬兰协会"获得了民族文化发展的国家直接支持。由 NCAS 组织的最受欢迎的活动是业余表演艺术、母语语言库和音频档案的建立及语言课程。相反，对新的少数民族没有明确的文化政策，例如对合法或非法的劳工移民，除了极少的语言融合；后者不享有任何社会支持或规范。

传统民间文化和创造力得到了各级政府的支持，并且在城市和农村的业余艺术家中仍然很受欢迎。联邦政府举行主要的庆祝活动，包括哈卡斯共和国加入俄罗斯三百周年庆典（2007 年）和乌德穆尔特共和国加入俄罗斯四百五十周年庆典（2008 年），大众媒体对此进行了广泛报道并且成为当地重要的文化板块。

5. 语言问题与政策

俄罗斯的人会讲几种语系的语言。俄语是俄罗斯联邦的官方语言；俄联邦成员（卡累利阿共和国除外）享有自己建立自己国家的语言的权利（这个语言就是所谓的"标题"的语言，例如在印古什共和国的印古什语）。

俄语仍然是通信的基本手段，是全国公共文化空间的基础：根据 2010 年人口普查显示，使用俄语的人口占 99.4%。在许多地区，俄语课程提供给来自前苏联的外籍劳工。2009 年，国家西里尔域名.РФ 成立，专家认为可以在 5 年内在全俄范围取代.RU 的域名。

俄语联邦目标计划（2011~2015 年）被设计为支持、保存和传播俄罗斯语言的使用，包括居住在国外的同胞。其任务如下：

- 提供俄语作为俄罗斯联邦国家的通用语言使用。
- 在国际间的交流中，以俄罗斯为官方语言。
- 在独联体内发展俄语作为经济、人文和司法一体化的手段。
- 为满足海外同胞的语言和文化需求。

2007 年被宣布为俄罗斯语言年，当时不同的机构，即文化部、教育部和外交部，在俄罗斯国内外合作组织相关的活动。许多活动的举办是为了促进参与语言学习和将俄语作为跨文化交流的一种手段。"俄罗斯和平"基金会同年成立，以推动俄语成为国家财富以及俄罗斯和世界文化的一部分，并支持国内外教学俄语的节目。

超过 150 种现存的合法的语言和方言，民族的和地方的语言在大多数情况下和俄语非常不同，他们使用斯拉夫字母。在区域一级，土著民族和少数民族的语言得到国家财政支持，它们的语言作为教育、出版和媒体的语言。然而，实际的支持是不足以创造一个可行的产业。缺乏良好的少数民族语言训练技能的教学人员，以及脱离了北欧土著民族的游牧生活方式，造成了他们在教学母语中的普遍难题，这就导致了该语言的衰落。

在 2001 年，俄罗斯签署了《区域或少数民族语言欧洲宪章》，它的执行被划归到区域发展部的责任范围内。《宪章》批准的可能性将在欧洲理事会、欧洲委员会和区域发展部的联合项目"俄罗斯少数民族：语言、文化、大众媒体和民间社会的发展"（2009~2010 年）中进行评估。

6. 媒体多元化与内容多样性

根据印刷和大众传媒联邦机构公布的数据，截至 2006 年 1 月 1 日，有 66931 家注册的媒体公司，其中有 14290 家专业做电子传播，1816 家在"RuNet"（网络俄语部分）上面开展业务，"RuNet"成为年轻人的主要信息来源。2010 年初，有 20 个免费电视频道包括专门的"文化"频道和其他 230 个频道，其中 50 个（包括音乐和民族的）都是免费的。国家广播仍然是网络媒介系统的骨干。

俄罗斯国家广播电视公司（VGTRK）是国有企业，其中有超过 90 家区域分支机构，覆盖了俄罗斯几乎所有的地方；在"第一频道"公共公司中国家机构占股 51%。广播公司隶属于地方政府，这是最近由俄罗斯总统为放宽政府控制而提出的。音乐广播电台构成了大部分的商业广播电台，而信息电台往往属于大广播公司。

媒体多元化的规定是国家文化政策的方向之一。尽管直接媒体的资助呈现普遍下降的趋势，但联邦预算提供：

- 制作文化节目，例如培养文化多样性和包容性，代表民族文化等；
- 通过资助出版文化、教育、科学、参考和虚构作品，支持图书文化和阅读；
- 文化内容（如电视和广播频道的"文化"或"奥菲斯"古典音乐电台）或目标受众（如"Bibigon"电视频道儿童）的特定广播频道；
- 国家视听档案的数字化和保存作为文化遗产的一部分。

其中一个主要的重要事项是在《俄罗斯广播发展理念 2006~2015 年》中提出增加国家节目到达人民大众的数量。它还强调：

- 需要有更多的资源来翻译针对民族、宗教和语言的少数民族的节目；
- 建立国家公共电视和非政府频道的重要性，特别对特定的社会文化群体（如儿童）。

广播主要使用俄语，专家指出，在地方广播节目中地方性内容由于被国家作品所替代而减少。这一趋势也受到经济形势的支持，这对中小广播尤其困难。总的说来，国家内容约占翻译节目的 80% 和广播总量的 74%。

目前的政策问题如言论自由和审查制度、反垄断措施、高收费的期刊文章和增值税的税率、区域新闻媒体的语言和内容的多样性，在通信委员会、信息政策和大众媒体言论自由的公众院进行了讨论。虽然有对暴力和仇恨的引入审查的需要进行广泛的讨论，暴力和仇恨已经成为在电视上常见的现象，一个全俄社会舆论研究中心在 2008 年进行的社会学调查显示，58% 的人支持这种类型的控制，这个比例在减少（相较 2004 年的 76%）。杜马还建议制定一个国家补助制度，并在民族文化内容和俄罗斯民族语言的媒体作品中进行专业性的比赛。

7. 文化间对话：活动、战略与项目

提供跨文化对话是俄罗斯文化和社会政策中一个隐式和传统的部分，因为俄罗斯是一个多元文化的国家，而对"不同种族间的关系"或"人民友谊"这样的苏联概念通常被"对话"替代。最普遍的形式是会议、节日、展览、地区间的交流等。相对较新的宗教间对话已经出现了，而且涉及所有的忏悔已经成为一个非常敏感的问题。

区域发展部负责调节行政管理机构和国家文化自治区及宗教团体间的跨民族（跨文化）的对话和合作。实际工作在实施特殊项目的地区层面上组织。公共组织的日常文化交流伴随着强烈的种族、宗教或狭隘的根源，其主要原因是这些交流由地区和当地政府所组织。"友谊之家"作为演员和活动的聚集中心，其中许多属于"民间"文化运动。在大城市，包容教育也成为促进对话的工具。

8. 社会凝聚力与文化政策

直到最近，公共舆论调查或政府项目没有明确创建一个文化政策和社会凝聚力之间的联系，这仍然是一个主要的研究问题。然而，"热点地区"是可以被有针对性的文化政策所影响的，如这些文化政策对来自前苏联加盟共和国、北高加索等种族移民的消极态度。2009年，俄联邦文化部门提出了培育部际活动以支持社会凝聚力和精心设计的特殊的文化政策措施支持社会包容性，扩大民族间的交流，以及对抗仇外心理。

几乎所有目前的调查都表明一个观点，高文化水平和社会伦理之间具有直接关系，并且都表明国家支持和促进文化机构的诉求以及价值观是一种加强道德价值的手段。这些结果可以被理解为一个普遍社会对积极支持道德价值和实用的文化项目、促进社会凝聚力的需要，特别是处于紧张的民族间关系中。

建立包容的关系成为许多区域计划包括在圣彼得堡实施的"包容"计划的目标。这项在2011~2015年针对文化间、民族间、宗教间关系和谐的计划，已经发展成为早期的"包容"计划的后续工作并且有针对性地在俄罗斯圣彼得堡建立和加强一个包容环境，这种环境基于俄罗斯多民族社会价值观，所有的俄罗斯公民身份认同和圣彼得堡社会和文化自我认同（参见 http://eng.spbtolerance.ru/）。这也预示着为流动人口实现社会融合和文化适应而服务。它的目标通过以下几个方面得以实现：

- 通过教育体系构建一种宽容的文化；
- 宗教间交流和互助以促进文化交流；
- 在圣彼得堡媒体组织中提升包容价值；
- 建立对青年中排外和种族主义思想的"不容忍"态度。

9. 文化部门的就业政策

在2009年，约有81.8万名全职员工在文化部下属的文化艺术机构工作（2004年的84万名和2006年的80万名）。文化部门的特点是缺乏合格的人员和进入该领域的年轻员工，以及部门的人才流失。问题是，与所有其他行业的公共部门相比这些工人得到的工资最低。农村的区域情况在一般地区和重点地区是不均衡的；联邦和地方机构的平均工资相差很多，在 2006 年差不多分别为 11497 卢布和 5368 卢布；2009 年，差不多分别为 21522 卢布和 10034 卢布（见表 1）。此外，文化部门员工的工作不稳定，大约有 1/4 的员工每年换工作。

表 1　用卢布和欧元表示的工资（2000~2009 年）

年份	工作人口最低生活水平	卢布表示的一般水平（欧元）	文化部下设机构			
			平均收入	女性收入	联邦雇员	区域和地方雇员
2000	1320	2223 (85.5)	1050	937	1812	978
2004	2602	6832 (181)	3656	3403	7539	3307
2006	3714	10633 (306)	5886	5498	11497	5368
2007	3422	13593 (532)	7388	6863	14234	6776
2008	3847	17226 (416)	9524	——	17704	8787
2009	4593	17200 (392)	10994	——	21522	10034

资料来源：俄联邦文化部的机构和组织中职工人数和工资，莫斯科，2002~2010 年。

　　为了提高公共文化部门的工资，2008 年，一个特定计算工资的新部门推出了，这提高了工资的 30%。也有通过提供给年轻工作者额外支持的有效措施来吸引文化工作者到农村地区工作的例子。尽管如此，这还不足以解决旧问题，而且在 2012 年的总统令中提出该部门的薪金要增加。这一决定还没有得到任何额外的资助，就面临正在实施的裁员。在圣彼得堡的俄罗斯国家图书馆工作人员削减了 270 名。

　　然而，仍然存在对经过新技术培训的，并能在新的经济形势下胜任的技术工人的需求。在文化领域工作的许多工作者都是老一辈且在旧的福利国家社会主义制度中接受培训。吸引文化工作者和培训文化经理人及行政管理人员仍然是一个根本性的挑战，对教育系统来说也是如此。

　　10. 性别平等与文化政策

　　性别平等在政府层面没有被认定为政策问题。然而，文化部门主要是女性工作者，在其他低收入行业（教学、医学、社会工作）的部门也是相同的情况（见表 2）。

表 2　1980~2007 年文化部门内职业女性的占比

单位：%

	1980 年	1990 年	2000 年	2002 年	2004 年	2006 年	2007 年
总计	51	51	48	49	49	49	49.6ˉ
文化艺术	70	71	69	73	69*	74**	74**
教育	78	79	80	79	81	81	80.4

注：* 在文化部下设机构中这一指标达到 73%。** 在文化部下设各机构中的比例。
资料来源：俄联邦国家统计委员会统计：俄罗斯的劳动和就业，2007 年。

多年来，在公共部门中，文化艺术部的工资和薪酬一直是最低的。在 1999 年，有 554000 名女性在文化部的系统内工作，2007 年这一数字为 603553 名。在 2004 年，"女性"在部门中的平均工资（3403 卢布）低于相应的"男性"工资（5505 卢布）（见表 1），这一趋势与一般的就业情况相同。总的来说，国家部门也呈现女性化趋势。虽然，在 2007 年女性工作者占联邦公务员的 70.8% 和地方公务员的 72.1%，但是决策者主要是男性（在联邦一级约 80% 的"高级"和"主管"的行政人员为男性）。

同时，在文化和艺术方面的高等职业教育仍然很受女性欢迎：在 1998/1999 学年，女学生占学生总数的 53% 以上，占艺术和电影专业学生总数的 66% 以上。在 2005~2006 学年，相关的数字略有上升，分别为 57% 和 74%。在 2007~2008 学年，女学生占中等专业学校的 71%，占艺术和电影高校的 74%，然而她们占据了学生总数相对 50%~57% 的比重。

11. 文化艺术领域的新技术与数字化

计算机化、数字化、新媒体的发展、俄罗斯网络（RuNet）的成长和流媒体彻底改变了文化媒体部。他们的目的是改变人文景观和实践，是改进文化产品和服务的发行量，是促进全国各地的文化使用权趋向平等。IT 技术将增加文化基础设施，在俄罗斯这样一个大的国家，这对小城镇和村庄的"正常"文化发展来说被认为是至关重要的。

俄罗斯"建设信息社会"的目标通常是由那些负责一般信息政策的人宣告，但现有的基础设施对用户来说是不充足的且相对有些昂贵。然而，在 2012 年，全俄社会舆论研究中心估算，互联网普及率占总人口的 55%，这意味着 45% 的人从不使用互联网。在 2011~2012 年，低收入网民的份额增长 9%，离退休人员的份额增长 16%，低学历用户的份额增长 7%。为了克服语言障碍，在西里尔域名注册".РФ"已于 2009 年 11 月展开，但事实上它并未得到广泛使用。

关于"E-Russia"的联邦目标规划（2002~2010）针对国家管理下的电信发展和公共信息访问系统的提供，包括文化机构的网络连接。在文化机构之中，科研单位和博物馆与数字化联系最多；博物馆从事于发展民族网络和电子工程（参见 http：//www.museum.ru）。主要的图书馆和档案馆提供在线目录受"E-Russia"项目的支持。在 2011 年 10 亿卢布的文化预算用于建设国家数字化图书馆包括当代文学和科学出版物。

媒体已经对互联网和年轻观众给予重视，并且逐渐转移到万维网。国家资助的播放古典音乐的"奥菲斯"电台，自 2007 年起开始运作流媒体以增加观众，特别是吸引年轻一代（参见 http：//www.muzcentrum.ru/orfeus/live/）。与之相反的是，在互联网上推出的电视频道"Rain（雨）"加入了有线电视和卫星广播。流媒体服务正在取代下载，然而音乐和电影的版权市场仍然没有生气。图书是带来相关网站的日常访问和订单数量的主要商品之一。在 2008 年，在线游戏市场增长 80%，其在 2009 年营业额估算为 3 亿美元。

（三）其他相关问题和讨论

2012 年，旅游部门被划归到俄罗斯文化部的管辖范围。《2011~2018 年国内外旅游发展的联邦目标计划》针对国内旅游市场和高质量服务的发展。还有一个旅游的细分部门在起草《2013~2020 年俄罗斯联邦国家在文化和旅游业的发展计划》。

俄罗斯东正教会和其他宗教组织在文化事务上的参与正在加强，他们的影响力和对现代俄罗斯文化公共讨论的参与度正在增长。一方面，关于维护、保存、护卫和利用文化古迹及艺术作品的问题出现了一些实践方面的紧张局势，最近交给宗教团体来处理。另一方面，文化宗教委员会 2010 年成立，致力于同国家文化机构、艺术家协会以及公共部门文化工作者组织文化交流和互动。

五、一般性法律

（一）宪法

根据俄罗斯联邦宪法（1993 年）中的表述，"俄罗斯联邦——俄罗斯，是一个民主的、联邦的、法制的、实行共和政体的国家"。个人的权利和自由被赋予最高价值。尤其体现在以下条款中：

● 条款 26 确立了使用本国语言的权利和从事交流、教育、学习和创作活动时选择其他语言的自由。

● 条款 29 确保了思想自由、言论自由，包括批量信息在内的合法查询、加工和传播的自由，并禁止审查。

● 条款 44 确保了创作自由、文化使用自由，参与文化生活，使用文化设施和保护知识产权的权利。同时也规定了保护历史文化遗产和古迹是公民应尽的义务。

● 条款 68 确立俄语作为官方语言在全国范围内使用并赋予地方建立各自官方语言和俄语一同使用的权利。

● 条款 69 俄罗斯联邦还根据国际法的规范和原则保证了土著居民的权利。

（二）司法分权

俄罗斯联邦中文化活动权限的分类通常由宪法中的以下条款规定：

● 基本联邦政策，社会、文化与民族发展的规划和知识产权法规都在俄罗斯联邦的管辖范围内；

● 特别保护的自然风貌，历史文化古迹，教育、培训、科技和文化中的一般事务，环境保护和土著居民传统生活方式的保护由俄罗斯联邦和地方政府共同管理。

根据联邦法律区域和地方自治政府的一般原则（2003 年），地区和地方管理文化活动的权限被重新分配并在文化基本法中规定下来，具体如下：

● 保证文化领域中的文化权利和文化自由，确立民族文化政策的原则；

● 使用联邦法律和其他法规；

● 发展联邦文化项目；

● 根据联邦预算配置文化活动资金；

● 在文化合作中与国际政策接轨，包含文化价值商品的进口和出口；

● 维护文化部门的国家统计制度和背景信息；

● 在文化部门中设立职业教育、就业和社会福利的标准和政策，酬劳和使用费的最低比率；

● 保护国家历史文化古迹和有特殊价值的历史文化古迹。

在区域层面上，要管理好本地重要的文化机构和文化遗产：

● 提供和资助图书馆服务；

● 支持民间工艺美术和民族文化自治及相关活动；

● 促进母语和与民族文化事务相关课程的学习。

在地方层面上包括：

● 提供图书馆和其他文化服务；

● 鼓励休闲活动，支持当地文化机构；

● 保护当地古迹和文化遗产。

责任的重新划分改变了当地文化机构现状和国家的相关政策。最初，相关立法基础很薄弱，资金也不到位，这些都制约着文化使用的权利。在这样的环境下，文化部不得不寻求相关措施来监管国家文化政策在地方上的执行。从那时起，各区域在文化方面制定了自己的法规，以求建立起相关区域政策并在文化领域尝试担负起责任。但从地方层面看，文化责任在大多数情况下仍然过于繁重。

(三) 公共基金分配

20 世纪 90 年代早期，文化基本法决定了国家对文化产业资助的水平——联邦预算的 2% 和地区预算的 6%（不含新闻传媒业），但这只是一项福利国家给人的错觉，因为它从未强制执行过。在 2004 年，相关条款从基本法中删除。国家在文化领域的财政义务被写进民法和预算法：为政府设立的文化事业单位提供公共基金（条款 120 和条款 161）。

文化基金的预算分为三个水平，相应的财政义务分别由区域管理法、地方自治政府法（2003 年）和预算法规定。在联邦层面上，目前开支实际上由联邦预算法和联邦目标方案中与文化相关的条款共同决定。在区域和地方层面上，新的法律改变了相关预算之前的拨款条款，因此它将公共文化基金置于危险的境地。

20 世纪末，包括捐赠基金在内的新的司法框架产生了，以此来支持文化产业和促进公私合营、非商业合作形式的发展和其他形式。但是，米西奈斯与米西奈斯活动法的起草商讨数年未果。这种情况很有可能通过新的俄罗斯联邦文化法改善。文化部门中的合作关系、慈善活动和米西奈斯活动的特殊条目将被写入该法。

2009 年，支持俄罗斯联邦慈善活动和志愿活动发展的概念性规划被政府采纳，该规划指出这些活动对文化、艺术和教育的发展都很重要。2009 年和 2010 年该规划的实施为立法中的相关修订提供了详细参考。2010 年，引进改善俄罗斯联邦关于支持社会导向的非商业组织的特定法律行为法为这样的组织提供了经济优势。

(四) 社会安全框架

对于艺术家来说，只要社会安全仍在关注之下，他们就没有特别的优势。艺术家是诸如社会福利、失业、养老金等法律问题的主体。在过去的社会主义时期，大多数艺术家就职于政府机构或领取政府补贴。

"自由主义者"刚刚获得的自由在一定程度上剥夺了他们的安全感，这种安全感之前由强大的艺术家联盟提供。如今后者已变成一种特殊的专业组织，提供社交和社会保护。21 世纪初期，文学与艺术创意工作者及其创意联盟法两次被议会通过然后两次被总统否决，为艺术家建立特殊法律框架的努力付诸东流。艺术家联盟有权建立自己的职业介绍所和基金，用来养活退休或失业的会员。很多努力都是为了能让艺术家们老年时有所依靠，不管是获得总统颁发的个人终身成就奖的杰出艺术家，还是在区域政府领固定工资或是靠艺术家联盟为会员提供的特殊支持方案生活的艺术家。

（五）税法

总的来说，税法典（1998~2000）去掉了几乎所有的本金扣减项目，这与文化支持的核心政策相矛盾。在这层意义上，它既不支持文化生产，也不支持来自私营部门的投资或扶持。2008~2010年俄罗斯联邦税收政策不鼓励文化部门的公私合营。

文化工作者的避税手段是有限的。税法规定文化历史古迹改造中的修缮和修复工程、文物维护和慈善货物、物品与服务的流转可以免税。2010年开始实施新的举措：通过国家、城市博物馆和档案馆进口的含文化价值的物品免增值税，无论这些物品是用公共基金购买的还是受赠的。经政府批准的国内或国际文化、文学、艺术上的捐赠和大众传媒奖励都在免税清单上。

根据非商业组织捐赠的资产筹集和使用办法（2006年），捐赠资产免征增值税，其使用和收入免征所得税。但是，这些政策只考虑到了受益人而忽略了捐助者。

税法典以艺术家或民间手工艺人专门作为工作室装修和使用的房屋、建筑物，经营场所免税为先决条件，也包括一部分对外开放的用作个展、图书馆、美术馆和博物馆等用途的建筑。税法典对获得稿费的艺术家和作家所使用的材料和消耗品设有专门的扣减项目。

（六）劳动法

劳动法典规定了雇佣关系和包括"公共部门"工作人员在内的最低工资标准，不过没有关于自由职业或个体经营者的规定。但是多数文化工作者和艺术家都在政府机构工作，或者是作家协会的会员（缴纳会费后享有同等职业待遇）。

劳动法典允许固定期限的雇佣合同，这对剧院导演和音乐公司来说很方便。但是，文化和艺术工作者坚持选择不定期限的雇佣合同。劳动法典中的一些条款对儿童参与文化工作、文化作品的使用、文艺工作者在晚间和节假日的工作都有所规定。

1993年，针对在国家机构中就职的杰出的创作人员制定了专门的法律条款，同时赋予其上级无限制决定其劳动报酬的权力。1994年和1996年，联邦政府法令专门规定了制片人、艺术家和作家等职业的最低报酬比率；为国有机构和大众传媒中的创意工作者发放工资、酬金和报销费用。

（七）版权法

一般认为版权是一种特殊形式的知识产权。20 世纪 90 年代发展起来的版权体系跟版权所有传统很接近。该体系融合了欧洲和国际法规，尤其在涉及艺术、通讯和传播领域相关新技术方面。俄罗斯已经成为日内瓦（1952 年、1971 年）、罗马（1961 年）和伯尔尼例会的签约国。2008 年 6 月，俄罗斯还加入了世界知识产权组织版权条约协议。

WTO 就反对著作权侵害，并在其立法和法律执行方面提出了一些限制。然而，2008 年以前法庭上违反知识产权权利的宣判大多中止，这并不能阻止犯罪行为。

2008 年 1 月 1 日，民法典第四部分针对著作权增加了新的和更严格的法律条文来代替之前的条文，并加大了违法行为的法律责任。著作权集体管理体制和邻接权也被收紧。虽然民法典规定文化用途的作品可以自由使用，但其中的一些条款没有把握好作者权利（被加强）和合理使用之间的平衡。

著作权适用于科技、文学和艺术作品中（不考虑其用途、质量和表现手法），包含衍生作品（翻译、编曲等）在内的以任何形式已发表的和未发表的作品。法律保护作品的整体、部分、段落、标题和作品中的人物，著作权的主体是编者和作者。民法典 IV 里对中篇小说的版权盗用加大了惩罚力度，通过引入出版商的邻接权和文艺工作者的演出权拓宽了保护范围。法典保护的著作人里增加了编剧、电影导演等集体作品的创作人员。2008 年 4 月，政府法案里加入了著作人公开转售作品的费用。

（八）数据保护法

继欧洲理事会相关委员会批准（2005 年）后，又通过了《个人数据保护法（2006 年）和数据、信息化和信息保护法（2006 年)》并加入了保护所有机构个人信息的义务。这些法律自 2010 年起强制执行，涵盖了文化类机构但没有涉及档案类股票。民法典第四部分同时也加入了使用个人影像的规定。

（九）语言法

宪法宣告各语言平等，禁止语言歧视。宪法条款细节体现在《俄罗斯联邦人民语言法》（1991 年）和《俄罗斯联邦地区语言法》（2005 年）中。前者修订于1998 年，后者注重于俄语作为国际交流手段的特殊地位，并保护和控制其文学规范不发生改变。

俄罗斯联邦的每个共和国（卡累利阿共和国除外）都有权建立自己的地区语言。这些语言在官方文件和公共场合与俄语有同等地位。例如在马里埃尔共和国，马里埃尔共和国语言法规定重要公共信息的发布要用马里语和俄语。但是要改变字形（字母表）的话只能经过联邦法律批准。

《土著居民权利法》（1999 年）也支持相关语言的使用。该法宣布支持所有其他语言的使用：不管人口多少或行政归属，少数民族在日常生活、当地官方文件、大众传媒（出版、地区广播电视等）和文学著作中都有权使用它们的母语。

2001 年，俄罗斯联邦签署了《欧洲地区和少数民族语言宪章》，自此该宪章内容就在专门的部际工作小组内讨论。决策者认为该宪章的签署会给法律、教育、公平、行政、大众传媒等体系带来重大变化。一些人担心其影响，认为降低俄语权重会破坏容忍度甚至是俄罗斯的团结。

（十）一般法律的其他领域

对很多文化事业单位来说，2011 年 1 月 1 日起实行的《提高国家（地方）机关的法律地位，引进改善俄罗斯联邦特定法律行为法》非常重要。它的目标是培育国家和地方机关自力更生的能力，以便这些机关能够在管理和寻求额外资金上有更多的自由。政府认为达到"自治"状态对文化事业单位来说很有吸引力，但专家则预计很多单位（剧院、博物馆等）并不能适应新形势。

对文化事业单位来说，国家和地方商品与服务订单处置法也很重要，该法规定政府资助机构进行的包括艺术和创意在内的所有活动都要引入招投标制度。从 2011 年 1 月 1 日起，电子招投标成为下订单的主要手段。这在文化部门是有负面效应的。例如：在新剧院舞台布景制作的投标中低价格是决定性因素，这就意味着在胜出的投标中，艺术性和其他要素都要屈服于最低成本。

由经济发展部出台并于 2010 年 11 月通过的《国有或地方所有宗教财产转让宗教组织法》曾被公开讨论并被文化界专业人士强烈批评。该法把建筑文物以及包括那些有巨大价值的建筑文物的转让程序设想得过于简单。相关讨论主要斥责两方面的内容：一是整体来看实际立法中缺少术语；二是加入诸如"克里姆林宫"（城堡）或"博物馆保护区"等司法概念并对它们的状态进行更精确定义的必要性。

六、文化立法

2000 年，文化立法被定义为一个独立的立法分支。然而，人们普遍讨论整个法律制度是否应该基于通用法律（即土地、劳动、税务、海关代码等）或行业特定的立法，如文化部门。前者的方法带有修正条款现在很盛行。因此，大量的一般法律法规（提到艺术家"特殊性"法律地位的法律法规）为整个文化领域建立了法律和规范的基础。20 世纪 90 年代，联邦立法采用了国际公约和其他规定来填充盲点并逐步提高。管辖权分立在文化部门中产生了双层立法体系，在这个体系中联邦法律可以作为框架或建议。

文化部有能力起草相关法律草案，也能进行二次立法并计划推出一种文化标准系统。自 20 世纪 90 年代以来，俄罗斯联邦的所有成员都开发出自己的文化立法，有时这些立法不同于联邦立法。这种情况产生两个问题：一是与联邦法律的协调性；二是地方政府会优先处理当地问题，其次才考虑发展区域文化立法。这导致了境内文化发展的不均衡（和经济发展程度不同也有关）。执行力度普遍不足，好的法律和糟糕的执法现实深受诟病。

在国家层面上，大多法案都是在 20 世纪 90 年代通过的，落后于俄罗斯社会的快节奏发展。改善立法的第二个原因是遍地的行政改革，使新法律（新法律声明）的讨论成了例行公事。例如，为保护人权和文化权利与自由以及少数民族在文化方面权利的《俄罗斯联邦文化基本法》（1992 年）。该法规定了国家在文化艺术方面的责任并提出了文化政策的原则。到 2012 年为止，全部 62 项条款中，24 项被修改，9 项被撤销。2013 年这部法律在年度国家报告中被要求修订，该年度报告包含在俄罗斯联邦文化强国规划中，即将被俄罗斯政府提交联邦议会并进行公共讨论。报告将展示文化方面客观、准确的分析信息和文化发展趋势。

2010 年，俄罗斯联邦一项新的文化法草案出台，该草案接近于联合国教科文组织的规定，对文化进行新的和更广泛的界定。公众和议会对该草案的讨论表明，对文化的"扇形"理解仍然存在。虽然大家都承认需要一部新的文化方面的法律，但该草案还是被搁置了。

文化机构的法律地位向"去国家化"演变，文化部门战略发展中则出现了多样化的组织形式。2006 年，预算重组过程中通过了自治组织管理法，以刺激文化机构脱离"国家港口"。《提高国家（地方）机关的法律地位，引进改善俄罗斯联邦特定法律行为法（2010 年）》有同样的目标。该法在文化事业单位中预设财政和预算机构，后者享有更多的财政自治。《改善俄罗斯联邦关于支持社会导向的非商业组织的特定法律行为法（2010 年）》中也有专门的激励政策。2006 年通过的《非商业组织捐赠构成和使用办法》为非政府组织的融资提供了法律基础，但此类新尝试要真正走上舞台还需要时间。

21 世纪初，为了给艺术家设立专门的法律框架进行了很多努力。《文学与艺术创意工作者及其创意联盟法》两次被议会通过然后两次被总统否决，它被视为是从现有法律中提供特权和豁免。以下三部法律在特定的艺术领域基于创意联盟和艺术家其他公共组织的专业活动对这些团体的地位进行了规范：

《社会团体法（1995 年)》；

《非商业组织法（1996 年)》；

以及《行业联盟及其权力和活动保障法（1996 年)》。

此外，还有一些更具行业特征的法案不得不说。如《广告法（2006 年)》将广告管理得更严格，对大众媒体尤其是电视上的广告做出规定。该法案禁止在儿童、宗教和教育翻译节目中插播广告；未经过电影或戏剧版权所有者同意不得插播广告；对广告中使用文化机构和文物做出了限制。2007 年该法案修正后把广告时间从每小时 12 分钟降低到了 8 分钟。

七、各行业立法

（一）视觉和应用艺术

一般法规范了设计者和视觉艺术家的活动，行业法调整艺术作品的归还，支付作者的费用，艺术作品的销售和收购。因创作、演出或其他用途的艺术文学作品而获得稿费或补偿的艺术家和作家，他们所使用的材料和消耗品在税法典中设有专门的扣减项目。艺术家及其联盟与政府之间的利益冲突有时候很大（当局主要考虑到他们管理工作室和展厅的权力）。在部级、区级和地级层面一些专门的司法法案中对这些冲突进行了规定。

20 世纪 90 年代出台了一些专门的政府法案并将民间工艺品作为文化产业的一种形式来进行保护和支持。1999 年，民间艺术和工艺品管理法颁布，以此支持它们在市场经济中的发展。

（二）表演艺术与音乐

剧院工作人员在游说其职业和社会兴趣上是非常成功的，他们也是首次从文化部的一些特殊政府法案中得到支持，如《俄罗斯联邦戏剧艺术支持法案（1999年)》。这部法案针对国家和地方剧院的融资出台了剧院法令和其他规定。多年以来剧院从业者到处游说以争取国家支持，但都不成功。当局认为，剧院可以自给自足并且自治组织法最初就应用于剧院和演出公司，这给予他们更多的收入分配自由。2008 年，国家杜马驳回《音乐产业巡回演出法草案》。

2009 年，出于对文艺工作需求的考虑，《国家和地方商品与服务订单处置法》被修改，但舞台布景和服装仍被视为商业活动并强制实行招投标政策。2010 年举行的剧院和剧院从业人员法律规范需求议会听证会再次将剧院行业专门法的制定提上日程。会议达成共识，到 2020 年以前详细列出"剧院部门发展"的内容并作为相关法律起草的基础。

（三）文化遗产

文物的法律概念中不包括非物质文化遗产，其规范性基础仍包含了苏联《历史文化遗迹的保存和使用法》(1978 年) 中的部分条款。以下法律对其进行了规范：

- 《文化价值物品进出口法（1993 年)》;
- 《俄罗斯联邦博物馆及博物馆藏品管理法（1996 年)》;
- 《"二战"后前苏联无主物品和境内残余物品管理法（1998 年)》;
- 《俄罗斯人民文化遗产物品（历史文化遗迹）管理法（2002 年)》;
- 《俄罗斯联邦档案事务管理法（2004 年)》。

《俄罗斯联邦人民大型文化遗产国家法典》列出了一些重点文物全力保护，包括博物馆、图书馆、档案馆、剧院和高校等。这部法典保护这些文物不受财政削减影响，也保护这些文化不被私有化。《无主文物法（1998 年)》作为一些特殊物品归还时的法律依据。例如，沙罗什保陶克加尔文主义学院（2006）的图书和圣玛丽教堂的德国彩色玻璃。还有其他法案对行政许可、修复、文物交易和其他事项进行了规定以便对文物进行保护和记录。

2002 年的《文化古迹法》把不可移动的文物和相关绘画、雕塑、装饰艺术品等作为文物组并划分了国家和地方当局的相关责任，包括对文物的融资、保存、使用和保护。该法还规定了登记制度、包括保护区和历史居住区在内的不同类型的文物地位、租赁协议条款。条款 48 指出拥有、使用和处置文物组的规则，这些文物组可以是联邦的、地方的和私有的财产或是地区的和其他类型的财产。

这部法律还规定了正在进行私有化或已经私有化的文化遗产的特殊条款，以及文化遗产所有者的相关权利和承担的责任。关于私有化的条款 2008 年 1 月 1 日才开始实行，因为财产类型的计划性过渡所需的二次立法还没有准备好。该法内容受到好评，但由于相关二次立法的空白，到 2006 年才开始实行。这部法律引起积极讨论，甚至在文化遗产工作者中产生了恐慌，他们对私有化不感兴趣。

2010 年，随着《国有或地方所有宗教财产转让宗教组织法》的通过，文物的归属成为公众讨论的焦点。专家怀疑宗教组织代表是否已经做好准备来合理地维护这些文物，能否满足民众参观文化古迹这一项宪法赋予的权利。

2004 年 10 月，土地立法被完善，以便让教堂和修道院能够将土地私有或者免费使用土地。2006 年，俄罗斯联邦对正在进行的考古活动强制列出"公开清单"，对于那些未把考古发现文物上交给俄罗斯联邦博物馆馆藏的行为进行惩罚。

（四）文献与图书馆

在文化机构经历数次严重危机和法律实施环节薄弱时，政府出台了《图书馆法（1994 年）》和《文档法定保存法》（1994 年），后者还覆盖了视听产品。这两部法律的主要任务是将公共图书馆作为社会生活的重要机构，并将公共图书馆对外开放。但是《文档法定保存法》几乎被出版商遗忘，这种现象导致了国家图书馆馆藏空白了将近十年。

该行业法的更新版本正在拟定。其中最重要的是互联网资源保护和电子图书馆。2008 年民法典第四部分的版权法中限制了文学作品的豁免权，此举危及了面向读者的文献复制品以及使用数字图书的出版物的发行。2009 年，图书馆法推出了"图书馆藏书""国家图书馆馆藏书"和"书碑"等概念，填补了此类文物法律保护上的盲点。该法申明对"书碑"要保存在先，使用在后。

（五）建筑与空间规划

该领域的法律出台于 20 世纪 90 年代，主要包括：
- 《俄罗斯联邦建筑活动法（1995 年）》；
- 《专项自然保护法（1995 年）》；
- 《城市规划和建设规范法（1998 年）》；
- 《环境保护法（2002 年）》。

涉及自然保护区和保护项目的条款旨在保护文化和自然环境免遭破坏和毁灭。专业活动要遵从俄罗斯联邦建筑活动法，以便营造安全和有利的环境，支持建筑艺术的发展，保护建筑遗产、历史古迹和自然景观。

土地法典处理了历史景观保护、自然保护区立法和保留领地制度等问题，文化遗产保护办公室中所有的城市规划文件都必须遵守该法。不可移动文物的改造和修复工程都在许可范围之内。近日，土地产权问题成为保护活动中十分重要的问题，但很多文化机构都没有文件证明他们对土地的所有权。

2009 年，政府法案提出从联邦预算中为俄罗斯建筑科学院申请专项补助用于支持基础研究，制定条款为俄罗斯市民提供政府委托服务，并对相应研究和有用的社会基础设施发展进行投资。

（六）电影、广播与摄影

《俄罗斯联邦国家影视产业扶持法》于 1996 年正式通过，它带给电影业暂时性的发展优势（如税收、关税豁免等），这些优惠之前从来没有过。但是，它确实提供了约 80% 的非预算资金。2001 年，私人投资税收优惠政策到期，取而代之的是公共资金。

国家基金只提供给那些获得民族电影地位的影片，这意味着电影的所有材料和呈缴本都要递交到俄罗斯联邦电影基金会。放映许可证在给国家一份副本存管后才能获得。但是，电影院提供的服务不在文化范畴之内。呈缴本也要上交给国家电视广播基金会、俄罗斯国立电影照片档案馆和俄罗斯国立音像馆。2006 年 2 月通过的修订案撤销了文化部之前要求保留的摄影组织国家登记制度。

2001 年颁布了两项总统法令，将原先通过电影制片厂和其他相关企业转化为股份公司的方式重组电影制作和电影发行。该行业的一个重要问题是制作和发行的报酬由专门的政府法案来规定，这巩固了电影制片人的财政角色。

涉及生产和商业活动的一般法律可以规范音像制品，包括处理公共道德问题，控制淫秽物品的传播等。行业法首要规范的是合法生产、行政许可（2008年出台视听材料和录音制品，计算机项目和数据库的行政许可）、宣传和上映。这些措施旨在打击盗版，抵制非法生产，但收效甚微。盗版和非法产品价格低廉，市场需求仍然很大。

（七）大众传媒

《大众传媒法》在 1991 年正式通过，最新修订版确定了获得、制造和传播信息的自由权；确定了大众媒体的创立权、从属权、使用权和处理权；取消大众信息的审查制度同时禁止滥用大众信息（条款 1、条款 3、条款 4）。但是，对于如何实现这些权利条款中的规定并不是很清楚，同时强制执行以达目标的机制也很欠缺。尽管如此，该法仍然被认为是实现公民的信息权和言语权的一个重要进步。2006 年的市政会议厅的报告评估了大众传媒法在实现公民自由权方面的成就，同时坚持要将其正确执行。1995 年，国家支持的《传媒和书刊出版法》以及《对区域（地区）报业进行经济支持法》等专门法获得通过。

在 21 世纪，在该领域，司法实践的发展以及媒体和新闻工作者的监督成为越来越常用的解决矛盾，包括应对众多诽谤指控的手段。专业群体坚持法律法规应该在这些领域（包括将国有媒体改革为公共或私有，同时游说保证大众媒体经济独立法的通过）进一步发展。记者还批评了《反极端主义法》的基本概念过于宽泛，有可能影响到批判性的出版物。虽然对于广播公司、出版商以及新闻工作者公共使命的专业关注增长缓慢，但自我管理机制在领域内却变得越来越重要。

2008 年发布的《新大众传媒法草案》由俄罗斯记者联盟拟定，这是该行业的一个重要事件。该草案目的在于阐明某些原则性的定义，并调整其条款适应媒体市场的实际情况。新法将统一民法、其他法规以及反极端主义立法。它将提高对新闻工作者权利的保护，明确媒体行业内的经济规则，加强独立的公共监管机构，解决转换数字格式时行政许可的问题，它将国家广播实践与 CE、UNESCO 中列出的对公共广播的支持法规相配套。

（八）文化立法的其他领域

自 20 世纪 90 年代起，所谓的"种族—民族政策"一直是法律规定的问题。《民族文化自治法（1996 年）》为分散的文化自治组织提供法律基础，并且给所有族裔群体，尤其是那些没有行政领土的群体提供专门的机会去保护文化遗产和发展文化活动。该法设置了特殊的章节来规定保护、开发和使用本地语言的权利，民族文化的保护和发展权也包含在内。根据该法，民族文化自治机构（NCA）是一种可以由一个族群建立的特殊类型的公共机构。它可以是本土性的，区域性的或者全俄层次性的组织，同时他们具有重要社会意义的项目能够得到国家的资助。民族文化自治机构同时也有设立教育机构、编写教科书以及其他培训资料的权利。对于该法的主要批判在于其含混不清的条款和政府义务之外的不确定性。

也有针对于专门保护土著居民权利的法律体系。它们分别为:《土著居民权利保护法（1999 年）》;《北土著民、西伯利亚以及远东土著民公社组织通则（2000 年)》;《北土著民、西伯利亚及远东土著民传统土地使用法（2000 年)》，这些法规有效地保护了他们的文化、语言、生活方式和生存环境。

八、文化资助

（一）简述

20 世纪 90 年代，俄罗斯公共文化支出总体上依赖国家经济的总体发展状况:1997 年，政府文化资助仅仅达到官方文化预算的 12%，这种状况缩减了很多需要资助的文化项目，并且使得大多数预算降至最低水平之下。1999 年，国家对文化的资助首次进行调整，但是得到批准的文化资助水平与文化基本法（即联邦预算的 2% 和地方预算的 6%）所申明的水平不相匹配。并且，持续的通货膨胀也导致了文化和艺术领域实际资助的低水平。在 21 世纪初，联邦政府给予文化（媒体除外）的预算分配一直保持在约 0.6% 的水平，而文化在地方预算所占比例不均衡，但总体保持在 2%。

人们对于文化政策的普遍争论引发了两个相反的建议，即扩大或增加国家对文化产品和机构的支持力度或减少政府对文化机构、遗迹和文化活动等项目的支持。然而，2008 年通过的《社会和经济长期发展理念（2008~2020)》提出文化、影视和大众媒体预算的普遍增长，从 2007 年占 GDP 的 0.7% 到 2020 年的 1.5%，但是这些计划由于经济危机受到影响。

针对效率的研究仍是文化资助争论的核心问题。自 2004 年起，一项新的资助模式，即绩效预算被引入到政府的普遍改革过程中。另一项创新提议是从制度和规范角度逐渐提高国家和市政服务的人均资助水平，这一提议将延伸至文化领域。

联邦目标计划提供了特殊的金融工具，它为特殊的需求和活动提供资助。2006~2010 年的"俄罗斯文化"的联邦目标计划最初耗资 641 亿卢布，该资助的85%（543 亿卢布）源于联邦预算，而资本投资占这项预算的 73%。其中，资本投资预算的 63% 用于翻修莫斯科大剧院、俄罗斯国立图书馆和莫斯科音乐学院，以及圣彼得堡的马林斯基剧院和亚里亚诺斯基剧院（联邦目标计划中 300 个遗产机构中的 5 个具有独特价值的遗产机构）。该计划持续到 2011 年并且该计划拿出1246.5 亿卢布支出文化领域，其中 1122.1 亿卢布源于联邦预算。另外，俄罗斯文化（2012~2016 年）联邦目标计划仍在详细研究阶段，该计划假定了两个略微差异的资助方案：1226 亿卢布（1192 亿卢布源于联邦预算）或者 1306 亿卢布（1253 亿卢布源于联邦预算）。

国家拨款系统提供了一种崭新的金融手段，并且它在 21 世纪初得到迅速发展。它旨在资助最杰出的艺术家、文化机构、高校、公司、乐队演奏等以及它们的相关活动。2006 年，联邦政府的拨款总额是 18.57 亿卢布，其份额还将不断增长。举例来说，在 2012 年和 2013 年两个年度，每年总统给予 100 个特殊项目的拨款分别为 5720 万卢布和 6040 万卢布；每年政府投入 2500 万卢布用于国家奖励；并且每年投入 170 万卢布支持俄罗斯魂和沃尔科夫剧院政府奖。

据公开的资料估计，2012 年联邦文化预算将达到 862 亿卢布（比 2011 年减少 18 亿卢布）。与 2012 年相比，2011 年政府对博尔肖尼和马林斯基剧院的高昂的修缮费用是造成当年文化预算偏高的重要原因。同时，重建理工学院和普希金美术馆需要大约 4.5 亿卢布和 35 亿卢布，并且赫米蒂奇博物馆庆典需要花费 129亿卢布。

据新法律草案对文化的金融支持调整，截止到 2014 年的联邦预算如表 3 所示。

（二）公共文化支出

1. 合计指标

据估计，2000 年人均公共文化支出是 115 卢布（4.4 欧元），2006 年为 705卢布（20.3 欧元）（约为人均 GDP 的 0.23% 和 0.37%）。

2006 年，人均文化支出的最高地区为楚科特卡自治地区的 7905 卢布，而人

表 3　2011~2014 年联邦文化预算

单位：100 万卢布

	2011 年	2012 年	2013 年	2014 年	占前一年百分比（%）		
					2012 年	2013 年	2014 年
文化、制片	87995.4	86201.9	84589.1	82710.1	98.0	98.1	97.8
文化	78746.4	73668.8	75151.8	73054.2	93.6	102.0	97.2
制片	5417.0	7184.5	7142.2	6948.2	132.6	99.4	97.3
应用文化和电影研究	320.5	436.7	438.3	450.5	136.3	100.4	102.8
其他	3511.5	4911.8	1856.8	2257.2	139.9	37.8	121.6

资料来源：2012~2014 年联邦政府预算法律草案。

均最低地区为达吉斯坦共和国的 214 卢布。据专家估计，俄罗斯联邦 89 个地区中，将近 58 个地区的人均文化支出低于全国平均水平。该预算政策的目标之一是平衡全国的地区差异。一般来说，国家的资助配置主要根据制度原则决定，然而，当考虑到各个地区（面积、人口数量、人口密度和气候区划等）的不规则特征时，人均指标存在一定的问题。

2. 各级政府下的公共文化支出

表 4　2003~2008 年全国预算支出

单位：100 万卢布

	2003 年	2004 年	2007 年	2008 年
共计	3964.9	4669.7	11378.6	13991.8
文化、电影艺术、大众媒体（%）	82.9 (2)	97.8 (2)	246.2 (2)	310.6 (2)

资料来源：Gosudarstvenny komitet RF Po Statistike：*Rossijsky statistichesky yyezhegodnik*，2009.（俄联邦统计委员会：《俄罗斯统计年鉴 2009》，莫斯科，2010）

文化资助包括以下三种预算层面：联邦政府（中央）、区域和地方（市），它们为相关的文化机构和活动提供资助（见表 5）。新型的交互预算关系使得协作资助实践更加复杂，并且这种实践对于文化主体来说问题百出。

表 5 2002~2006 年公共文化支出：各级政府的预算支出

单位：100 万卢布

预算水平		文化、艺术和大众媒体		文化和艺术		大众媒体	
		共计	占总百分比	共计	占总百分比	共计	占总百分比
联邦政府	2002 年	20.1	30	10.2	20.5	9.9	53
	2004 年	28.1	29	16.8	23	11.3	48
	2006 年	55.2	29.3	50.2	—	5.0	—
区域	2002 年	47.1	70	38.4	79.5	8.7	47
	2004 年	69.6	71	57.5	77	12.1	52
	2006 年	133.4	70.7	50.0	—	83.4	—
市		—	—	—	—	—	—
其他公共部门		—	—	—	—	—	—
共计	2002 年	67.2	100	48.6	100	18.6	100
	2004 年	97.7	100	74.3	100	23.4	100
	2006 年	188.6	100	100.2	100	88.4	100

资料来源：*Rossijsky statistichesky ezhegodnik 2003–2006. Ofits. izd. Moskva*，2004~2006.（俄罗斯联邦统计委员会：《俄罗斯统计年鉴 2003~2006》，官方版，莫斯科，2004~2006）

2007 年，联邦预算中的文化占比增加到 0.87%，但是这个比例逐渐被缩减。然而，在 2008 年夏，2009~2011 年的预算政策有所上调，根据俄罗斯总理的声明指出，2009 年的联邦文化支出将增长 21%。在 2009 年中，联邦预算中的 1096 亿卢布用于文化、电影艺术和大众媒体的费用支出（相比 2008 年为 888 亿卢布），然而，世界经济危机导致本年度支出大幅缩减，并且导致 2010 年的预算支出下调。

城市文化和艺术预算通常占整个区域预算的 45%，在 2001 年和 2006 年，公共文化支出占整个区域预算的 2.26% 和 1.6%。每年各个地区的情况差异明显，例如，2000 年，亚马尔—涅涅茨自治区的支出为 1.14%，而科米—彼尔米亚克自治区的支出为 4.82%，另外，据相关数据显示，2006 年莫斯科地区比例为 0.7%，而莫斯科市的比例为 2.7%。

3. 部门分类

俄罗斯联邦对文化部资助分类以预算分类的方式呈现，如表 6 所示。

表 6　2005~2010 年公共文化支出：各个部门的联邦预算支出

单位：100 卢布

部门	2005 年	2007 年	2010 年
文化、电影艺术和大众媒体	39173.1	67804.7	107340.2
文化包括：	6901.1	35757.7	50473.9
联邦目标计划"俄罗斯文化"			12841.4
资本投资			3843.2
文化站			2425.7
博物馆和展览馆			12015.7
图书馆			3004.7
表演艺术			10747.0
电影艺术	2686.2	3684.4	5562.4
广播节目	10918.3	20704.3	36725.1
期刊和出版	387.2	3345.0	4103.2
应用型研究	173.3	287.0	398.8
其他	8107.0	4026.3	10076.9
联邦预算总计	3047929.3	4794455.2	8846973.5
总计占比（%）	1.3	1.4	1.2

资料来源：2005 年、2007 年和 2010 年联邦预算法。

表 7 表明某些地区如中央、区域和地方的相对比重和重要性。

表 7　国家文化支出：2003 年的预算支出

单位：100 万卢布

域/域/子域	直接支出			转让和补贴			总计			总计占比		
	C	R	L	C	R	L	C	R	L	C	R	L
文化产品												
文化遗产												
历史古迹												
博物馆		2.42	0.75		—	—		2.98	0.87			

续表

域/域/子域	直接支出			转让和补贴			总计			总计占比		
	C	R	L	C	R	L	C	R	L	C	R	L
档案馆												
图书馆		2.39	5.62		—	0.04		2.72	5.90			
文化站	—	0.84	11.76	—	—	0.07	—	1.00	13.66	0	7	93
艺术												
视觉艺术												
表演艺术		6.31	0.63	0.04	—			7.42	0.72			
音乐												
戏剧及音乐剧												
马戏表演		0.02	—		—			0.02	—			
其他		2.88	3.94	0.58	0.10	0.01		4.87	4.34	0	53	47
电影		—	—	0.40	0.43	2.05	0.40	0.43		72	13	15
总计		14.86	22.70	1.05	0.65		14.19	19.41	25.92	24	33	43
媒体												
图书与出版		0.09	0.08	2.63	1.21		0.61	2.75	1.32	13	59	28
图书		—		0.24	0.01			0.24	0.01			
出版		0.09	0.08	2.39	1.20			2.51	1.31			
音频、试听、多媒体		0.10	0.04	0.78	0.02		0.32	0.88	0.06	25	70	5
广播和电视		0.79	0.39	3.09	0.56		11.60	3.97	1.02	70	24	6
总计		0.98	0.51	6.50	1.79		12.53	7.60	2.40	55	34	11
其他												
跨学科												
社会文化												
国外文化关系												
管理												
教学活动												
未设置领域												
总计		15.84	23.21	7.55	2.44		26.72	27.01	28.32	32	33	35

注：C 代表中央；R 代表区域；L 代表地方。

资料来源：财政部。2004 年 1 月 1 日联邦预算执行报告：http：//www.minfin.ru（2004 年 8 月）。

4. 民间文化资助的趋势和指标

人们很难预估非营利组织和商业机构的民间文化资助的规模，但人们得以见证他们日益增长的参与热情。大规模企业的资助兼顾一些机构（博物馆、剧院和美术馆等）和工程项目（包括展览会、节日活动、竞赛活动和其他活动）。个人对年老艺术家的支持这种形式也非常普遍，但他们仍保持着非官方性质。

九、文化基础设施中的公共机构

（一）文化基础设施：趋势或战略

苏联时代网络化的公共机构的遗产仍是当代文化基础设施的支柱。公共机构组织的多样性仍是文化网络的核心特征。例如，鞑靼斯坦共和国的图书馆网络包括 1570 个与共和国文化部相关的机构，1470 个机构属于教育和科学部的管辖，97 个机构属于劳工部管辖，同时 21 个机构属于卫生部。

从 20 世纪 90 年代开始，国有机构的企业活动经历了普遍危机和面临各种法律束缚，这种现象催生了新的独立的文化主体；大多数机构仍保持着自己的特色，并且那些试图有效地走向市场，避开"预算"领域的一般想法并未得到实施。从那时起，联邦政府重新修订文化部的公共职责，并且将国家的文化机构转变为非商业的非政府组织，或者以商业为主旨的非政府组织。显然，政府将这种方法作为推动其发展的一种手段。2011 年，为了改进国家机构的法律地位，俄罗斯联邦展开一项试图改进特殊法律草案的提要的实施，其目的是促使国家文化机构明确自身的法律地位。因此，多数区域性机构采用自治组织的形式。

20 世纪 90 年代，随着新型艺术商人、经纪人、商业制作人、古董商等涉足不断完善的文化和艺术市场，诸多民间和独立机构也应运而生。21 世纪初，规模成熟的公司已经建立起自己的档案馆和博物馆，并且它们投资各种艺术收藏品和艺术作品。并且，非国有的文化基础设施涵盖了艺术画廊、私人电影院、出版社和新文化产业机构等。然而，国家文化政策忽略了规范文化产业，它仅着眼于管理文化财产和文化机构网络的内容。

（二）文化领域中重要公共机构的基本数据

国家和地方文化机构是提供文化服务（图书馆、博物馆、艺术院校）的主要机构，它们仍是国家文化基础设施的中坚力量。大多数从事表演艺术的组织机构也接受国家资助。俄罗斯联邦文化部所提供的文化机构的统计数据仅仅涉及政府机构。

表8　公共部门资助的文化机构

领域	文化机构（子域）	数量（2009）	走势（to2008）
文化古迹	文化古迹遗址（已确定）	142500（2009）	−200（to2008）
	博物馆（组织）	2578（2010）	+39（to2009）
	档案馆（公共部门）	2559	无变化
视觉艺术	公共艺术画廊/展厅 *	—	—
	艺术学院（或大学）	55	无变化
表演艺术	交响乐队 **	71	无变化
	音乐学院 ***	1677（2010）	−117（to2009）
	音乐/戏剧学院（或音乐学校）	25	无变化
	话剧院	343	+5
	音乐剧场、歌剧院	93	+5
	舞蹈和芭蕾舞团 ****	47	无变化
图书馆	图书馆	46065（2010）	−632（to2009）
试听机构	广播机构 *****	—	—
跨学科领域	社会文化中心/文化馆	46555（2010）	−829（to2009）
其他（详解）	休闲广场在文化部的职责范围内	388（2010）	+3（to2009）
	马戏团	66	−2

注：* 画廊主要属于民间或非政府组织，或存在与博物馆内，或者它是多功能文化中心的一部分，例如，科斯特罗马州的"格贝尔内斯克"音乐会和展览中心。** 下辖于文化部系统。*** 下辖于文化部系统，设有音乐系的艺术学校不包含在内（2010 年的 3089 个，比 2009 年增加了 94 个）。**** 下辖于文化部系统的自治组织（它并非是乐团成员）。***** 我们很难区分登记的和代理的广播公司，而且这个部门有着复杂的结构。

资料来源：Gosudarstvenny komitet RF po statistike：*Rossijsky statistichesky yyezhegodnik*，2009.（俄联邦统计委员会：《俄罗斯统计年鉴 2009》，莫斯科，2010）莫斯科，2010 年，第 284 页。

20 世纪 90 年代，尽管大量宣传普遍关注新事情，但古迹的保护和传统文化机构网的保存仍是政府最重要的事情。国家对这些机构的支持力度耗尽了公共文化预算的大部分资金，甚至缩减了薪水的发放。与此同时，国家文化机构被赋予了一定的经济自由权限，以便它们在最困难的年份中能够自食其力。

同样地，20 世纪 90 年代，资源的缺乏和需求的下降促使电影院、文化馆和公共图书馆数量骤减，并且这种现状催生了人们对某些特定机构的偏爱。那些具有特殊价值的具有特殊法律地位的机构获得了优先发展机会，并且，它们绝对不允许被私有化（著名的博物馆、剧院、高等院校、档案馆、收藏品等）。其中包括赫米蒂奇博物馆、大彼得罗夫剧院、俄罗斯联邦电影基金会、俄罗斯美术学院及俄罗斯绘画、雕刻和建筑学院，它们都是联邦预算中的资助对象。

2000 年至今，俄罗斯文化部门的收入增长了近 5 倍，但由于人们的购买力有限，其收入增长长期受到限制。据专家预测，一些机构中（特别是联邦政府）非预算资金的份额增加了 30%，其主要在于门票费和入场费的上涨，并且原来免费的文化服务被有偿的、分期租赁、国外旅游或特殊的资助活动所取代。

同时，音乐会筹办方、独立公司、图书馆、俱乐部和其他机构均呈现减少的趋势。大多数位于区域中心和城市的文化机构需要重建和现代化改造来吸引年轻的一代。不过，博物馆、俱乐部和图书馆仍是文化活动的核心机构，并且它们为各个年龄段的业余爱好者、学生和培训者提供学习空间。

（三）公共文化机构的地位和合作者

联邦政府实施了对文化机构的公共责任的重新分配，这源于两个主要原因，即普遍私有化的趋势和联邦政府试图缩减国家文化机构和组织的数量。因此，在 2003 年，区域和地方层面的政府改革普遍拉开序幕，这一举措迅速波及所有相关的文化机构，并促使它们摆脱对相关预算的依赖，在这种情况下，市政预算的资助来源越发匮乏。从某种情况来看，与文化机构有关的不同行政级别的连带责任界定模糊，这是联邦政府重点处理的问题。

2006 年，自治组织推行一项新法律，该法律旨在支持文化机构的改革并鼓励它们的创业活动。它规定了文化机构创立者的某些责任（承担国家的社会领域的责任），并且给予它们更多的经济自由。因此，它们可以自由地变更自己的法律地位，但大多数文化机构参与度不高。同年，捐赠成为一种非商业组织接受资助的新的合法工具。另外，国家对预算资助机构从事经济活动的法律限制被无限期扩大，自 2008 年开始，后者不再享有管理非预算来源资助的权利。经济危机成为重塑公共文化基础设施的又一推动力，并且它也开启了修订联邦文化机构法律地位的日程。因此，俄罗斯联邦公共部门基础设施的整体重建成为国家当前的任务。

尽管公共文化机构具备专业的发展潜力，但即使处于公共部门，它仍然不具备合作的可能性。这就是为什么要与外面建立专业性联系的重点所在，比如，它们与私人博物馆或图书馆共同拓展其专业的操作标准，扩宽公众了解的渠道，或者在国家博物馆馆藏中陈列最有价值的收藏品。文化机构处理大量的资源，同时它也与非政府组织合作，争取社会项目中的资助和支持，如 2010 年，5 家文化组织成为全俄罗斯社会项目节 "SoDeistvie" 的获奖者。

公共文化机构与民间赞助商或基金会的合作关系逐渐升温，尽管国家为赞助者（逃税者）和慈善机构以经济刺激，甚至国家让它们意识到作为民间主体赞助文化的重要性，但这种措施并未明显见效。2004 年，俄罗斯总统掀起了公众对企业的社会责任的讨论，这表明在企业主体中并未意识到它们的责任，并且它们还降低劳动者工作条件的标准。（最近，以上观点出自 2007 年国家社会学调查和相关的国际比较评论。参见网址 http://old.wciom.ru/arkhiv/tematicheskii-arkhiv/item/single/8521.html）因此，形象塑造、名声和广告是推动文化机构和公司合作和赞助的最重要动力，如赫尔蒂奇博物馆和俄罗斯博物馆、大彼得罗夫剧院、俄罗斯国家交响乐团或"毕瑞兹卡"舞蹈公司等。

自 2000 年以来，文化部与私营企业签署了合作协议，并支持建立董事会和社会委员会。为了能够独立地企业决策，较小的捐助者普遍倾向于私下联系并针对特殊需求进行匿名资助，相比而言，若干大型公司公开地参与到该领域："弗拉基米尔·波塔宁的慈善基金"支持年度竞赛"变革世界中的变革博物馆"和获奖得主。因此，为了推动该模式的普遍化，专家提议建立文化和商业的互动。

十、其他文化方面的内容

（一）对艺术家和其他创造性工作者的支持

1. 战略、规划和直接或间接形式支持的概述

扶持艺术家和文化工作者一直是家长式国家政策和政府与专业工会联系的传统话题。在 20 世纪 90 年代末到 21 世纪初的艰难经济形势下，国家尽最大努力提高知名艺术家以及整个艺术共同体的生活水平。

20 世纪 90 年代，那些直接的和间接的政府资助具有一种象征意义，而不仅仅是一个财政角色。从苏联时期开始，艺术家和文化工作者享有较高的荣誉，这一传统得以继承下来（人民的艺术家、受尊重的艺术家、荣誉艺术大师、荣誉的文化工作者），国家为他们提供一些额外的社会资助和特权。因此，对于那些退休、单身或残疾的艺术家弱势群体来说，荣誉显得尤其重要。国家杜马文化委员会为增加艺术家的退休金而各处游说，出台的《应对危机政府规划（2009 年）》保证对退休创意工作者和艺术家工会的持续性资助。

艺术家工会整合国内的专业社会并为社会提供创意产业。不过，与苏联时代相比，它们更加不受重视，但是，对于老一辈人来说，社会导向性资助为人们提供了一定的资助和关怀。

许多新的节日或竞赛、资助和奖项均由国家资助设立，它们不仅资助青年

艺术家、初学者、早期艺术家、实验创新等，而且它们使文化生态更加多元化。从经济效益来说，活跃的艺术家得到了政府各个层面的支持，例如，通过国家佣金制度和购买方式资助。政府的奖励、资助和奖助学金不断发展，同时，在社会福利条款仍然欠缺时，私人慈善行为（通常为直接的和非官方的形式）应运而生。

在各个层面，特殊的资助给予那些"受欢迎的艺术家"或者那些在艺术、工艺、表演艺术等职业或半职业领域保护和发展传统或地方具有创造力的艺术家。在该领域，艺术家和该团体代表了当地和民间的创造力，他们具有特殊的价值和较高的荣誉，如民间大师称号、奖项和特殊资助。

2. 特殊艺术资助

艺术团体的物质需求通常由国家资助基金或相关的艺术家工会的部门负责。2010 年，文化部的预算给予相关的补贴以支持艺术家工会成员，大约为 8000 万卢布。这是艺术家工会和管理部门密切配合和游说福利问题的结果。对于工会成员来说，他们拥有自己支配的工作室（为视觉艺术家使用），他们的工作室成为"焦点"，如演员和建筑师的"工作室"，具有高质量的医疗服务和价格低廉的临时居住的"创意房"、娱乐机构网等。例如，剧院的工人工会管理 8 间娱乐室并且拥有为资深演员服务的疗养院。

由世界知名人士成立的特别基金会独立于艺术家工会，该基金会旨在支持特定的专业团队和年轻一代。那些基金会在俄罗斯国内和国外都有机构（如弗拉基米尔斯皮瓦科夫国际慈善基金会或跨地区慈善基金"新名称"）它们筹集资金支持艺术职业发展，已经成为现代文化生活的重要参与者。

3. 资助、奖励和奖学金

21 世纪初，一项新的资助项目迅速在联邦（总统、州和部长资助）和各个区域（代表国家元首的资助）发展起来。它们的重要性在不断增加，因为它们创造了更多的机会支持技艺娴熟的艺术家和审美创新。2007 年当代俄罗斯艺术的"康定斯基奖"建立（参见 http://www.kandinsky-prize.ru/en）。它类似于特纳奖或马塞尔杜尚奖，它包含 55000 欧元的奖金资助和一个国际评委团。公共奖项可能只是微不足道的资助内容，但它仍被高度重视。

自 20 世纪 90 年代以来，通过公共和民间资助的方式，俄罗斯为有才能的儿童和年轻人提供奖学金和长期的资助。同时，国家还为那些文学、戏剧、视觉艺术等的初学者提供特殊的公共资助。

为了支持优秀的文化产品，国家成熟的和知名的机构、著名的艺术家和公司提供资助和奖励。2010 年，俄罗斯联邦文化部在国家预算中支出 18.79 亿卢布，在 2011 年和 2012 年的计划预算中，俄罗斯联邦文化部将有 17.9 亿卢布和 15.34 亿卢布用于资助预算。具体如下所示：

3 个俄罗斯总统为年轻的文化演员颁发的奖项（自 2011 年起，每年 250 万卢布）；

25 个俄罗斯联邦政府文化奖（自 2005 年起，每年 100 万卢布）；

15 个为业余民间艺术家颁发的"俄罗斯政府奖"（自 2007 年起，每年 10 万卢布）；

10 个俄罗斯政府颁发的印刷媒体奖（自 2005 年起，每年 100 万卢布）；

8 个对交响乐团和专业唱诗班的资助奖（2007~2009 年，每年 4.457 亿卢布）；

14 个音乐艺术奖（2009~2010 年，每年 6.009 亿卢布）。

俄罗斯总统设立的若干资助奖项包含如下：

专业的民间音乐和舞蹈公司（2006~2008 年每年向 6 个公司资助 3.163 亿卢布）；

戏剧艺术（2006~2008 年每年向 6 个剧院和 5 个戏剧艺术高等学校资助 3.47 亿卢布）；

音乐（2006~2008 年每年向 2 个歌剧院、2 个音乐学校、3 个交响乐团资助 8.1 亿卢布，2008 年该资助增加到 12.15 亿卢布）；

俄罗斯陆军戏剧学院（2007~2009 年每年资助 5111 万卢布）；

100 个为特殊项目的较小的总统资助（20 万~25 万卢布）构成了以上 47 个较大的资助列表。

4. 对专业艺术家协会或工会的支持

2010 年，俄罗斯文化部提供将近 4000 万卢布资助预算支持艺术家工会，这一预算是按照他们的产品（工厂和企业）的利润税所计算得来的。

另外，俄罗斯大约有 70000 名专业的艺术家工会成员（他们全部都有地方分支机构）提供各种相关的资助。他们的主要任务是融入专业文化队伍并为他们的利益奔走，进而促进艺术的发展并支持年轻和年长的工会会员。这些工会通过文化部获得国家资助，并举办重要的竞赛、节日和艺术活动。因此，领导人能够参与到公共节日的活动和高回报的政治活动中，也可以参加为专业活动颁奖的典礼中。例如，2010 年的文化部预算中，1.5 亿卢布用于戏剧艺术的发展，而这些戏剧艺术都是与相关的工会密切相关。

(二) 文化消费和文化参与

1. 趋势和数字

在俄罗斯,大城市和文化基础设施薄弱的农村地区之间的文化消费有很大的不同。最近,它已被确认为提供平等的文化使用和晚间外出文化参与的一般政治问题。解决这些问题的建议性方法是互联网广泛使用和移动设备的发展。

表9 1990~2008年花费在文化活动和商品占总家庭支出

单位:%

	1990年	2000年	2002年	2004年	2006年	2007年	2008年
电视机、收音机,休闲和娱乐的对象	5.0	3.2	3.4	4.6	4.5	4.1	4.6
文化机构的服务	0.9	0.5	1.1	1.7	2.1	2.2	2.9

资料来源:Gosudarstvenny Komitet RF Po Statistike: Rossiya v Tsifrah, 2009(俄联邦统计委员会:《俄罗斯统计年鉴2009》,莫斯科,2010),莫斯科,2009年,第128~129页。

20世纪90年代的主要趋势为在公共文化机构和艺术活动的人数下降,还有剧院、电影院和交响乐音乐会较低的上座率。另外,2000年由于互联网的使用的补充作用,每户的电视、有线电视和卫星频道、私营广播电台电子设备的数量都在上升。尽管艺术精英对"品位普遍下降"和"观众退化"发出永久的哀歌,更广泛的公众却展示了对娱乐和流行文化的正常喜好和消费意愿。

表10 1995~2008年有偿服务结构内的文化服务

单位:%

	1995年	2000年	2002年	2004年	2006年	2008年
文化服务	1.1	1.7	2.0	2.5	2.2	1.9
旅游和短途旅游	1.3	1.8	1.4	1.3	1.6	1.7

资料来源:Gosudarstvenny Komitet RF Po Statistike: Rossiya v Tsifrah, 2009(俄联邦统计委员会:《俄罗斯统计年鉴2009》,莫斯科,2010),莫斯科,2010年,第349页。

消费趋势通常受生活的其他方面发展的影响。例如,1990年和2000年末的经济危机之后,公众对免费的公共服务(如图书馆)日益依赖,付费娱乐活动的上座率下降、家庭文化消费上升,反之亦然。然而,我们可以设想传统文化机构上座率总体下降:在2005年的最后3个月,俄罗斯人中83%没有进入剧院、博物馆或音乐会,85%的人没有去过电影院。在莫斯科,相应的数字分别为64%和

66%。根据 2008 年 VCIOM 数据，只有 8% 的人在电影院打发闲暇时间，6% 在博物馆，3% 在图书馆（见表 12）。

表 11　1993~2006 年人均文化服务质量

	2000 年	2002 年	2004 年	2006 年	2007 年	2008 年
文化服务（俄罗斯卢布）	68.5	154.3	314.7	441.1	412.3	469.3
旅游服务（俄罗斯卢布）	—	105.1	166.6	320.1	379.0	514.1

资料来源：Gosudarstvenny Komitet RF Po Statistike：Rossijsky Statistichesky yyezhegodnik，2008（俄联邦统计委员会：《俄罗斯统计年鉴 2008》，莫斯科，2009），莫斯科，2008 年。

社会学家还发现收入水平和出勤频率之间的直接相关性。

表 12　2004~2007 年家庭支出结构（总支出的百分比，COICOP）与 100 户电脑拥有量

	根据收入水平分组									
	一（最小）		二		三		四		五（最大）	
	2004 年	2007 年	2004 年	2007 年	2004 年	2007 年	2004 年	2007 年	2004 年	2007 年
文化活动与休闲	2.5	2.8	3.1	3.5	4.2	5.2	6.6	8.1	8.3	7.1
教育	0.5	0.8	1.3	1.4	1.7	2.1	2.1	2.6	1.8	1.4
消化系统商品（食品）	54.2	48.1	50.0	43.1	45.0	37.6	35.5	28.3	26.3	18.8
电脑数量	7	18	11	26	17	39	30	56	31	53

资料来源：Gosudarstvenny Komitet RF Po Statistike：Rossijsky Statistichesky yyezhegodnik，2007，2008（俄联邦统计委员会：《俄罗斯统计年鉴 2007》，2008，莫斯科，2008–2009），莫斯科，2008~2009 年。

监控互联网的使用也体现了收入水平和教育水平，它反映了使用的年龄和规律性之间的相关性；而性别差异则不断地消除了。2008 年，12% 的人口是活跃的互联网用户（每天或每周数次活动）。2005 年有 10% 的人口、2008 年有 20% 的人口选择了互联网作为信息来源。最流行的搜索是信息和参考资料、教育和音乐下载。

2009 年列瓦达分析中心的调查估计，50% 的学生，41% 的管理人员和 32% 的专业人士达到一周几次的互联网访问量（参见 http://www.levada.ru/press/2009080701.html）。阅读新闻（77%）、电子邮件（74%）、信息检索（68%）、浏览照片和视频（46%）、加载软件（44%）、音乐（39%）和通信（38%）是 2009 年最流行的网络活动。同年，莫斯科的近一半人访问互联网，其中有 70% 每天上网。受访者中，工作、娱乐、学习作为上网原因的分别占到 23%、14% 和 12%。

此外，互联网已经成为一种流行的购书平台。

博物馆和图书馆的情况比较复杂。虽然 20 世纪 90 年代图书馆的数量与阅读活动同时下降，但在 2000 年图书馆上座率基本保持稳定。这可以通过新书高昂的价格来解释，尤其是科学、参考书、教材和期刊，并形成图书馆常规的用户，如学生、专家和阅读爱好者。据该 VCIOM 估计，14% 的读者在城市图书馆查书，3% 访问高等学校图书馆查询所需书籍；年龄小于 34 岁的人口中从网上下载的书籍是最流行的手段（14%~16%）。

尽管各类数字表述不一，阅读活动的主要趋势的特征呈现传统阅读形式的不断下降。2005 年，37% 的人口从来不阅读；而这一数字在 2008 年的调查中提高到成年人的 46%。人们经常阅读书籍的比例从 23% 减少到 16%，各类版本的读者也呈现同样的趋势特点；最大的降幅是在常规杂志读者的数量（两倍以上）。据 VCIOM 估算（2009 年），16% 的受访者家中没书；绝大多数家庭藏书量达 100 册，此类藏书的数量在增加。只有 2% 的人家庭藏书超过 1 万册；此比例在莫斯科和圣彼得堡更高。

根据 2008 年 VCIOM 的调查，观看苏联电影（从 20 世纪 30 年代到 70 年代）和电视上国内新作品仍然是最流行的休闲活动，与受访者的年龄无关。一项调查分析了 2003 年卡累利阿共和国、普斯科夫和诺夫哥罗德地区农村人口的休闲喜好。结果表明文化站作为焦点和凝聚力在农村文化活动中承担着重要的角色；公共节日和专业巡回表演的普及也是如此。

传统方面，俄罗斯的旅游业有一个文化组成部分，这是一个处于不断发展的领域，尤其是出国旅行。2002 年和 2008 年分别售出 163.9 万次旅行和 430.5 万次旅行，其中分别有 77.5 万次和 318.3 万次是国外旅游团。2007 年，450 万国内游客到国外去，而只有 260 万在俄罗斯旅行。不过，这些数字可能有两倍多，同一年 710 万俄罗斯人赴海外旅游；而在 2008 年，这个数字相当于 1080 万。

表 13 出席率的趋势

不同文化领域的出席率的趋势
电影： 从看电影的频率方面来看，从 80 年代初人均每年 15 次下降到 1996 年人均每年 0.25 次，后又上升至 1998~2004 年的平均 0.3 次和 2005~2006 年的平均 0.4 次。1995 年有 8000 万观众，2005 年有 5200 万，2006 年有 5000 万。根据 2008 年 VCIOM 调查，只有 18% 的成年人一年中会去几次电影院，在过去的 5~10 年下降了 43%；28% 的受访者更倾向于家庭录像或电视电影的翻译。光顾电影院的人占人口的 36%，这包括每周几次（6%），一年几次（15%），一年不超过 3 次（7%）；受访者中 13% 的人从来没有去过电影院（2009 年）。极少的观影者抱怨电影院不足（26%），没有时间（23%）和高票价（20%）。

不同文化领域的出席率的趋势

在 2007 年，国家广播公司的节目人口覆盖率达 97.5%；90.2%的人可以获得 3 个以上的电视节目，而 0.6%的人完全不能获得电视机的翻译。2007 年，"俄罗斯"频道面向城市居民的 98.6%、农村居民的 94.6%开放；"文化 KULTURA"频道分别达到 79.0%和 35.4%。
商业电台的覆盖率从 1999 年占总人口的 43.6%增加到 2005 年的 63%。同年，只有 11.6%的是由"俄耳甫斯 Orpheus"电台发射古典音乐组成（其中农村居民占总数的 5.6%）。
2010 年，俄罗斯社会舆论民调中心 VCIOM 调查估算电视为民众获取新闻（92%）的主要来源；相比之下 15%和 12%的居民从互联网和收音机收到新闻。电视作为信息来源在农村和小城镇占据主要地位（占居民的 93%）；47%的受访者和 32%的受访者也喜欢在电视和电台上收听音乐；58%的年轻人和 33%的受过良好教育的人更倾向于听自己的唱片。

剧院：
观众数量从 1985 年的将近 7290 万降至 1998 年的 2760 万，2001 年这个数字又略有增长至 3100 万。2010 年再次下降到 3070 万，其中 1300 万人观看儿童节目演出。2007 年和 2009 年，演出总数为 13.2 万和 13.9 万，其中分别有 7.38 和 7.77 万是针对儿童。
剧院演出的平均价格为 255 卢布，而歌剧和芭蕾舞平均票价为 361 卢布，2010 年儿童表演的平均票价为 136 卢布。

音乐会 *：
由文化部所属企业主办的音乐会的观众数量从 1980 年的近 9000 万下降到 1997 年的低于 5500 万，到 2004 年下降至 1750 万；2010 年略增至 2100 万。爱乐音乐会上座率从 2000 年的 1120 万略微增长到 2008 年的 1260 万，而 2010 年则达到 1480 万；对 2009 年音乐会总观众人数（2100 万）的贡献可观 **。
有 35 个国家交响乐团组织和公司最为成功，他们的观众从 2008 年的 140 万增加到 2009 年的 180 万。
2004 年和 2008 年，为儿童举办音乐会分别达到 476 万观众和 477 万观众，其数量在 2009 年减少到 444 万。
据俄罗斯社会舆论民调中心 VCIOM 估计，只有 6%的受访者更喜欢现场音乐；多数人在电视上收听音乐，超过在广播、唱片和互联网的记录。

博物馆：
博物馆的参观数量在 1990 年达到 1.44 亿的峰值，到 1999 年下降到 6560 万；2002 年再次小幅上升到 7510 万，2010 年总计为 7760 万。后者的约 41%是被安排为游览活动。然而，举办的展览会数量从 2004 年的 3.3 万增加到 2007 年的 4 万和 2010 年的 4.6 万；讲座数量在 2010 年相对上升，从 13.36 万增长至 13.6 万。
据俄罗斯社会舆论民调中心 VCIOM 在 2009 年的估算，53%的群众在过去的几年里到过博物馆，而 20%的人从来没有去过博物馆。在莫斯科和圣彼得堡，18%的受访者在过去 3 个月参观过博物馆；35%的受访者无意去博物馆（2008 年这一份额为 26%）。

文化站（俱乐部）：
参与文化部系统内俱乐部活动的人数从 1996 年的 470 万上升到 2000 年的近 600 万，并保持稳定。其中，大约 60%为农村居民。2002 年有 790 万次的活动举行，2003 年为 810 万，2010 年为 820 万；其中这些年分别有 490 万次、500 万次和 540 万次的活动是免费的。2002 年有 1.71 亿次参与俱乐部的付费活动，2010 年为 1.42 亿次；约一半的付费活动是电影放映，但观众人数正在下降。
根据 2005~2007 年的调查，高达 80%的俱乐部的业余从业者是由儿童、青少年和退休人员组成。

公共图书馆：
从 2003 年至 2007 年，大约 40%的人口接受过文化部系统内部图书馆的服务。图书馆的访问量从 1995 年的 4.622 亿升至 1999 年的 4.747 亿，然后在 2003 年下降到 4.63 亿，并且还在下降。注册用户的数量从 1995 年的 7180 万下降到 2000 年的 5960 万和 2009 年的 5640 万，而参观的人数仍然比较稳定。

不同文化领域的出席率的趋势
马戏团： 观众数量从 1992 年的 2150 万下降到 2004 年的 670 万和 2009 年的 590 万。
动物园： 游客的数量从 1998 年的 570 万升至 2001 年的 690 万，直至 2003 年基本保持在同一水平。2009 年，这个数字上升到 1050 万人次，其中只有约 4% 为组织游览。

注：* 文化部企业主办的音乐会。** 摇滚和流行音乐表演等的数据未被收录。
资料来源：文化部和其他统计出版物，不同年份。

2. 政策和规划

由于资源的稀缺性（包括部分人口和国家），文化参与的促进仅限于弱势社会群体（儿童、残疾人和退休人员），以及宗教和少数民族。然而，文化的参与特别是在贫困的农村地区，普遍受到社会挫折和解体的影响。地方文化活动的发展面临着来自区域领导、演员和文化资源的预期的影响。

支持参与最大限度地实现了范围内的全球认可（如结婚纪念日），重要的节日（如戏剧、电影、音乐等），区域文化和特别活动，没有明确的政策将参与文化生活和社会发展直接联系起来。例如，最近在全国各地流行的每年一度的"城市之日"的节日，但在此期间，当地和当局政府组织了丰富的文化节目，依然能够促进和实现当地区域文化价值和成就。

俄罗斯出台了阻止特定类型的文化活动衰退的方案。俄罗斯联邦出版和新闻传播机构，连同俄罗斯图书联盟，提出了"国家阅读支持和发展计划"，这是针对读者阅读能力提升的主流活动，也是专门针对年轻一代的进步举措。该方案提出了阅读偏好的分析，并在大众媒体、比赛和各类文艺组织在全国各地推广图书阅读。

在大城市里，出台专门放映史实类电影的特别放映计划，这在与历史档案馆合作的大城市里很受欢迎。在莫斯科，"幻觉"影院代表着俄罗斯联邦的国家电影基金的集合，它组织史实类电影的年度放映。相关项目也在发达地区开展，如媒体的社会教育项目"Perm Cinemathèque"（参见 http://www.permcinema.ru），其目的是为让彼尔姆市的电影受众了解世界电影史上的杰作，并使电影成为融入地区教育和文化的工具。该项目是由"permkino"国家电影中心推出的，以扩大世界电影的受众面，丰富地域文化。上述组织者认为，它还可以支持文化的对话和改善包括预防种族和文化冲突的社会和文化环境。这些目标是通过《大使馆的电影节目》《乌戈尔族的世界》《突厥世界》及其他作品来实现的。

（三）俄罗斯文化艺术教育

1. 制度概述

俄罗斯文化艺术教育主要有以下两种形式：儿童文化艺术教育和青年文化艺术教育。在一般的教育体系中，更正式和受重视的是"审美的养成"，这是由国家标准和方案规定的，它相对的平等，并且它是免费的。非正式或附加的教育可以根据学生的兴趣和能力来选择，它主要根据机构和内容的设置决定收费标准和形式的改变。国家非正规教育环境，如儿童艺术、芭蕾舞或音乐学校，作为一般艺术发展的第一重点，并且它是视觉艺术、音乐和芭蕾专业的必修阶段。学习音乐的外国学生中有 20%对俄罗斯艺术教育给予了高度评价。接受音乐、美术、戏剧和舞蹈编排上的初始教育被赋予了政治优先的高度，但收费尚有调整空间。今天，儿童文化艺术教育机构正在向成年人敞开大门。

各个层次的美术教育体系归属于文化部（在 2009 年，它包括 5477 所学校，260 所职业院校和 68 所高等院校的文化与艺术）；教育和科学部管理着 600 多个相关机构（见表 15）。在 2004 年政府改革后，职业教育机构和研究机构的责任成为两个部委之间的一个争论点。前者已经成功地游说文化部门保存高等学校艺术机构，这说明精通艺术训练的独特的国家制度——经历从童年到成年的训练过程，并根据选择最有天赋的年轻人——可能由于引入普通高等教育标准或加入博洛尼亚进程而毁于一旦。

国家的教育机构主要由地方政府或者当地管理部门资助，而地方政府往往由于非常有限的财务实力，它不能提供完备的软硬件支持。专家估计儿童艺术学校的设施和处所的折旧不低于 80%。俄罗斯联邦目标计划支持艺术教育对儿童，人才和残疾人的主要举措包括乐器、奖学金、荣誉授予、节庆纪念和专业性比赛等。

联合国教科文组织和教育基金会最近对俄罗斯政府艺术教育的分析报告中指出，科学文化合作（IFESCCO）在独联体国家的艺术教育包含《21 世纪创意潜能开发（2010）的发展》等。

2. 艺术院校

普通艺术教育构成俄罗斯教育体系的各个层面，为包括学前教育、普通教育、中等专业和高等职业学校提供了艺术研究。它是义务教育的阶段，要求学生在学前教育阶段必须熟悉音乐基础知识，视觉艺术和初级舞蹈等，然后学习和掌握相应基本做法，如视觉艺术、音乐和世界文化艺术等。它按照《俄罗斯艺术教育概论（2001）》指定的相关原则，这些原则主要包括：

自幼开始教育；

多元文化艺术课程，为教学提供了广泛的艺术风格和世界艺术传统的同时也注重民族文化的熏陶；

同时顾及地方和民族文化背景，阐述了艺术课程的特点和原则；

在多种方法教学艺术学科的基础上分析各种艺术的相互作用。

在普通教育系统，新的国家普通教育标准调节了各级教学艺术标准；标准的更新导致了艺术课程的缩短。在小学（1~4年级），艺术是由文学阅读、音乐和美术组成。中学的学生学习文学（5~9年级）、音乐和绘画（5~7年级）、艺术（8~9年级）。在中等教育的最后阶段（10~11年级），文学是一门必修课，并且教授根据专业课程（社会科学和人文科学；文献学；艺术和美学；普通课程和选修课程）开设世界艺术文化这门课程。公众对普通美术教育的看法仍然不够乐观。2011年俄罗斯社会舆论研究中心社会调查显示，对于中学义务教育阶段的学科来说，研究文学呈现低支持率为43%，而音乐和视觉艺术的支持率甚至为0。

3. 跨文化教育

《俄罗斯联邦国家教育概述（2000年）》列出了下列任务：

协调民族间的关系；

保存和支持俄罗斯人民的民族认同与国家认同感；

保存民族语言和各民族文化；

发展北方的土著民族和远东地区西伯利亚的教育和文化；保护和发挥俄罗斯语言维系统一的多元文化国家的作用。

不断增加的移民和不断增强的民族自我意识促进了当前教育的发展。一方面，根据《民族区域文化自治法》的规定，基于民族原则建立了许多学校，这实际上导致了儿童教育的闭塞和低水平的训练标准。另一方面，在莫斯科，一个综合的方法进行试点：一个专门针对移民儿童的课程计划已经被介绍进来，通过1年的时间他们学习俄语，学习如何在新环境中融入集体生活的基本文化知识；通过这种训练，他们才被允许进入主流学校进行学习。俄罗斯联邦其他地区也有类似的方案。针对文化工作者的类似举措也得以实现，例如，世界各国人民的文化多样性支持中学教育的博物馆教师项目是一个国际项目的延伸。然而，这些举措虽然数量众多，但主要是文化工作者的个人投入，缺乏一个系统的方法。儿童艺术/文化教育的重点是对他们自己的传统和民俗文化的研究，同样地，最重要的事情是建立个人价值系统和身份认同，以便展开社会和文化的复兴、积极参与和相关的延伸活动。

2009 年，围绕在普通教育体系中引入关于宗教文化的课程而展开的讨论导致了总统委员会在 19 个地区的学校试点相关的课程。

4. 高等艺术教育和专业培训

艺术专业培训所遵循的原则是发现有天赋的孩子，并进行不断的深入教育，开启早期的职业化教育。在《俄罗斯联邦艺术教育概论（2001）》《俄罗斯联邦艺术教育的发展 2008~2015》面向现有的专业培训提供多层次的系统保护，提升艺术教育的现状水平，以及支持青年人才和访问学者等。

俄罗斯（前苏联）的艺术教育体系，在一定意义上来说是具有很强学术性的。尽管存在经费来源不足和教育工作者的低工资水平，但国家音乐机构、芭蕾和美术高等教育机构、音乐学院和相关机构所构成的网络体系一直被保存下来。实际上，当前由于国外对人才的高需求，俄罗斯国内特别是音乐和芭蕾教师存在年龄结构老化和一部分人才流失的状况。然而在 2002 年，从国家高等教育机构毕业的文化和艺术领域的学生人数超过了 1990，使这个领域的竞争幅度超出其他行业的平均水平。

表 14　从公共和私人在文化艺术教育机构的毕业生人数

年份		1995	2000	2005	2006	2007	2008
专业中学		18900	17800	18000	17900	18700	18600
高等教育机构	公共	10500	10800	16400	17300	17000	16800
	私人	400	400	1300	1700	2300	2600

资料来源：Gosudarstvenny Komitet Statistike: Rossijsky Statistichesky yyezhegodnik, 2009（俄联邦统计委员会：《俄罗斯统计年鉴 2009》，莫斯科，2010 年），莫斯科，2010 年，第 244、256 页。

新的课程和专业课程被引入到专业的培训，例如包括掌握新媒体和视听技术，管理和生产。不只是对于最有才能的学生来说，私人化的举措使艺术教育更加多样化和平易近人，但是这种教育是非常昂贵的。

国家专业艺术学院在莫斯科进入社区中的活动旨在开发各种认知技能，提高个人的自我评价，实现创造性的自我表达和使得个人融入到群体中，这是唯一一所为身体残疾的年轻人所建立的高等教育机构，它旨在推进此类人群的艺术专业培训。学院有各种各样的艺术学科，在读学生和毕业生均可参加许多国内外的节日和活动，特别是在国际"特殊艺术"节目。

除艺术或人文之外，对于中等和高等职业教育，文化培训（课程《文化学》）也是必修和选修的艺术。艺术培训可以在各种课程如《艺术与文化历史》或《当代艺术与设计的形式引入课程》等进行志愿选择。

5. 学校之外的基础文化艺术教育

非正式艺术教育使儿童参加艺术教育实践受个人选择的影响。它是通过一个大型的教育机构网络提供的，对于年轻一代来说，它们的数量略有减少，自 2003 年以来减少了 13%。

表 15　2000~2008 年非正式教育机构：教育环境与学生数

年份	2000	2005	2007	2008
设置在教育和科学系统部的学生	371	418	570	579
	294600	294000	415500	475000
设置在文化系统部的学生（艺术、音乐、舞蹈学校）	5823	5555	5477	5477
	1284500	1280900	1336100	1381600

资料来源：Gosudarstvenny Komitet Statistike: Rossijsky Statistichesky Yyezhegodnik, 2009（俄联邦统计委员会：《俄罗斯统计年鉴 2009》），莫斯科，2010 年，234 页。

在各种非正式的艺术教育中，不同的文化机构主要包括如社区内的儿童和青少年活动中心，文化中心的俱乐部和街道社区活动中心，民族俱乐部，博物馆美学文化研究中心，各种文化机构的教育中心，假期学校，个人工作室和普通学校和学前教育机构，儿童和青年休闲中心等。

当今，民间工艺美术中心、艺术工作室和那些致力于提高早期专业技能的实体机构是非常受欢迎的。这种艺术形式的培训支持家庭文化的传统，它有助于保持民间艺术一致性，并投入到保存俄罗斯民族文化的进程中去。例如，在俄罗斯北部的传统文化艺术远程教学项目（参见 http://remeslodo.ru/）是由大天使民间工艺品儿童学校和罗蒙诺索夫州立大学合作建立和发展的，该工艺是作为一种业余爱好，主要训练通过电子邮件进行教育，学习互动交流，并分享彼此照片等。

儿童和青少年的教育活动也在博物馆推行开来，通过建立教育中心，举办展览，展示家庭和孩子，其中有许多针对儿童和成人的文化艺术节目，以"阿尔"为中心而著称的儿童和普希金艺术博物馆（莫斯科）和圣彼得堡国立俄罗斯博物馆推行的塑造青年审美形态教育计划。后者有一个专门的博物馆教学部中心和体育馆，成立于 1989 年。

残疾儿童和青少年艺术教育的主要目标是让他们了解文化、伦理和精神的价值，并确保他们在文化和艺术方面的和谐发展。掌握艺术的发展并为他们提供了各种认知技能，提高个人自我评估，实现创造性的自我表达和个人与社区的团结。

(四) 业余艺术，文化协会和公民倡议

1. 业余艺术与民俗文化

俄罗斯联邦文化部支持传统的民间工艺美术和业余艺术形式，以实现全民基本文化权利的参与性和创新，维护俄罗斯的共同文化空间。俄罗斯联邦提供有关的节庆日、比赛和展览，以增加业余者数量，并向更广泛的公众展示他们的支持。

莫斯科有一个称为"国家俄罗斯民间创新部"的机构，它是国家部委领导下的国家机构，它为业余艺术家提供系统性的资助，它组织相关活动和培训，并持有业余艺术品收藏。在文化部，它发起俄罗斯政府奖"灵魂"的建立，其中有五项提名：民间音乐、民歌、民间舞蹈、民间工艺和传统的流行文化。它的目的是为培养和支持业余团体的管理者（舞者、合唱团歌手、民间乐队等），民间工艺品和装饰艺术大师，并在该领域支持相关师资力量发展。在俄罗斯的所有地区都存在着类似的民间创造力机构，俄罗斯联邦当局在这些问题上也给予了特别的关注和扶持。

地方当局对年轻一代的业余创造力（包含体育）的重新建立是一项重要的任务。相应的比赛和特殊的节庆日等鼓励业余艺术和艺术家参与，特别是在特定地区，举办的文化发展活动，对促进身份和多样性以及跨文化的对话具有重要意义。

一般来说，业余艺术在文化场所中是最受欢迎的活动之一。它的参与率在1985年的670万，到2007年的250万，直到2009年的347万之间上下波动。涉及儿童的数量（包括在上述数字）已经从1985年的140万 增加到2009年的290万（其中1989~1990年的120万有大幅下降趋势）。为儿童和成人服务有组织的业余活动，在改革之前都是免费的，现在采取收费举措，主要是因为活动需要一些适当的训练、材料或服装。

在文化馆，2010年，最流行的业余活动是舞蹈（806665名参与者），唱诗班（520543名参与者）和戏剧（464969名参与者）。民间艺术很受欢迎，其从业人员包括文化馆及不同的文化机构组织（2010年有2256000名民间艺术从业者、172000名民间工艺从业人员和42943名民间乐器管弦乐队成员），图书馆、博物馆特别是那些与民间历史或民族文化自治的机构。

2. 文化馆和社区文化俱乐部

业余艺术和文化活动都集中在所谓的文化馆或文化俱乐部中，苏联时期已经建立了该网络并涵盖了整个国家。这些机构是由文化部、工会和企业所拥有的，企业已经急剧缩减其参与文化事务的程度，但在 2007 年，98%的这些机构被放在文化部的管辖职责范围内。2000 年时尚存在 54800 个文化馆，而 2009 年的数据是 47400 个文化馆；它们的数量还在不断减少，主要是因为新建文化馆数量少（1990 年这些文化馆的座位容量为 56300 个，而 2008 年的数量是 8400 个；农村相应的数字是 45400 个和 4800 个）。

虽然文化馆是数量最多的文化机构，它们的情况也常被指责：2003 年，1/3的文化馆建筑物被正式确认条件恶劣亟需修复，同样地，所有的文化馆需要现代化改造，包括购置电脑等设备。而几乎所有的文化馆都分布在农村地区（2000年的 87%；2007 年的 89%），它们的功能是社区文化娱乐中心和歌舞厅。

3. 公民组织、团体、非政府组织和文化咨询小组

政府机构支持传统的业余艺术，特别是民间工艺和美术。然而，自 20 世纪90 年代以来，新的业余文化活动的多样性扩大到包括例如海盗或俄罗斯古老的战斗艺术、武器产品、特殊仪式、日本茶道和其他。参与者包括建立正式的（例如军事历史）和非正式协会、交流性文化机构（博物馆、图书馆、俱乐部）和互联网。例如，Yandex 的 Fotki（http：//fotki.yandex.ru/）为非正式组织的业余摄影师提供了一个免费的图片托管平台，由 Yandex（俄罗斯最大的搜索引擎）起到一个"平台"的作用。

十一、来源链接

文化政策的核心文件

1. 统计资料

Ministry of Culture of the RF：Statistical publications，2000–2010.

Gosudarstvenny komitet RF po statistike：Rossiya v tsifrach，2003–2011. Ofits. izd.（State Committee of the RF for Statistics：Russiain Figures，2003–2011，Official edition. Moscow，2003–2011）. Doskva，2003–2011.

Gosudarstvenny komitet RF po statistike：Rossijsky statistichesky yezhegodnik，2005–2010. Ofits. izd.（State Committee of the RF for Statistics：Russian Statistical Yearbook，2005–2010，Official editions. Moscow，2006–2011）. Moskva，2006–2011.

2. 报告

Council of Europe: Cultural Policy in the Russian Federation. (European Programme of National Culture Policy Reviews) Strasbourg: Council of Europe Publishing, 1997.

Sorochkin, B. Yu. (red.) Aktual'nye problem kul'turnoi politiki sovremennoi Rossii (Sorochkin, B. Yu. (ed.) Current issues of cultural policies in contemporary Russia). Moskva, 2008.

FOM: Public Opinion Foundation http://english.fom.ru/.

Levada Analytical Center / Levada-Center (public opinion and market research) http://www.levada.ru/eng/index.html.

Obshchestvennaya Palata RF: Kultura i budushchee Rossii.Novy vzglyad, Report (Civic Chamber of the Russian Federation: Culture and the Future of Russia: New Insights, Report). 2007. http://www.oprf.ru/files/files/dokladoprfcultura.doc.

Federal Agency for Print and Mass Communications. Internet in Russia: Situation, Trends, and Prospects, Sector Report. Moscow, 2010 (in Russian) http://www.fapmc.ru/activities/reports/item1736.html.

Federal Agency for Print and Mass Communications. Book Market in Russia: Situation, Trends, and Prospects, Sector Report. Moscow, 2010 (in Russian) http://www.fapmc.ru/activities/reports/item1740.html.

Federal Agency for Print and Mass Communications. Radio Broadcasting in Russia: Situation, Trends, and Prospects, Sector Report. Moscow, 2010 (in Russian) http://www.fapmc.ru/activities/reports/item1737.html.

Federal Agency for Print and Mass Communications. Russian Market of Periodicals: Situation, Trends, and Prospects, Sector Report. Moscow, 2010 (in Russian) http://www.fapmc.ru/activities/reports/item1741.html.

Federal Agency for Print and Mass Communications. TV Broadcasting in Russia: Situation, Trends, and Prospects, Sector Report. Moscow, 2010 (in Russian) http://www.fapmc.ru/activities/reports/item1738.html.

Federal Agency for Print and Mass Communications. E-Books and E-Library Systems in Russia, Sector Report. Moscow, 2010 (in Russian) http://www.fapmc.ru/activities/reports/item1824.html.

ROMIR Monitoring: market research company. http://rmh.ru/en/.

VCIOM：All-Russia Public Opinion Research Centre. http：//wciom.com/.

3. 引用

Wiesand, Andreas Johannes（ed.）：Handbook of Cultural Affairs in Europe （Russia）. Baden Baden：NOMOS, 2000.

Russian Federation in：Regional Surveys of the World. Eastern Europe, Russia and Central Asia, 2002. 2nd ed. Europa Publications, pp.275-396.

Russian President. http：//eng.kremlin.ru/.

Committee for Culture of the State Duma. http：//www.duma.gov.ru/cult-tur/.

Ministry of Culture of the Russian Federation. http：//www.mkrf.ru/Federal Archives' Agency . http：//archives.ru/.

Federal Agency for Print and Mass Media. http：//www.fapmc.ru/.

Ministry for Regional Development. http：//www.minregion.ru/.

Civic Chamber of the Russian Federation. http：//www.oprf.ru/en.

4. 专业协会

Book Publishers' Association of Russia. http：//www.aski.ru/.

Designers' of Russia Union. http：//www.sdrussia.ru/site/show/2.htm.

Filmmakers' Union of the Russian Federation. http：//www.unikino.ru/.

Guild of Press Publishers.http：//www.gipp.ru/english/.

International Arts Fund. http：//www.artfund.ru.

Journalists' Union of Russia. http：//www.ruj.ru/.

MediaUnion. http：//www.mediasoyuz.ru/engtxt/.

National Association of Broadcasters. http：//www.nat.ru.

Russian Authors' Society. http：//www.rao.ru/orao/.

Russian Union of Right-holders. http：//www.rp-union.ru/en/.

Theatre Union of the Russian Federation. http：//www.stdrf.ru/.

5. 慈善机构

Interregional Charity Public Fund "New Names". http：//www.newnames.ru/.

Vladimir Potanin's Charity Fund.http：//www.fund.potanin.ru.

Russki Mir Foundation. http：//www.russkiymir.ru/russkiymir/en/.

Russian Cultural Foundation. http：//www.culture.ru/.

Vladimir Spivakov International Charity Foundation. http：//www.spivakov.ru/en/ main.

6. 文化研究与统计

Cultural Policy Institute. http：//eng.cpolicy.ru/.

Centre for the Problems of Informatisation in the sphere of Culture （Centre PIC）. http：//www.cpic.ru/News_eng.htm.

Russian Institute for Cultural Research. http：//www.ricur.ru.

Russian Research Institute for Cultural and Natural Heritage. http：//www.her-itage-institute.ru/index.php？ title=%D0%97%D0%B0%D0%B3%D0%BB%D0%B0%D0%B2%D0%BD%D0%B0%D1%8F_%D1%81%D1%82%D1%80%D0%B0%D0%BD%D0%B8%D1%86%D0%B0.

7. 文化/艺术网站

Kultura-portal.http：//www.kultura-portal.ru.

Culture of Russia. http：//www.russianculture.ru/defengl.asp.

Culture in Russian Regions. http：//www.culturemap.net/.

Peoples Are Many，the Country Is One. http：//stranaodna.ru/.

Archives of Russia. http：//www.rusarchives.ru/.

Russian Theatre Life in Brief. Newsletter. http：//www.rtlb.ru/en_home/.

Culture in Vologda Oblast. http：//www.cultinfo.ru/index_e.htm.

Museums of Russia. http：//www.museum.ru/.

State Russian House for Folk Creativity. http：//www.rusfolk.ru/.

TV channel "Kultura". http：//www.tvkultura.ru/.

Informkultura of the Russian State Library. http：//infoculture.rsl.ru/NIKLib/home/info/infocult_en/index.htm.

（王鑫鑫：海南大学马克思主义学院，讲师）